진화하는
민주주의

아시아·라틴아메리카·이슬람

민주주의 현장 읽기

진화하는 민주주의

THE EVOLUTION OF DEMOCRACY
IN ASIA, LATIN AMERICA, AND ISLAM WORLD

김상준 지음

문학동네

머리말

I.

이 책은 현재 세계적으로 뜨거운 관심을 받고 있는 비서구 지역 민주주의 이슈들을 분석하고 있다. 그러나 일반 외신 보도나 국제관계학 논문들과는 그 내용과 방식이 매우 다를 것이다. 세계의 주목을 받는 아시아, 라틴아메리카, 이슬람권의 화급한 이슈들을 다루되, 현상의 문명적 뿌리를 깊게 탐색하고 이를 사회과학과 역사학의 여러 이론들과 연결하여 분석했다. 표면의 파도에 일희일비하지 않고, 깊은 해류의 변화를 함께 읽었다. 이런 방식을 통해, 전 지구적으로 전개되고 있는 여러 사건들이 일관된 흐름을 이루며 서로 깊게 맞물려 있음을 밝힐 수 있었다.

21세기 세계에서 이루어지고 있는 해류의 변화란 '일극에서 다극으로'의 변화다. 일극이란 서구 중심의 세계질서이고, 다극이란 비서구 지역이 크게 부상하는 세계상이다. 따라서 이 변화는 서구 중심 문명에서 다원 균형 문명으로의 '문명전환'이기도 하다. 이 변화는 이제 누군가의 주관적 희망이나 거부의 대상이 아니다. 마치 자연현상과 같이 아무도 거스를 수 없는 거대한 추세가 되었다. 우리에게 주어진 일이란, 이렇듯 형성될 새로운 문명질서가 일극적 세계와 달리 더욱 민주적·협력적이고, 자연친화적이며, 보다 균등하게 번영하는 형태가 되도록 노력하는 것이다. 그 중추적 역할을 비서구 지역의 민주주의가 떠맡고 있다.

21세기 비서구 민주주의의 성격과 위상은 세 가지로 정리된다.

1. 비서구 민주주의는 포스트 냉전 시대 민주주의의 새로운 상상력, 새로운 생동력이다.
2. 비서구 민주주의는 인류 문명을 한 단계 끌어올릴 새로운 방식의 대등한 문명교류 현상이다.
3. 비서구 민주주의는 민주주의 보편가치를 구현하고 심화하는 당당한 주체다.

이 세 모습은 각 장의 구체적인 사례들 속에 드러나 있고, 11장 결론에서 이를 집약하여 상세히 정리해두었다. 이 책에서 분석한 비서구 민주주의의 활력과 창조성은 민주주의가 끊임없이 진화하고 있음을 선명히 보여준다.

II.

'진화하는 민주주의'의 세계상은 '역사의 종언' 담론에 종언을 고한다. '역사의 종언' 담론에는 두 얼굴이 있다. 첫째 얼굴은, 유일한 보편 문명으로서 서구 문명은 이미 인류 보편 문명이 되었고, 그 유일 문명은 이미 완성되어 역사의 행복한 종점에 도달했다고 설파한다. 이러한 세계관에서 민주주의란 이미 완성되어 있는 것이기에 더이상 진화할 이유가 없다. 더욱이 '문명'의 수혜를 덜 받은 비서구의 민주주의라면 더 말할 가치가 없다. 이렇듯 자신만만한 이념은 동구 사회주의권 붕괴 후 활짝 만발했다. 서방의 냉전 승리를 '역사의 종언'의 움직일 수 없는 최종 증거로 확신한 것이다. 이 이데올로기는 경제적으로는 신자유주의, 군사적·정치적으로는 네오콘(신보수주의) 사상으로 표출되었다. 그러나 알다시피 이 이념의 개화기는 너무나도 짧았다. 한때 온 세계를 집어삼킬 듯 기세등등했던 네오콘은 이라크전쟁의 수렁 속에서 허망하게 자멸했고, 영원한 경제교리임을 자부하던 신자유주의는 2008년 세계 금융위기로 급속히 침몰했다. 세계 도처에서 난폭하고 요란한 전쟁과 갈등, 양극화를 유발했던 세력이, 모든 것이 안온하고 조화롭고 행복한 결말에 이르렀다고 말하는 '역사의 종언'을 널리 설파했다는 점에서 지극히 위선적이고 사뭇 희극적이었다.

또하나의 얼굴은, 21세기를 종말론적 파국과 허무의 시대로 맞이하는 태도다. 이들은 동구권 붕괴, 9·11 사태, 아부그라이브, 블랙 프라이데이, 후쿠시마, 그리고 세월호까지, 일련의 사건들을 기존 가치 일체의 최종적 종말의 신호로 읽는다. 모든 가치의 최종적 종말이란, 일체의 희망과 대안의 종말까지를 포함한다. 오히려 이러한 희망과 대안의 언어 자체가 영원히 되풀이될 뿐인 허무의 상황을 호도하는 거짓 예언에 불과하다고 매도한다. 어떠한 희망과 대안도 존재하지 않음을 철저히 인정할 때만 삶의 의미를 찾게 된다고까지 궤변을 펼친다. 이들에게도 역사는 이미 종언한 것이다. 여기서 '신학적 종말'과 '세속적 역사의 종언'은 절묘한 대칭의 짝이 된다. 그러나 이 종언은 앞서와 같은 위선적 종언이 아니라 위악적 종언이다. 역사의 종언 상태에서는 모든 것이 동물화되고, 모두가 속물이 되었기에, 비판정신이나 윤리의식은 절대적으로 무의미한 것이 되었다고 단언한다. 그리하여 이 얼굴은 어둡고 비극적이다. 이 두 개의 위선적-위악적 얼굴은 겉보기에 정반대 같지만, '역사의 종언'이라는 공통의 가상인식세계, 매트릭스matrix 안에 함께 산다. 많은 이들을 경악하게 하고 있는 우리 사회의 '일베(일간베스트) 현상'은 이 두 얼굴이 현실에서 합체될 수도 있음을 보여주는 엽기적인 사례다.

이제는 명백해졌다. '역사의 종언'이라는 시대는 애당초 존재하지 않았다. 늘 한 시대가 가고, 새로운 시대가 올 뿐이다. 이제 새로운 시대가 시작되고 있다. 우리는 21세기 비서구 민주주의의 생동 속에서 '21세기 근대성'의 출현을 본다. 서구의 지적 유행에 민감한 어느 세련된 식자識者들은 혹시 물을지 모르겠다. "근대성modernity이란 이미 지난 세기 포스트모던의 파도가 지워버린 모래 위의 얼굴이 아니었던가? 한때 유행했으나 이제는 완전히 한물가버린 개념이지 않은가? 그런데 이제 와서 웬 근대성? 그것도 21세기에?"라고. 그러나 우리는 조변석개하는 표면의 파도가 아니라 수백 년 단위로 변하는 깊은 바닷속 해류를 본다. 포스트모던의 파도가 지우려고 했던 것은 서구의 세계 지배 기획으로서의 근대성이었고, 그런 의미에서 근대성의 자기비판이었다. 근대성의 가장 중요한 특징 가운데 하나가 자기 시대에 대한 비판적 성찰이고, 그런 의미에서 포스트모던의 비판성은 지극히 근대적이었다. 문제는 그 사조의 충격 속에서 잃어버린 역사 감각이었다.

끝난 것은 서구의 세계 지배 기획으로서의 근대성이었지, 근대성 자체가 아니었다. 끝난 것은 서구가 세계를 지배했던 근대 세계사의 제2단계였지, 근대the modern age라는 역사적 시대 자체는 아니었다. 이제 근대 세계사의 제3단계, 아마도 근대 역사의 마지막 단계가 될 후기근대the late modern age의 시대가 시작되고 있다. 근대의 세계사는 여러 문명이 동등한 역할을 했던 초기근대the early modern age를 경과해(제1단계), 서구의 세계 지배로서의 본격근대the fully modern age를 거쳐(제2단계), 이제 비서구 문명권이 다시 세계사의 주역으로 등장하는 후기근대의 단계로 접어들고 있다(제3단계).

그렇다면 근대 세계 역사는 최종 단계에 접어든 이 시대에 비로소 그 전모를 드러내고 있다고 봐야 한다. 아울러 헤겔이 『법철학』 서문에 적은 유명한 경구, "미네르바의 부엉이는 황혼녘에 날개를 편다" 역시 이제야 비로소 진정한 의미를 갖게 되었다고 말해야 한다. 헤겔이야말로 근대성 문제를 본격적으로 사유한 대철학자였다. 그는 자신이 근대 역사의 마지막, 황혼녘을 보고 있다고 생각했다. '역사의 종언'이라는 발상도 여기서 나왔다. 동구권 붕괴 직후 이 말을 다시 유행시킨 미국 정치학자 프랜시스 후쿠야마는 200년 전의 헤겔을 그저 앵무새처럼 흉내낸 것에 불과하다. 그러나 헤겔이 그의 시대(19세기 초)에 보았던 것은 서구의 세계 지배 기획으로서의 서구 근대성이 비로소 날개를 펴기 시작한 순간, 즉 근대 세계사의 제2단계의 시작이었을 뿐이다. 그는 "미네르바의 부엉이는 황혼녘에 날개를 편다"의 바로 앞 문장에서 "철학이란 회색 위에 회색 칠을 하는 늙은 시대의 작업"이라 말했다. 우리는 달리 말하겠다. 철학은 영원히 새로운, 영원히 젊은 시대의 작업이라고. 헤겔은 자신을 늙은 시대를 살아가고 있는 늙은 목격자로 생각했다. 그러나 우리는 또 한번의 새롭고 젊은 시대를 살아갈 새로운 젊은이들, 또하나의 신청년을 기다린다. 새로운 역사, 새로운 과제, 새로운 시간이 이들 앞에 있다.

III.

여기 실린 글들은 2012년 초부터 2013년 말까지 10회에 걸쳐 『녹색평론』에 연재한 내용을 모아 단행본 형식으로 다듬은 것이다. 여는 글인 1장은 2012년 봄 『실천문학』 특집 원고로 청탁받아 쓴 글을 저본으로 하였고, 맺는 글인 11장은 이 책을 위해 따로 썼다. 각 지역의 큰 흐름을 보되, 아시아권에서는 중국과 인도, 라틴아메리카에서는 브라질, 이슬람권에서는 이란과 이집트를 중심으로 분석했다. 이들 국가가 각 지역 변화의 축이 되고 있기 때문이다. 워낙 분석의 범주가 넓은 만큼 부족한 점과 남은 공백이 많을 것이다. 여기서 제시해본 문제의식과 분석틀을 역량 있는 연구자들이 더욱 풍부하고 역동적인 형태로 발전시켜주길 기대해본다.

이 책은 필자의 오랜 숙원의 결과물이다. 21세기 들어 비서구 지역의 상황이 매우 역동적으로 변화해왔기 때문에 이를 집중적으로 분석해보고 싶은 욕구가 강했다. 문명전환의 향배를 보다 분명히 읽기 위해서 반드시 필요한 일이었다. 이것은 필자가 제기해온 '중층근대의 세계사'에 대한 사실적 검증 작업이기도 했다. 근대 역사의 최종 단계인 '후기근대'가 이제 열리고 있는 것인지, 진행 중인 사건들 속에서 확인하고 싶었다.

몰두할 수 있는 시간이 필요했다. 마침 2011년 가을부터 2012년 여름까지 프린스턴에서 안식년을 갖게 되었고, 이때 집중적인 자료 조사와 기초 집필을 마칠 수 있었다. 반딧불이 아름다웠던 그곳에서의 시간을 함께한 아내와 어린 딸에게 이 책이 작은 기념이 되기 바란다.

2014년 6월 회기동 연구실에서

김상준

차례

2부

라틴아메리카의 민주주의

BRAZIL

3부

이슬람권의 민주주의

일러두기

1. 인명, 지명 등 외래어는 기본적으로 국립국어원의 외래어 표기법을 따랐다. 단, 외래어 표기법이 제시되지 않은 아랍어 등은 국내 언론 매체에서 통용되는 사례를 참고해 표기했다.

2. 저작물의 제목에는 다음 기준에 따라 약물을 사용했다. 단행본·잡지는 『 』, 논문·기사·시 등 분량상 중·단편 이하의 어문저작물은 「 」, 영화는 〈 〉을 사용해 표기했다. 신문 제호에는 따로 약물을 달지 않았다.

01

여는 글: ‘비서구 민주주의’란 무엇인가

민주주의에 관한 고정관념 뒤집기

민주주의는 진화중이다. 일례로 민주주의가 최소한 기원전 2500년경부터 오늘날까지 회합민주주의—대의민주주의—모니터 민주주의, 세 단계를 거쳐 진화해왔다는 주장이 있다. 2009년 출간된 대작 『민주주의의 삶과 죽음*The Life and Death of Democracy*』에서 영국의 저명한 정치사회학자 존 킨John Keane이 제기한 내용이다. 첫 단계인 ‘회합민주주의Assembly Democracy’의 가장 오래된 형태는 중동의 고대국가에서 시작되었고 이후 동서의 여러 고대 문명권에서도 공히 나타났다고 한다. 그다음 유럽이 대항해시대에 부상하면서 ‘대의민주주의Representative Democracy’ 형태를 발전시켰고, 최근 형태인 '모니터민주주의Monitory Democracy'는 20세기 후반에 나타나기 시작했는데 그 최초의 모습은 인도의 민주주의에서 찾을 수 있다는 것이다.

우리에게는 별 의심 없이 당연하게 여기는 어떤 생각들이 있고, 이를 고정관념이라 부른다. 그렇다면 우리 의식 속에서 당연시되고 있는 민주주의에 대한 고정관념이란 어떠한 것일까? '민주주의란 서구에서 시작되고 서구에서 완성된 후 뒤늦게 우리에게 들어온 수입품'이라는 생각이 아닐까? 풀어 말하면, 1)민주주의란 오직 고대 그리스에서 시작되어 이후 유럽에서 발전했고, 2)19세기와 20세기를 거쳐 영국, 프랑스, 미국 등에서 완성되었으며, 3)이렇듯 서구에서 시작되고 서구에서 완성된 민주주의가, 이전까지는 민주주의가 존재하지 않던 비서구 국가들로 수출, 확산돼왔다는 생각이다.

이러한 고정관념을 가지고 '비서구 민주주의'라는 개념을 처음 대하게 되면 어떤 생각이 떠오를까? 아마 다음과 같을 것이다. '비서구 민주주의? 이건 뭔가 모순적인데…… '오리지널'이 아니지 않은가. 원래 민주주의가 서구에서 온 것인데, 비서구에서의 민주주의라는 게 잘해봐야 B급 민주주의일 뿐, 어떻게 하든 결국은 뭔가 부족한 짝퉁일 수밖에 없는 것 아닌가.' 이런 생각이, 생각하기 이전에 자동으로 튀어나온다. 여기에 이어지는 생각도 있을 것이다. '그렇기는 하지만 생각해볼 만도 하겠지……' 하면서, '잘되고 있는 원단 민주주의가 이미 서구에 있으니까, 이것을 열심히 배우고 따라하면 되겠지'라고 착한 마음으로 다짐한다. 제목을 보고 이 책을 처음 집어든 독자의 마음속에 자신도 모르게 자동적으로 떠오른 생각도 아마 이런 것이 아닐까.

대다수의 학자들이나, 대학과 대학원에서 공부하고 있는 연구자들도 크게 다르지 않다. 국내외의 여러 정치학·사회학 학술지를 보면 비서구 민주주의에 대한 대다수 연구들이 프리덤하우스 재단의 '민주주의 등급'이나 『이코노미스트』 산하 연구기관 EIU의 '민주주의 인덱스'에서 매겨놓은 등급과 석차를 기준으로 민주주의의 수준을 평가하고 있다. 그러나 그러한 '인덱스'니 '등급 기준'이니 하는 것들은 사실상 같은 말의 되풀이다. 이미 '100점짜리'의 기준을 서구 민주주의 이념형에다 맞춰놓고, 그 기준을 세계에 적용하는 것이기 때문이다. 그러니 맨날 뻔한 '석차'만 나온다. 그 결과에 대한 분석 역시 현재의 세계체제가 부여하는 규범의 틀을 벗어나지 못한다.[1]

과연 그럴까? 민주주의란 과연 서구 고유의 특산물이며, 비서구는 그 특산물을 수입해서 고작해야 비슷하게 가공해서 써먹을 수밖에 없는 운명인 것일까? 너무나도 굳어진 생각이다. 그러나 그렇

1. 김상준, 『미지의 민주주의: 신자유주의 이후의 사회를 구상하다』, 아카넷, 2011, 245쪽 참조.

듯 굳어진 생각을 뒤집어보는 건 언제나 매력적인 일이다. 존 킨도 그런 발상을 해보았던 셈이다. 그러나 그가 민주주의에 관한 서구 중심적 고정관념의 해체를 목표로 했던 것은 아니다. 앞서 언급한 책 내용 중 7~8할은 서구 민주주의 역사 서술이고, 특히 우리와 관련된 동아시아에 관한 부분은 극히 소략하다. 내용 중엔 필자와 판단을 크게 달리하는 부분도 적지 않다. 영국인으로서 민주주의의 역사를 인류사 전체로 확장해서 본 그의 시도는 충분히 평가받아야 한다. 그러나 비서구 민주주의의 역사, 의미, 현황, 전망을 본격적으로 다루기 위해서는 독자적이고 집중적인 작업이 필요하다. 이제 우리는 이 책에서 비서구 민주주의라는 주제에 집중할 것이다. 왜 이 주제가 중요하며 적극적인 의미를 가지고 있는지도 밝힐 것이다. 이 책 2장 이후의 내용들은 먼 과거가 아니라, 비서구 여러 나라들에서 진행중인 생생한 현재에 초점을 맞추고 있다. 그러나 역사적인 뿌리를 깊게 밝혀가며 분석했다. 논쟁의 여지가 있게 마련인 최근의 지극히 시사적인 문제들도 피하지 않고 정면으로 다루었다. 이후의 전망에 관한 필자의 생각도 분명히 밝혔다.

고정관념은 쉽게 흔들리지 않는다. 독자들은 새로운 생각을 선뜻 받아들이기 어려울 것이다. 급하게 가지 않겠다. 의문의 실마리를 따라 하나씩 천천히 생각을 뒤집어보기로 하자. 깊은 산 맑은 개울가에서 미꾸라지도 보고 가재라도 잡으려면 우선 물속의 돌을 하나하나 뒤집어봐야 한다. 이제 너무나 굳어버린 민주주의 이야기를 뒤집어보기 위해, 돌을 뒤집듯 잠시 17세기 유럽으로 거슬러 올라가보기로 한다. 17세기라면 유럽에서 민주주의라는 정치체제가 역사상 최초로 공개적으로 옹호되기 시작한 때다. 그 장본인은 우리에게도 잘 알려진 철학자 스피노자다. 바로 그 스피노자의 이야기, 스피노자 시대의 유럽 이야기다. 그 이야기 속에 '코레아 Corea'도 나온다.

스피노자와 코레아

17세기, 당시 유럽에 민주주의는 없었다. 최근 미국의 스타 영문학자 스티븐 그린블래트Stephen Greenblatt가 써서 큰 반향을 일으킨 『요동*Swerve*』이라는 책(한번 펼치면 끝까지 읽게 하는, 참 재미있게 쓴 책이다. 소문난 명문가답게 문장도 아주 유려하다)을 읽어보면, 당시까지도 유럽이 얼마나 혹독한 사상 탄압과 종교 폭정의 공간이었는지 잘 알 수 있다. 인간은 지상의 행복을 추구해야 한다는 너무나 당연한 사상이 유럽에 뿌리내리기까지 수많은 선구자들과 이름 없는 수많은 남녀가 상상할 수 없을 만큼 모진 고난을 겪어야 했다. 인간과 세계의 자연성에 관한 사상은 극도로 불온한 악마적 쾌락주의로 매도당했다.

이러한 분위기 속에서 유럽 철학사상 처음으로 민주주의를 공개적으로, 명시적으로 옹호한 사람이 네덜란드의 철학자 스피노자다. 인간과 세계의 자연성을 철저히 논증한 『에티카』(이 책은 스피노자 사후에야 출판될 수 있었다), 그리고 민주주의를 옹호한 그의 정치학 저술은 당시 무소불위의 힘을 행사하던 교회권력으로부터 극심한 탄압을 받았다. 교회권력이 스피노자에게 붙인 딱지는 '무신론자'였다. 당시 유럽에서 무신론자란 오늘날 한국 사회에서의 '빨갱이'라는 딱지보다 훨씬 공포스러운 낙인이었다. '무신론자는 악마의 친구다!' 당시 유럽의 권력자들에게 민주주의란 '천하의 말종'인 무신론자들이나 감히 지지할 수 있는 패악悖惡이었다. 그 이전 플라톤, 아리스토텔레스도 민주주의를 비판했다. 그리스 민주주의의 경험은 매우 부정적으로 평가되었다. 아테네는 민주주의 때문에 망했다고 헤로도토스, 투키디데스가 썼다. 기독교가 유럽을 석권한 이후 긴 중세를 거쳐 스피노자의 시대에 이르기까지 감히 민주주의를 분명하게 옹호한 유럽인은 아무도 없었다.

바로 그 스피노자와 같은 도시, 같은 동네에서 살면서 친하게 지냈던 이삭 보시우스Isaac Vossius라는 사람이 있었다. 스피노자가 친구에게 보낸 편지 중에 보시우스와의 대화 내용을 전한 것이 남아 있다(1667년). 이를 보면 둘의 관계가 이미 아주 친밀했고, 스피노자가 의견을 구하고 보시우스가 답하는 관계였음을 알 수 있다. '뭐 그런 시시한 것을 물어보나, 자네처럼 똑똑한 친구가 말이야!' 하는 농담조다. 보시우스는 스피노자보다 열네 살 연상이었지만 친구와 같은 사이였다. 사상이 같으므로 친구가 될 수 있었다. 보시우스는 어릴 적부터 유럽 밖의 세계에 관심이 많았다. 희랍어와 아랍어에도 능했다. 고대 희랍과 아랍 세계에 정통했고 그곳들을 동경했다. 그는 당시 유럽을 종교적 맹신과 폭정으로 큰 고통을 받고 있는 후진사회라고 생각했다. 그러한 보시우스가 일찍부터 가장 동경했던 곳은 놀랍게도 중국과 코레아, 즉 조선이었다.

보시우스는 중국과 조선이 철학자들이 다스리는 나라라고 했다. 당시 유럽에서 철학, 철학자라는 말은 신학, 신학자와 대비되는 말이었다. 신학적 믿음이 아니라 이성으로 세계를 탐구하겠다는 것은 당시 유럽에서는 심각하게 도전적인 태도였다. 그는 중국과 조선의 고위 관료들은 철학자들로 이루어져 있고, 또 이들 통치철학자들이 자신의 의무에 충실하지 못하면 인민들이 이들을 판정할 자유freedom to judge를 갖는다고 했다. 이어 이곳에는 유럽과 같은 세습귀족이 없고, 오직 배운 자들lettered만이 귀하게 대접받는다고 썼다. 또한 이 나라의 왕이 잘못을 범하면 철학자들이 대놓고 비판하는데, (유럽은 물론이려니와) 심지어 구약성경의 위대한 예언자들조차 감히 하지 못했던 수준이라고 하였다. 그가 평생의 연구를 모아 말년인 1685년에 출간한 *Variarum Observationum Liber*라는 책에서 펼친 내용이다.[2]

---

2. 그 이전 출간한 *De septuaginta interpretibus*(1661), *De poematum cantu et*

한마디로 중국과 조선이 유럽보다 한참 정치 선진국이요 철학 선진국이라는 말이다. 당시 네덜란드는 아시아에서 가장 활발한 해상활동을 벌이고 있었다. 극동에 대한 상당한 정보가 네덜란드로 유입되고 있었다. 이런 가운데 보시우스는 먼 극동의 타자他者 속에서 유럽을 비판하고 개혁할 방향을 찾고자 했다. 보시우스의 극동 해석이 어느 정도 이상화되어 있음은 사실이다. 특히 인민이 통치철학자들을 판정할 자유를 갖는다는 대목은, 우리가 알듯 사실과 다르다. 아마도 '그곳에서는 민심民心을 천심天心으로 안다'는 말이 확대 해석되어 전해진 것이리라. 그러나 다른 언급들은 실제에 가깝다.

어쨌거나 보시우스는 극동의 사례에서 바람직한 정치체제, 즉 플라톤의 철인국가와 인민주권의 민주주의를 혼합한 체제를 읽고 있었다. 그 자신의 소망이기도 하였으리라. 보시우스는 중국과 조선을 유럽 비판의 무기로 삼고 있었다. 종교가 아닌 이성이 다스릴 때, 진정한 문명국가, 민주주의가 이루어진다는 것이었다. 보시우스의 이러한 생각이 스피노자에게 영향을 주지 않을 수 있었을까?

---

viribus rhythmi(1673)에서도 유사한 주장을 펼쳤다. 보시우스의 이 저작들은 중국 등 극동 지역에 대한 유럽인의 호감과 큰 관심을 불러일으킨 대표적인 저작들로 꼽힌다. Thijs Weststeijn, "Spinoza Sinicus: An Asian Paragraph in the History of the Radical Enligtenment," *Journal of History of Ideas,* 64(4), 2007, pp. 537-561, 참조. 중국과 조선에서는 철학자가 왕이라는 견해는 보시우스와 동시대인인 호르니우스Hornius의 *Arca Noae*에서도 발견된다.

보시우스가 스피노자와 교우한 시기는 40~50대 시절로, 그의 사상이 절정에 올라 있을 때다. 급진적 철학 모임에서 자주 만나 호감과 기대를 가지게 된 명석한 젊은이에게, 자신이 특별히 매료되어 있던 이야기를 들려주고 싶은 욕망을 억제했을 가능성은 거의 없어 보인다. 도대체 말하지 않고는 견딜 수 없는 이야기다. 스피노자로서는 그런 기막힌 이야기를 결코 흘려들을 수도, 잊어버릴 수도 없었을 것이다. 결국 중국과 조선의 유교 정치체제가 보시우스를 통해 스피노자의 민주주의론에, 그리고 그의 철학에 결정적 영향을 주었으리라 추정할 충분한 이유가 있다.

유럽 사상사에서 스피노자는 아주 특별한 위치에 있다. 2001년에서 2011년까지 10년간 3권의 연작(각권 모두 1000쪽에 육박한다)으로 발간되어 선풍을 일으키고 있는 프린스턴 고등연구원 조너선 이즈리얼Jonathan Israel 교수의 『급진 계몽주의*Radical Enlightenment*』 시리즈는 바로 이 점에 주목하고 있는 명저다. 그의 논지는 계몽주의라고 모두 똑같은 계몽주의가 아니라는 것이다. 그는 17~18세기의 유럽 계몽주의를 주류mainstream와 급진으로 나누어 보면서, 주류 계몽주의는 구체제에 타협적이었고 민주주의, 반교권주의, 자유, 인권, 인종 평등, 국제 평등 문제에서 항상 보수적인, 즉 반대하는 태도를 취했다고 말한다. 오직 급진 계몽주의만이 이러한 문제들에 대해 완전히 일관되고 진보적인 입장을 취했다는 것이다. 그 결과 주류 계몽주의와 급진 계몽주의 사이에는 시종 날카로운 대립과 긴장이 있었다고 한다. 이들 급진 계몽주의 사상가들이 한결같이 마음속으로 그들의 중심으로 인정하고 있었던 철학자가 바로 스피노자였음을 이 책은 놀랍도록 치밀한 고증을 통해 철저히 밝혀냈다. 1670년 스피노자가 『신학-정치 논고』를 출간한 이후 19세기 초엽까지 스피노자라는 이름은 유럽 사상계의 거대한 지진이요 징후徵候였다. 그는 급진 계몽주의의 알파요 오메가였다. 근대 유럽의 태동에 그렇듯 엄청난 충격을 가했던 스피노자의 급진 철학과 민주주의론의 탄생 배경에 '비서구'인 중국과 조선이 있다는 사실!

이제 다시 시계를 지금 시간에 맞추어보자. 과연 여전히 민주주의는 오직 서구에서 빌려온 것이라고만 이야기할 수 있을까? 서구가 충격을 주기 전까지는, 조선, 동아시아, 더 넓게는 비서구 전반과 전혀 무관했던 이야기라고 말할 수 있을까?

비서구 민주주의의 적극적인 의미

'급진 계몽주의'의 역사를 상세히 알수록 유럽의 민주화에 비서구가 얼마나 큰 영향을 주었는지 깨닫게 된다. 그러나 그렇다고 하여 오늘날 유통되는 '비서구'라는 말이 하루아침에 긍정적인 뜻으로 바뀔 수 있다는 것은 아니다. 그러자는 것이 이 장과 이 책의 목적도 아니다. '비서구'라는 말은 원래가 '서구the West'를 높이고, '서구가 아닌 나머지the Rest'에 열등의 낙인을 찍기 위해 만들어진 말이다. 그렇다보니 이 땅의 많은 젊은이들이 '비서구'를 벗어나 '서구'가 되는 것을 인생 목표로 삼겠다며 너도 나도 나서고 있는 지경이다. 꼬여도 단단히 꼬였다. 한국이 OECD와 G20의 일원이 된 이상, 우리는 이제 비서구가 아니고 서구라고 주장하는 이들도 있다. 웃자고 하는 이야기가 아니다. 일본이 오랫동안 그렇게 행세했고, 우리에게도 그런 욕망이 있다.

필자는 우리 무의식 깊숙이 똬리 틀고 있는 '서구 대 비서구the non-West'라는 이항 대립에 큰 문제의식을 가지고 있다. 이것은 어릴 적부터의 교육을 통해, 가랑비에 속옷까지 흠뻑 젖듯 우리의 무의식까지를 온통 점령하고 있는 문제의 개념틀이다. 의식적으로 반대해도 거의 무의식적으로 반복한다. 이를 다시 반복하고 확대하기 위해서가 아니라, 지우고 넘어서기 위해서 이 언어의 집 안으로 들어간다. 물론 '서구-비서구'의 구획은 우리의 머릿속만이 아니라 세계 현실에 엄연히 강하게 뿌리내리고 있다. 따라서 서구-비서구라는 대립 분할을 지우고 넘어서자는 것은 사유 방식의 혁신에 대한 요청일 뿐 아니라 세계 현실을 바꾸자는 이야기이기도 하다. 여기에 '비서구 민주주의'라는 토픽의 적극성이 숨어 있다.

그렇지만 지우고 넘기 위해 그 언어의 집으로 들어간다는 것은 실은 매우 위험한 일이다. 언어란 사용을 통해 반복되고 확장하기 마련이다. 서구-비서구라는 분할적 개념틀을 손가락이 아프도록 자판을 쳐대며 비판한들 쉽게 사라질까? 오히려 재생산되고 확장되었을 뿐이라고 비판하는 이가 틀림없이 있을 것이다. 애초에 개념틀, 대립 구도 자체가 서구에서 생산되고 유입된 것인 이상, 그 게임판 위에서 반대한다고 열심히 뛰어봐야 결국 그 게임의 흥행만 돕는 꼴이 아니냐는 것이겠다.

더 날카로운 비판도 있다. 서구-비서구 대립을 비판하다보면 결국 서구 비판-비서구 옹호로 가게 마련인데, 그러면 비서구 내부의 문제에 대한 비판의 각이 무뎌질 수밖에 없지 않겠느냐는 것이다. 이런 각도에서 아예 적극적으로, 현재의 문제는 서구-비서구 대립 자체라기보다는 오히려 비서구 내부의 문제이므로, 차라리 서구의 입장에 제대로 서서, 그 기준을 비판의 잣대로 삼아 비서구의 문제를 비판해 들어가는 것이 순서에 맞지 않느냐는 대담한(?) 입장도 존재한다.

그러나 이 지점이 바로 '근대화론'의 함정에 빠지는 요목이다. 이 함정은 한번 빠지면 여간 빠져나오기 힘든 게 아니다. 근대화론은 비서구를 영원히 미성숙한 모방자로 만든다. 근대란 오직 서구에서만 탄생했고, 이것이 비서구로 확장했으며, 비서구는 서구가 걸어온 길을 시간차를 두고 동일하게 밟아간다고 주장한다. 일단 이 구도 안에 들어가면 죽자사자 그 시간차를 줄이는 데 전력을 다할 수밖에 없다. 오직 하루빨리 서구 닮기, 서구 되기다. 그러다보면 자기성찰, 자기비판, 자기교정의 계기는 어느덧 실종된다. 비판의 잣대는 사라지고 맹목적 좇아가기·따라하기의 잣대만 남는다. 달려봐야, 아니 달릴수록 더욱 비슷한 모방자가 될 뿐, 자신의 본모습은 점점 희미해져 되돌아보려 해도 보이지 않는다. 근대화가 단순히 기술 문제가 아니라 문화와 정체성 문제이기도 한 까닭에 더욱 그렇다. 문화와 정체성 문제에서 따라잡기란 없다. 따라잡으려 할수록, 비슷해지려고 할수록 오리지널과의 괴리감이 더욱 크게 느껴진다. 일찍이 일본의 작가 나쓰메 소세키가 달릴수록 공허해지는 '근대화의 신경증'이라고 불렀던 것이 바로 이런 증상이었다.

'비서구 민주주의'라는 토픽은 서구-비서구라는 차등적 분할 구도를 비판하면서, 동시에 비서구 내면의 문제를 외면하거나 변호하지 않고 비판적으로 파볼 수 있게 한다. 그래서 그 언어의 집 안으로 들어가면서도, 그 언어 게임의 흥행이나 거들어주는 노릇을 하지 않게 된다. 서구 닮기, 따라잡기의 중독증에 빠지지 않고도, 비서구 내부 개조의 동력을 충분히 탐색할 수 있다. 여기에 '비서구 민주주의'라는 주제 영역의 적극성, 즉 서구-비서구라는 분할적 대립틀을 지우고 넘어설 수 있게 하는 내적 잠재력이 있다.

민주주의란 서구의 것도 비서구의 것도 아니다. 서구에서 시작된 것도, 반대로 비서구에서 시작된 것도 아니다. 그런 구분 자체가 문제적이다. 인류 공통의 기원을 가지고 있고, 그 기원이 여러 문명들에서 나름의 특징을 가지고 성장해왔다. 물론 오늘날 그중 상대적으로 잘 제도화되고 안정된 민주주의는 서구에서 찾아볼 수 있다. 이 점을 부인할 필요는 없다. 그렇다고 서구 민주주의가 완전한 것은 결코 아니다. 아직 많은 제한과 문제가 있다. 또한 그러한 상대적 안정의 배경에, 최근 세계사 200여 년에 걸쳐 형성된 서구의 비서구에 대한 우월적 지위가 허용한 물질적 여유가 있었다는 점도 놓치지 않아야 한다. 2차대전 이후 구미형의 민주주의가 비서구 국가들로 이식되고 확산된 것은 분명한 사실이다. 그렇다고 민주주의의 유일한 정답이 오늘날 서구 국가들에 있으며, 비서구 국가들은 이미 완성된 그 정답을 베끼기만 하면 된다는 것은 아니다. 이런 식으로 보아서는 오늘날 비서구 민주주의의 진정한 잠재력을 전혀 인식할 수 없을 뿐 아니라, 서구 민주주의의 내적 특징과 한계도 제대로 알 수 없다.

서구 민주주의도 구체적 역사 과정의 산물이다. 2차대전 이후의 특이한 세계 상황은 미국이 주도하는 근대화 이론의 배경이 되었다. 그러한 세계 상황 역시 하나의 역사적인 국면이었을 뿐이다. 보시우스의 극동론이 말해주는 것은, 서구 근대, 서구 민주주의가 오늘처럼 성장하는 데 비서구가 큰 모멘텀을 주었다 함이다. 세계사는 이렇듯 큰 차원에서 서로 영향을 주고받는다. 비서구 민주주의 문제에 다가서는 첫걸음은 구체적인 현재 모습에서 시작하되, 그 문명적 배경과 역사의 독특성을 포착하여 그 이해를 심화해가는 데 있다고 생각한다. 그래야 현재 모습의 잠재성과 의미를 보다 충분히 파악할 수 있게 된다. 또한 그래야 미래의 전망도 열린다.

오늘날 민주주의의 새로운 동력은 서구가 아니라 오히려 비서구의 여러 지점들에서 분출되고 있다. 그러한 새로운 동력이 민주주의의 역사를 다시 쓰게 할 새로운 질적 고양의 계기는 아닌지 면밀히 주시할 필요가 있다. 이 책 2장에서 10장까지가 그러한 내용이다. 모두 최근의 사건들에 초점을 맞추고 있다. 이제 본격적인 현장 이야기로 들어가기 전에, 이 장의 남은 지면에서는 비서구 민주주의 일반의 잠재력을 역사적 배경 속에서 크게 짚어보려고 한다. 모든 일은 갑자기 평지돌출하지 않는다. 역사적 뿌리가 있다. 그러나 비서구의 범위가 광대하기 때문에 여기서 그 전부를 들어 논하는 것은 사실상 불가능하다. 우선 우리와 가까운 인도, 그리고 우리 자신의 이야기이기도 한 유교권 사회의 역사적 배경 속에서 민주주의의 근거를 살펴보기로 한다.

힌두 전통과 인도 민주주의

오늘날의 인도 민주주의는 외부인들에게는 불가사의다. 어떻게 평등과 정면으로 배치되는 카스트의 나라에 민주주의가 가능하단 말인가? 비록 인도 헌법 전문에 일체의 신분 차별을 금한다고 적혀 있지만, 이 카스트(바르나varna-자티jati) 의식은 여전히 인도인의 인습세계에 깊이 각인되어 있지 않은가? 지극히 '전근대적'인 신분 차별의 나라에 어떻게 민주주의가 가능하다는 말인가? 그러나 오늘날 인도가 민주주의에 매우 독특하고 풍부하며 창조적인 기여를 하고 있다는 것 역시 누구도 부인할 수 없는 분명한 사실이다. 이 책 2장에서 상세히 살펴보겠지만, 1993년 시작된 혁신적 자치제도인 '판차야트Panchayat 개혁', 서구보다 훨씬 과감한 소수자 배려 할당제도인 만달리즘Mandalism, 민중 친화적인 각종 사법 개혁, 그리고 세계의 주목을 받은 케랄라 주의 주민자치예산제도 등이 그 일부다. 이제 "세계 최대의 민주주의 국가는?"이라는 질문과 "인도!"라는 '정답'이 세계 모든 초중등학교 교사들과 학도들 간의 또하나의 교리문답이 되었을 정도다. 아마 인도에 대한 관심이 그다지 크지 않은 한국이 흔치 않은 예외에 속할 것이다. 어쨌거나 '인도 민주주의'라는 말이 품고 있는 이 불가사의한 양립을 어떻게 풀이해야 할까?

민주주의가 직선이 아니라 곡선임을 이해하면 진실에 한 걸음 가까이 다가설 수 있을 듯하다. 세상사, 만물이 그렇다. 가장 직선이라 할 빛조차 휘어 곡선이 된다. 공간과 물질이 연결되어 있기 때문이다. 중력의 힘을 받아 운동이 휜다. 우주에 절대 무중력의 공간은 없으므로 모든 빛은 곡선이다. 빛이 곡선이라면 다른 모든 존재는 더 말할 필요가 없다. 그런데 도대체 민주주의와 직선-곡선이 무슨 상관이란 말인가? 고대 그리스를 기원으로 하여, 유럽의 르네상스와 시민혁명을 거쳐, 현대 유럽과 미국을 정점으로 하는 경로를 '민주주의의 직선의 역사'라고 보는 사고방식이 있다. 그 '직선'은 오직 하나요, 밖의 다른 모든 경로는 구부러진, 따라서 열등한 민주주의라 한다. 이런 생각은 큰 허구다. 모든 빛처럼, 모든 민주주의는 구불구불하다. 그 곡선은 우주의 맨얼굴, 지극한 정상이다. 오히려 곡선이 아닌 절대 직선의 어떤 민주주의가 있고 그것이 바로 서구 민주주의라는 생각이야말로 지극히 비정상이요 문제다.

민주주의를 토론과 합의에 따른 통치 또는 사회 운영이라고 한다면, 그 기원은 우리가 흔히 '정답'이라고 생각하는 기원전 600~500년경의 그리스보다 훨씬 이전으로 올라간다. 그리스 민주주의보다 최소한 2000년 앞서 시리아-메소포타미아 고대국가에 여러 공적 문제를 다중이 모여 논의하는 일종의 초기 의회assembly[3]들이 있었다.[4] 이것이 존 킨이 주장한 회합민주주의의 원형이다. 더 깊은 과거를 탐사하는 고고학자나 인류학자라면 그러한 회합민주주의의 싹은 고대국가 형성 이전에 움이 텄다고 주장할 것이다. 수렵-채집 시대 인류의 사회조직과 생활 형태가 그것이다. 당시의 집단 단위는 대략 150명을 한계로 했다. 여러 연구가

3. 고대 수메르어로 우킨ukkin, 고대 아카드어로 푸룸puhrum이라고 한다.
4. 최초의 주창자는 덴마크 출신 미국 고고학자 토르킬드 야콥센Thorkild Jacobsen이다. 기원전 3000년경의 것으로 추정되는 초기 의회들 관련 증거품을 발굴한 그는, 이 의회들을 시원민주주의primitive democracy 또는 원형민주주의proto-democracy라 불렀다.

입증하듯 이 단계의 인류 집단에는 '왕'도 '두목'도 존재하지 않았다. 남녀, 노장청의 역할 구분은 있었으나 신분적, 계급적 차별의 형태가 아니었다. 자연스러운 합의가 집단 운영 원리였다. 그것이 가장 자연에 가까운 형태인지는 의문이다. 진화학적으로 인류와 가장 가까운 침팬지 집단에는 모든 것을 독점하는 '두목' '왕초'(동물학 용어로는 '알파 수컷alpha male')가 있기 때문이다. 그러나 수렵-채집 인류 집단은 한 강자(주로 덩치 크고 힘센 젊은 수컷)의 독점을 허용하지 않았다. 이렇게 보면 평등 자체가 고도의 권력 형태다. 무소불위의 '왕초' 내지 폭군의 출현을 방지하는 고도의 상호견제망인 것이다. 고고인류학자 크리스토퍼 뵘은 이를 '뒤집어진 지배 위계reverse dominance hierarchy'라고 부르고, 이것이 평등주의egalitarianism를 지향하는 인간 행위의 진화적 기원이라고 생각했다.[5]

그러나 이후 신석기-청동기 단계에 접어들면서 인류사는 압도적으로 '왕의 역사'가 된다. 기원전 6~5세기 전후 그리스에 민주주의가 가능했던 것은, 그리스가 당시 중근동-지중해 문명의 중심이었던 페르시아-이집트제국의 먼 변방, 후진국이었기 때문이다. 당시 문명적 의미의 유럽이란 존재하지 않았다. 민주주의 고대 그

5. Christopher Boehm, *Hierarchy in the Forest: The Evolution of Egalitarian Behavior,* Cambridge, Harvard University Press, 2001, pp. 10-11.

리스는 동방 제국 영향권 아래의 일개 변방이었을 뿐이다. 그런데 바로 그러했기 때문에, 그리스에 고대국가 이전 역사 단계의 사회 운영 방식, 즉 보다 평등주의적인 사회 원리가 '부활'할 수 있었다.[6] 그 핵심은 그리스 민주주의가 한 사람의 절대 강자, 그들이 폭군이라 불렀던 '왕'을 허용하지 않았다는 데 있다. 민주주의를 하면서도 그럴 조짐을 보이는 이가 나타나면 투표를 통해 추방해버렸다. 소위 도편추방ostracism이다. 그리스 민주주의는 대략 250년간 지속되었다(기원전 508~260년). 그후 이곳 역시 제국에 복속되었다. '왕의 시대'가 된 것이다.

인도 문명의 독특성은 '베다' 문화라고 하는 고도의 문명 단계에 접어들어서도 왕의 존재를 주변화했다는 데 있다. 모든 고대 문명에서 일단 왕이 출현하면 그 존재는 신성화된다. 인도에는 매우 일찍부터 이 경향을 견제하는 흐름이 존재했다. 기원전 3000~2000년의 기록으로 간주되는 『리그베다』에 따르면, 이때 이미 왕은 브라만보다 낮은 존재였다. 고대 인도의 '조숙한 마키아벨리'라고 불리는 카우틸리아의 저작 『아르타샤스트라』에서도 브라만의 정신적 우위는 확고하다. 왕의 영역은 인정한다. 그러나 부

---

6. 플라톤, 아리스토텔레스를 위시한 많은 그리스 철학자들이 군주제를 민주주의보다 우월한 제도로 생각했던 것은 그들의 사고가 보수적이어서라기보다는, 당시 그리스와는 비교가 안 되는 '선진국'이었던 페르시아와 이집트가 왕권국가였다는 너무나 당연한 사실에 기인한 것으로 생각하는 편이 옳지 않은가 싶다.

와 권세의 그 영역은 우주적 질서의 주변으로 치부된다. 우주의 축은 브라만이 집전하는 의례를 중심으로 돈다.

그 결과 인도에는 좀처럼 광대하고 강력한 제국이 출현하지 않았다. 아쇼카 왕의 (불교) 제국조차 그 내용은 매우 분권적인, 느슨한 연결망이었다. 인도의 역사는 그래서 대부분이 수많은 군소 군주국의 역사다. 그 작은 군주국들에서도 자치의 중심은 왕궁이 아니라 브라만을 중심으로 한 민간의 생활 영역에 있었다.

붓다가 출현했던 시대의 인도 북동부 일대에는 10여 개의 도시 공화국이 존재했다는 연구들이 있다.[7] 사바Sabha나 사미티Samiti[8]라고 하는 합의체가 다스리는 도시국가들이었다고 한다. 이중에는 군주가 존재하는 곳도 있었다. 이를 라자나Rajanah라고 하는데, 그 군주를 비스Vis라고 하는 합의기구에서 선출했다는 점에서 여타 군주국과 달랐다고 한다. 이들이 오늘날의 공화국과 같은 것은 물론 아니었겠지만, 군주국과는 분명히 구분되는 보다 합의체적인

---

7. 이 주장은 영국인 라이스 데이비드스Rhys Davids가 1903년 *Buddhist India*에서 처음 제기했다. 주로 팔리어 불교 고경을 연구하다 얻은 결론이었다. 그후 자그디시 샤르마Jagdish Sharma는 이 주장을 힌두교 베다 경전에 대한 연구로 보강·확장하여 1968년 *Republics in Ancient India: c. 1500 B.C.~500 B.C.*로 발표했다. 이 주장은 후일 조너선 커노이어Jonnathan Kenoyer나 로밀라 타파르Romila Thapar 등 인도 고대사 연구자들에 의해 인정되고 더욱 깊게 분석되었다.

8. 오늘날 인도 의회를 말하는 로크 사바Lok Sabha, 그리고 판차야트의 기초 단위인 그람 사바Gram Sabha(마을 사바)의 '사바'가 모두 여기서 나온 말이다. 사미티 역시 인도 정치, 사회운동, 일생생활에서 흔히 쓰는 용어다. 보통 '협회' '모임' 정도로 번역된다.

정치 단위들이었다는 점에 대해서는 학계에서 이론이 없다. 불교가 힌두교보다 더욱 평등주의적인 것은 이러한 배경과 무관하지 않을 것이다. 이러한 합의체 단위는, 그러나 미래가 미리 출현한 것이 아니다. 오히려 구석기시대로부터의 먼 과거가 부활한 것이다. 인도 문명의 특이한 상황, 즉 왕권이 강력하게 성장하지 못하는 환경이 이러한 부활에 상당한 역할을 했을 것이다.

힌두 문명은 왕권을 특이하게 제약한다. 브라만은 왕권에 개입하지 않는다.[9] 대신 분명한 선을 긋는다. 왕권의 바깥, 민간 생활세계, 문화세계, 정신세계는 왕이 다스리는 영역이 아니다. 유럽의 근대 민주주의는 강한 왕권을 밖에서 무너뜨리면서 탄생했다. 반면 힌두 문명의 민주주의는 왕권을 주변화·약체화하면서 그 싹을 보존해왔다. 힌두 문명의 '자치 전통'은 바로 여기서 왔다. 그 바탕에 도저한 철학적 깊이가 있다. 문제는 그 왕권 밖의 영역을 지배하는 신분 원리다. 한편으로 각 바르나, 자티의 자치를 허용하면서, 동시에 치밀한 신분적 서열질서를 짠다. 이 역설이 한편으로 오늘날 인도 민주주의를 특징짓는 놀라운 생명력과 창조성, 그리고 다른 한편으로 '카스트 민주주의'라는 형용모순을 설명한다. 과연 인도 민

9. 왕에게 조언하는 역할을 하는 '푸로히타'라는 특정 브라만 계층은 제외로 한다. 푸로히타 역시 원리적으로 왕보다 우월한 지위에 있다. 힌두이즘과 왕권과의 관계에 대한 서술은 히스테르만 J. C. Heesterman의 *The Inner Conflict of Tradition: Essays in Indian Ritual, Kingship, and Society*(1985)가 명료하다.

주주의의 생명력과 창조성은, '카스트 민주주의'라는 모순적 개념에서, 앞에 붙은 괴상한 수식어, '카스트'를 지워갈 수 있을까?

그러리라고 본다. 조심스럽지만 낙관적이다. 어느 정도의 시간이 필요할 것이다. 힌두 환생 개념이 워낙 뿌리깊게 인도인의 심성 속에 박혀 있고, 이 관념이 바르나-자티 신분제와 너무나 강하게 결합되어 있기 때문이다. 그러나 무상無常이다. 늘 그대로인 것은 아무것도 없다. 오직 무상이라는 사실만이 늘 그대로일 뿐. 따라서 그 어떤 지엄한 교리도 변화하기 마련이다. 먼저 이 둘을 연결하는 연결고리가 약해지면서, 신분제의 규정력이 내부로부터 약화될 것이다. 바르나-자티가 과연 힌두 이념의 핵심인가에 대해서는 논란이 많다. 그렇지만 현실의 민주주의가 강해질수록 이를 부정하는 입장도 강해질 수밖에 없다. 이 과정, 즉 신분제를 지우는 과정은 신분을 통한 단결과 투쟁이라는 길을 통한다. 신분으로 신분제를 지워가는 것이다. 달리트dalit 등 최하층 신분의 각성과 결집, 연대가 그래서 중요하다. 힌두 신분제를 극복해가는 이념과 철학의 전장戰場은 볼 만한 장관을 이룰 것이다. 인도철학과 철학사가 다시 해석될 것이다. 이는 민주주의 이념의 커다란 확장으로 이어질 것이다. 철저히 소외된 하층 신분이 공론의 중앙으로 돌파해 들어가는 새로운 진로들은 민주주의의 또다른 발명품이 될 것이다. 난관은 많다. 겉보기에 요란하고 무질서해 보일 수도 있다. 힌두교 내부 문제에 종교분쟁, 민족분쟁이 더해진다. 그러나 이 곤란을 이겨

인도 뭄바이의 슬럼인 다라비의 모습
다라비Dharavi는 인도의 경제 수도인 뭄바이 내에 있는 빈민 거주 지역이다. 고층 건물이 즐비한 인근의 금융지구와 극단적으로 대비되는 환경을 보이는 이곳은, 인도의 빈부격차를 상징하는 곳이기도 하다. 다라비 인구 중 달리트가 차지하는 비율은 약 20퍼센트로, 인도 평균보다 높은 편이다. 달리트를 비롯해 다른 하층 신분, 여러 종족, 무슬림 등 다라비의 빈민들은 인구수의 힘을 통해, 뭄바이의 선거에서 큰 영향력을 행사하고 있다.

낼 힘이 있다. 오랜 시간 잠류하고 억눌리다 이제 막 물꼬가 트인 인도 민주주의의 싱싱한 건강성과 생명력이 그것이다.

인도 독립이 선언된 1947년 8월 15일, 인도의 현자 스리 오로빈도가 발표한 「다섯 개의 꿈」은 인도의 큰 꿈을 여전히 수레에 싣고 있다.

> 힌두와 이슬람으로 나뉜 인도가 다시 하나가 될 때까지 혁명적 운동이 계속되는 꿈[10]

아시아가 회생하여 인류 문명의 발전에 거대한 기여를 하게 되는 꿈

만국을 정의롭게 협동하게 하는 세계연합이 발전하는 꿈

인도의 영적 풍요가 세계의 구원에 기여하는 꿈

인류의 의식이 더 넓고 큰 차원으로 진화해나가는 꿈[11]

유교권 동아시아의 민주주의

그렇다면 보시우스가 동경했던 유교 문명의 경우는 어떠한가? 그의 유교에 대한 지식은 결코 녹록한 것이 아니었다. 중국 고전에 대한 지식을 바탕으로 중국 문명의 기원이 성경이 말하는 문명 역사에 앞선다고 했던 그의 주장은 당시 유럽에 엄청난 충격을 주었다. 성경의 일자 일구가 절대적 진리였던 시대에 이런 해석은 가히 파천황적이었다 할 만하다. 스피노자가 『신학-정치 논고』에서 전개한 급진적 성경 해석은 보시우스의 이러한 주장, 그리고 이 주장

10. 필자는 이것이 현재의 국가 논리인 '하나의 국가가 되는 꿈'이라고 보지 않는다. 오로빈도도 현존 국가 체제의 한계를 잘 알고 있었다. 너를 죽여야 내가 사는, 네가 없어져야 내가 존재하는, 그런 식이 아니다. 힌두와 이슬람의 공존 형태에 대해서 오로빈도는 깊고 다양하게 생각했다. 현재 인도와 파키스탄의 대립 상태는, 생각할 수 있는 한, 존재할 수 있는 한, 최악이라 할 것이다. 이 상황에서 어떻게 어디로 넘어설 것인가. 남은 숙제다.

11. 오로빈도 고슈, 『유쾌한 감옥』, 김상준 옮김, 사회평론, 2011, 230쪽.

으로 야기된 격렬한 논란에 큰 영향을 받았다.

보시우스가 중국과 함께 조선에 주목했다는 것은 여러 의미에서 흥미롭다. 오늘날 세계의 많은 이들이 민주주의가 가장 역동적인 나라 중 하나로 한국을 지목하고 있다. 문제점이 더 많이 보이기 마련인 우리 내부에서야, 갈 길이 한참 먼 상태라고 비판 내지 비관까지 하고 있지만 말이다. 성장에 따라 비판의 예각이 더욱 날카로워지는 것 역시 민주주의 성장의 징표다. 이를 단순히 그만큼 서구화되었기 때문이라고만 말할 수 있을까? 한국인의 평등의식은 어떤 의미에서는 구미보다 강하다. 유럽엔 왕도 귀족도 상징적이나마 남아 있다. 그러나 한국에서는 이러한 제도가 상징적인 차원에서라도 영영 인정되기 어려울 것이다. 또 한국이 1960년대에서 1980년대까지 벌였던 반독재 민주화운동은 유례를 찾아보기 힘들 정도로 질기고, 깊고, 강한 것이었다.

그런데 이 모든 것이 도대체 유교 문명과 무슨 관련이 있다는 것인가? 군주제로 수천 년을 지속한 유교 문명이란 애당초 민주주의와 정반대가 아닌가? 인도의 자치 전통이라는 것도 유교권에서는 찾아보기 힘든 것 아닌가? 왕의 권한이 인도와는 비교되지 않을 정도로 강했지 않은가? 보시우스는 착각을 해도 너무 심한 착각을 한 것이 아닌가? 한국 민주주의 성장의 씨앗은 해방 이후 미국이 가져다준 민주주의 제도와 학교에서 실시한 민주주의 교육이지 않은가? 인정할 것은 솔직히 인정해야 하지 않겠는가?

맞다. 인정할 것은 솔직히 인정해야 한다. 그러나 아닌 것은 아니라고 또한 분명히 말할 수 있어야 한다. 보시우스가 바로 본 점이 많다. 우리가 다른 나라 첫 방문길에 그 나라의 고유한 특징을 금세 통찰하게 되는 것과 비슷한 이치다. 앞서 말했듯, 인류가 문명 단계에 접어들면 왕의 위치, 왕과의 관계가 정치제도, 정치의식의 특징을 규정하는 관건이 된다. 유교 문명도 마찬가지였다. 유교가 왕권을 제약한 방식은 힌두교와는 또다른 형태였다. 힌두교는 정치는 제쳐둔다. 구원, 구도의 길은 따로 있다. 그러나 유교 세계에서 구원, 구도의 길은 곧 왕권을 바로잡는 일이었다. 어디 따로 갈 곳이 마땅히 없었다. 공자가 '비 맞은 개 꼴'이라는 말을 들으면서까지 왕권을 바로 세우고자 관직을 구해 노구를 이끌고 14년여의 세월 천하를 주유했던 이유가 여기에 있다. 유교에서 왕권을 바로 세우는 것은 도덕적 사명이요 신성한 의무였다.

유교 성왕聖王론이라는 게 참 묘하다. 왕이 성인聖人이라니! 겉으로 보면 그처럼 군주를 절대화하고, 군주에게 아부하는 교의가 더는 없을 듯하다. 그러나 조금만 들여다보면 사정은 180도 뒤바뀐다. '왕이 성인이다'가 아니라 '왕은 성인이어야 한다'는 것이다. 한 걸음 더 나가면, 왕이 성인이 못되면 더이상 왕이 아니라는 이야기다. 이처럼 강력하게, 지독하다 할 정도로 군주를 제약하는 이념이 또 있을까? 기독교든, 이슬람교든, 힌두교든, 현세를 지배하는 왕권의 세속적 한계를 어느 정도는 인정해준다. 유교에는 그런 게 없다. 유교의 성경인 『시경詩經』『서경書經』에 묘사된 성왕은 실제 절대로 완벽한 성인이다. 어떠한 폭력과 강제로부터도 자유로운 절대적인 성자. 특히 『서경』에 묘사된 요임금과 순임금의 모습이 그렇다. 유교에서 성왕론과 요순임금은 알파요 오메가다. 유교는 이 요순임금이 단순히 꾸며진 신화가 아니라 실존했던 원형 군주라고 시종 강변했다. "에이, 요순임금 이야기는 꾸며낸 거예요, 그걸 정말 믿으시나요?"라고 당시 누군가 말했다면, 그 사람은 바로 스피노자 시대의 '무신론자'가 된다. 믿음의 역린逆鱗을 건드렸기 때문이다. 제 명대로 살기 어렵게 된다.

군주는 절대적으로 성인이어야 한다. 이런 신념을 통해 유교는 군주주권을 내파內破하고 있었다. 중세 유럽에 '왕의 두 신체King's two bodies'라는 교리가 존재했다. 하나는 순수한 공적公的 신체고, 다른 하나는 인간으로서의 사적私的 신체다. 유럽 근대주권론의 형성사란 이 두 신체에서 사적 신체를 지우고 공적 신체만 남게 한 역사다. 그 결과 사적 신체를 가진 왕의 목이 달아났다. 17세기 영국혁명, 18세기 프랑스혁명이 그것이다. 그래서 남은 것이 공적 신체만으로서의 주권sovereignty 개념이다. 그것이 바로 국가이성이 되고, 인민주권이 된다. 신체를 지닌 왕은 사라지고 추상적이고 포괄적인 주권 개념만 남는다. 유럽어 '주권'이라는 말에 신체를 지닌 '군주the sovereign'의 흔적이 남아 있다.

유교권도 마찬가지다. 주권主權에서 주主는 군주君主다. 유럽의

'왕의 두 신체'론과 극히 비슷한 논리를 16세기 초 명나라 장총張聰이 폈다(조선에서는 17세기 박세당과 윤휴가 그랬다). 장총의 군주 세종世宗은, 유교 조정에서 늘 그랬듯, 정통성 위기에 시달리고 있었다. 적통자가 아니었기 때문이다. 장총은 왕권 계승의 공적 성격을 통統이라 하고, 부자父子 계승의 사적 성격을 사嗣라 하여 양자를 구분하고, 세종이 선황先皇과 부자관계는 아니나 어쨌거나 왕권을 이었으므로 그 계승은 정당하다 논변했다. 유럽 왕실의 사제들과 법률가들이 그랬던 것처럼 그도 왕권을 변호하고자 이런 논변을 폈다. 그러나 압도적 다수의 유자儒者들은 이런 논리가 성왕론의 왜곡이라 생각했다. 죽음을 불사하고 끝까지 정통성 시비를 벌였다. 그 결과 134명에 달하는 조정의 핵심 관료들이 일거에 숙청당했다. 중국에서는 통상 예의禮議, 조선에서는 예송禮訟이라고 하는 이 시비는 유교 조정의 거의 항상적인 문제였다. 잘 알다시피 유교 정치사는 예송사라고 해도 과언이 아니다.

중국과 다른 점은, 중국에서는 정통성 투쟁이 벌어지면 보통 황제가 이기는데, 조선에서는 거의 항상 유자들이 이겼다는 사실이다. 중국 유교가 약했다기보다 중국 황제의 권력이 더 컸던 탓이다. 오히려 주목할 만한 것은 황제의 압도적인 힘의 우위 속에서도 중국 유자들이 보여준 치열성이다. 한, 송, 명과 같은 순수 한족 왕조들에서 이 점이 두드러졌다. 이렇듯 군주에 대한 힘에서 상대적 차이가 있었으나, 한중 유교 체제의 공통점은 유자들이 끊임없이 정통성 문제를 제기함으로써 군주의 기를 꺾고, 유교 윤리에 맞게 순치시키는 것이었다. 군주가 여기에 심하게 저항하면 쫓아내기까지 했다. 오늘날 민주주의 이론에서 중시하는 것이 권력에 대한 비판과 견제accountability다. 현대 한국의 강한 권력 비판 전통이 이와 무관하다 할 수 있을까? 이처럼 강한 왕권 견제를 통해 유교는 왕권을 서서히 내파하고 있었다.

유교 문명의 평등의식은 어디서 왔는가? 일찍이 과거제도를 도입하면서 세습귀족제가 결정적으로 타격을 받은 순간 촉발되었다. 과거제가 본격적으로 시행된 송나라 이후의 중국은 세계사적으로 극히 특이한 사회였다. 왕권에 의해 작위와 영지를 세습하는 세습귀족이 사라진 것이다. 왕 이하는 모두가 평등하다고 보는 만천명월萬川明月의 신분 상황이다. 이로써 중국은 더이상 봉건사회로 보기 어렵게 되었다. 남은 세습적 봉건 축은 왕조와 왕가뿐인 셈이었다. 미국의 베트남-중국 전문가 우드사이드A. Woodside 교수가 말하듯, 능력주의에 입각한 유교 과거-관료제는 분명 또하나의 근대였다. 그는 이를 '잃어버린 근대lost modernities'라고 했다. 그 자신 지적했듯 사실 잃어버린 것도 아니다. 19세기 후반 체계화된 유럽 관료제는 유교 관료제에서 힌트를 얻었다. 바로 그 순간 중국에서는 과거제를 폐지했다는 것도 역사의 아이러니다.[12]

물론 극소수만 등용되는 과거제 자체가 유교 평등주의의 몸통이었을 리 없다. 그 몸통은, 사람人이라면 누구나 성인聖人이 될 수 있다는 맹자의 가르침人皆可爲堯舜, 유교 교리 자체였다. 유교 평등주의의 시조는 맹자다. 유교사는 유교 원리가 밑으로 확장되어가는 역사이기도 했다. 그리하여 19세기 중반 동학의 창도자 최제우는 맹자의 인人을 밑바닥 사람을 뜻하는 민民으로 바꾼다民皆可爲堯舜. 동학은 17세기 후반에 시작되어 18~19세기에 폭발적으로 전개된 대중유교운동의 결실이었다. 대중유교란 아전유교, 생원유교, 참봉유교, 서얼유교이기도 하고 농민유교, 상인유교이기도 하며, 사대부와 정통 유자들이 그 주체가 아니라는 점에서 정통유교, 상층유교는 아니지만, 그 외곽적 주체들이 맹렬하게 유교적 중심을 지향하였다는 점에서 확고한 유교적 구심성을 유지하고 있었다. 정약용이 말했던 18~19세기 조선의 '온 나라가 양반 되기'란, 평등화 경향의 지극히 조선적인, 유교적인 운동 방식을 말해주는 것이었다.

오늘날 한국 사회의 평등열이 유난히 강한 것은 그러한 과거와 무관하지 않다. 한국 평등주의의 약점과 강점을 이 속에서 읽어낼 수 있다. 한국의 평등주의는 강렬하기는 하지만, 연대적 평등의식이 약하고, 개인적 평등주의가 두드러진다는 한계가 있다. 조선 후기 '온 나라가 양반 되기' 같은 평등주의는 압도적으로 개인적 탈주를 통한 것이었다. 매우 예외적인 하나의 사례는 집단적·조직적

---

12. Alexander Woodside, *Lost Modernities: China, Vietnam, Korea, and the Hazards of World History*. Cambridge, Harvard University Press, 2006.

으로 전개된 19세기 후반의 백정평등(형평)운동이었다. 조선 후기에 양반 공론장, 평민 공론장은 있었지만 노비 공론장은 존재하지 않았다. 19세기의 민란도 하층 양반과 평민(양민) 공론장의 합작품이었다. 물론 노비가 가담했다. 그러나 민란 내부에서 노비평등운동의 조직적 실체를 찾아보기는 매우 어렵다. 조선 노비제가 무너진 것은 집단적이고 조직적인 저항을 통해서가 아니라, 개인과 가족 단위의 탈주를 통해서였다. 한편으로는 노비제에 대한 정당성 기반이 이미 그만큼 내부로부터 무너지고 있었기 때문이기도 하다. 유교의 내적 논리 자체가 노비제를 정당화하기 어려웠다. 17세기부터 시작된 노비제 붕괴를 통해 '온 나라가 양반 되기'는 가속도를 받게 된다. 신분제가 평등주의와 역설적인 화학반응을 일으킨다는 것이 여기서도 확인된다.

권력에 대한 비판과 견제, 자유 전통, 헌정주의, 평등주의, 근대적 주권론, 인민주권론의 단초들이 유교 체제 속에서 성장하고 있었다. 이런 바탕의 연속성 위에서 오늘날 우리 사회의 민주주의도 파악할 필요가 있다. 스피노자의 급진 계몽주의가 유럽 중세의 기독교적 과거에 대한 철저한 비판에서 나왔듯, 우리 역시 유교적 과거에 대한 본격적인 비판의 자세를 가질 필요가 있다. 그러나 비판이란 그저 몽땅 버리는 것이 아니다. 깊이 들여다보아야 깊은 비판이 가능하고, 깊은 비판 속에서 미래의 단초도 캐낼 수 있다. 이렇게 보면 기왕의 유교 연구는 훈고학을 넘지 못했고, 유교를 본격적인 의미에서 비판적으로 대면하지 못해왔다고 할 수 있다. 도대체 정말 그렇게 진지한 비판적 연구의 대상조차 되지 못한다고 생각했다. 그래서 상투적인 비판 몇 마디로 가볍게 밟고, 쉽게 넘어간다.

그러는 사이 구 유교권인 동아시아 사회와 민주주의의 친화성은 이미 국제적으로 널리 인정받게 되었다. 한국과 타이완은 역동성과 활력 면에서 대표적 사례다. 전후 일본에서는 헌법의 평화 조항 9조가 여전히 국민적 합의의 바탕을 이루고 있다. 민주주의와 평화에 대한 시민적 저변이 넓다는 이야기다. 중국과 베트남의 잠재성도 크다. 다만 북한이 아직 물음표로 남아 있다. 동아시아 전반이 민주적 평화와 공존의 방향으로 가느냐 권위주의적 패권과 대결의 방향으로 가느냐에 우리 공동체의 미래가 걸려 있다.

한국의 지식인, 특히 진보적인 지식인들은 대부분 유교 전통에 대해 강한 거부감을 가지고 있다. 그러나 그들의 권력에 대한 비판의식은 역설적이게도 대단히 유교적이다. 한국 민주화운동의 멘털리티는 유교적 비판성과 깊은 관련을 가지고 있었다. 필자의 이런 진단이 거부감 없게 받아들여지기까지는 어느 정도 시간이 필요할 것이다. 필자 역시 유교의 보수적 측면에 대해서는 매우 비판적이다. 내가 주목하는 것은 유교 안의 비판적 전통이다. 그러한 비판적 전통이 유교 자체를 비판적으로 독해할 수 있게 한다. 그렇게 보면 앞서 간략히 서술한 내용 역시 유교 전통에 대한 비판적 독해의 하나로 읽을 수 있을 것이다.

21세기 들어 중국에서 유교 담론이 급속하게 부상하고 있다는 사실도 유교에 대한 분별적 인식이 매우 중요하고 지극히 현실적인 문제임을 말해준다. 과거 한국, 일본, 타이완, 홍콩의 유교 연구는 거의 대부분이 내면의 심성 연구에 국한되어 있었다. 그러나 최근 커지고 있는 중국의 유교열이 강조하는 유교는 정치유교, 체제유교다. 기존 심성유교 연구의 유교관을 비판한다. 과거의 유교 연구가 내성內聖에 집중했다면, 최근 중국의 유교 연구는 외왕外王을 강조하고 있다 할 수 있다. 위에서 살펴보았듯, 우리가 주목하는 유교의 비판성이란 군주의 자의적 지배를 내파하는 데 그 핵심이 있었다. 그러나 현재 중국의 유교관에는 그러한 비판성이 빠져 있다. 빠른 속도로 커가고 있는 중국의 비중을 생각해볼 때, 유교에 대한 정확한 이해, 비판적 흡수의 태도는 단순히 학술상의 문제가 아니라, 매우 정치적이고 현실적인 문제가 될 것임이 분명하다.

그래서 무엇을 유교의 핵심으로 보느냐, 무엇을 우리가 오늘날 계승해야 할 것으로 보느냐가 매우 중요한 문제가 되었다. 누군가 다가와서 "당신이 생각하는 유교의 핵심이 뭡니까?" 하고 물으면, 필자는 "천하위공天下爲公입니다"라고 한마디로 답한다. 『예기禮記』의 유명한 '대동大同' 부분에 나오는 말이다. 한국을 비롯한 동아시아 구 유교 문명권은 현대사회를 공공성公共性에 입각하여 보다 정의롭게, 보다 민주적으로 발전시켜 갈 수 있는 저력을 품고 있다고 믿는다.

물론 인도와 동아시아만이 아니다. 이 책은 같은 시각에서 남미와 이슬람권의 현재와 과거도 깊이 분석해보았다. 이 책에서는 빠졌지만 냉전 종식 이후 동남아시아에서도 주목할 만한 변화가 진행중이다. 비서구권 민주주의의 발전은 인류 문명의 차원에서 매우 중요한 의미를 가지고 있다. 많은 이들이 지적하고 있듯이 21세기는 바야흐로 문명전환의 시대다. 서구 중심 문명에서 다원 공존 문명으로 전환하고 있다. 이 전환이 보다 평등하고, 보다 자유로우며, 보다 균등하게 번영하는 세계로 가는 움직임이기를 바라는 것은 인류 대다수의 공통된 염원일 것이다. 이러한 방향으로의 전환에 비서구 민주주의의 고양이 큰 역할을 한다. 비서구 민주주의의 고양을 통해 200여 년간 존속해온 서구 대 비서구라는 차등적·대립적 구분선은 서서히 사라져갈 것이다.

1부

인도와 중국, 그리고 동아시아의 민주주의

THE EVOLUTION OF DEMOCRACY

IN ASIA, LATIN AMERICA, AND ISLAM WORLD

02

인도: 바니안 민주주의

시작 : 딸의 독재

1977년 3월. 인도의 3월 태양은 이미 뜨겁게 달아올랐다. 그 볕 아래 2억 인도 유권자들이 그늘도 없는 투표소 앞에 몇 시간씩이나 줄을 섰다. 인도 연방의회 제6차 총선의 풍경이다. 선거 결과는 세계를 놀라게 했다.

높은 존경을 받는 인도의 국부 자와할랄 네루의 딸, 아버지를 이어 10여 년간 인도를 통치해오던 인디라 간디가 참패했다. 그녀가 이끈 국민회의당의 참패이자, 그녀 자신의 지역구에서의 낙선이기도 했다. 상상할 수 없었던 일이다.

4개 야당 연합인 자나타당Janata Party의 완승이었다. 542개 의석

중 298석을 얻어 과반수를 확보했다. 반면 국민회의당은 무려 197석을 잃어 153석에 그쳤다. 인도 현대사 최초로 비非국민회의당 정치인 모라르지 데사이가 3월 24일 수상에 취임했다.

네루는 인품과 학식 그리고 정치적 역량을 고루 갖춘 아주 뛰어난 정치인이었다. 그의 17년 재임 기간에 인도 민주주의는 단단한 바탕을 잡았다. 인도 내 언어, 종교, 지역의 차이는 엄청나게 크다. 이 방대한 다양성을 헌정질서에 균형 있게, 민주적으로 담아낸 것이 네루의 큰 공적이었다. 인도 독립시, 인도를 '마지못해' 떠나야 했던 대부분의 영국 정치인들은 인도가 한 국가가 된다는 것도, 민주주의를 한다는 것도 절대로 불가능하다고 확언했었다. 윈스턴 처칠도 그중 한 사람이다. 이러한 뿌리깊은 편견을 네루의 인도는 세련된 민주주의 실현을 통해 보란듯이 날려버렸다.

그러나 국민회의당의 오랜 집권의 이면에 부패의 싹이 조금씩 자라고 있었다. 국민회의당의 공천은 당선과 등식이 되어, 공천권을 사고, 당선을 사기 위한 대규모 매표 행위가 공공연한 관행이 되었다. 국민회의당 정치인들은 각종 이권에 노골적으로 결탁했다. 네루 사후 불과 2년 만에 인디라 간디가 수상이 된 후 이런 경향은 고질화되었다. 선거 부정은 1970년대 들어 인디라 간디가 제3기 집권을 무리하게 강행했을 때 극에 달했다. 정치는 민심과 민생에서 크게 괴리되어 헛돌았다. 더이상 견디지 못한 시민사회가 꿈틀대기 시작했다. 대법원은 선거 무효 결정을 내렸다. 이에 인디라 간디는 1975년 '비상사태' 선포라는 초강수로 대응했다. 무장 군인들이 시내에 진주했다.

역설적으로 이 '비상사태'가 인도 민주주의의 제2기를 열었다. 민주주의는 역경 속에서 성장한다. 시민사회의 반정부 움직임이 급격히 고양되기 시작했다. 수많은 정치인, 시민사회 지도자, 학생 등이 감옥에 갇혔다. 그럼에도 저항운동은 오히려 더 강해져만 갔다. 시민 결사, 항의 행동이 급증했다. 저항운동이 걷잡을 수 없이 커지자 인디라 간디는 1977년 1월 투옥된 일부 정치인들을 풀어주고 3월 총선을 선언했다. 대담한 승부수였다. 그만큼 자신만만했다. '떠들어봐야 대다수 인도인들은 나, 네루의 딸, 인디라 간디의 편이다!' 착각이고 오만이었다. 그녀는 그 값을 톡톡히 치렀다.

1977년의 선거는 최초로 인도의 소외계층이 대규모로 참여한 선거로 꼽힌다. 빈곤층, 낮은 카스트 신분, 여성, 불가촉천민(달리트)이 대거 투표소에 등장했다. 모두 그전까지는 투표소에 잘 보이지 않던 존재였다. 투표율 역시 60.49퍼센트로 매우 높았다(유권자 3억 2000만 명 중 1억 9000만 명이 투표). 네루의 민주주의는 중산층 엘리트에 의거했다. 반면 인디라 간디의 독재는 역설적이게도, 네루 시대 그늘에 머물렀던 소외된 다수를 민주주의의 전면으로 끌어올렸다.

네루가 깔아놓은 민주주의의 바탕이 그만큼 단단했다는 뜻이기도 하다. '비상사태' 아래서도 야당이 압승할 수 있었다면, 그런 민주주의는 결코 가짜일 수가 없다. 어쨌거나 이로써 인도 민주주의는 더욱 넓어지고, 깊어졌다. 그날 이후 인도 민주주의는 엄청난 생명력을 과시하며 쑥쑥 자랐다. 마치 열대림에 스콜이 시원하게 쏟아진 후, 새로운 온갖 생명체들이 무진장하게 자라오르듯.

바니안 민주주의

인도 민주주의를 '바니안 민주주의'라고 부른다. 바니안Banyan은 남아시아, 동남아시아 일대에 자생하는 거대한 나무다. 벵골보리수라고도 한다. 바니안은 참으로 매력적인 나무다. 인도를 여행한 사람이라면 바니안나무 그늘 아래서 느끼는, 뭐라 형언하기 어려운 깊은 평안함을 한 번쯤은 경험해보았으리라. 바니안나무는 생김새가 특이하다. 나무 한 그루가 자라면 그 가지에서 넝쿨 같은 수염 가지가 생겨 땅으로 치렁치렁 자라 내려온다. 이 수염 가지가 땅에 도달하면 스스로 땅속에 뿌리를 내리고 이번엔 굵게 뻗어오른다. 그리하여 이 수염 가지가 또하나의 거대한 몸통 줄기가 된다. 이런 식으로 뻗어가다보니 한 바니안나무 줄기가 열이 되기도 하고, 백이 되기도 한다. 바니안나무 줄기는 얄팍하지 않다. 모두가 당당한 아름드리다. 그 거대한 바니안나무 숲, 깊은 그늘 안에 앉아 있노라면 스스로 그만 고타마 싯다르타의 마음이 되는 것 같은 착각에 빠지곤 한다. 이 순간 느끼는 평화란 무료한 적요함이 아니라 강렬한 감동의 물결에 가깝다.

인도 정치생활, 정치문화의 오랜 특징을 한마디로 요약하자면, 그것은 '자치self-rule'다. 인도는 고대부터 중앙 통치가 약했다. 위로부터 행사되는 왕의 통치력의 깊이가 선명하게 제한되어 있었다. 수많은 지역으로 나뉜 민간 영역은 힌두 문화와 관습의 연결망이 지배하고 있었다. 이 힌두 생활 영역의 특징은 다양성이다. 인도인의 생활세계를 지금도 크게 규정하고 있는 바르나도 지역에 따라 그 구체적인 내용이 매우 다양하다. '바르나'는 보통 '카스트'라고도 하는데, 이는 포르투갈어에서 비롯된 외래어다. 인도어로는 바르나, 또는 자티라고 한다. 바르나는 주로 지위와 직업, 자티는 주로 혼인과 태생에 따른 신분 구별을 말한다. 크게 네 개의 바르나(브라만, 크샤트리아, 바이샤, 수드라)로 나뉘지만, 실제로는 훨씬 세부적이고 복잡한 구별이 있다. 이 바르나 체제 바깥, 즉 수드라 신분 밑에 불가촉천민인 달리트가 있다. 인도 바르나 신분제도의 의미는 양면적이다. 한편으로 평등을 저해하고, 다른 한편 바르나 단위로 결집하고 연대하는 근거가 된다. 인도의 자치 전통은 이 바르나 상호협동 전통과 관련이 있다.

현대 인도의 정치체제 전체가 하나의 거대한 자치의 바니안나무 숲이라고 할 수 있다. 먼저 28개의 주states가 각각 바니안나무 한 그루의 거대한 줄기라고 할 수 있다(여기에 7개의 연방 직할 지역이 더해진다). 인도 28개 주는 한국의 도보다 훨씬 크고 독립적이다. 각각을 하나의 나라라고 보아도 무방할 것이다.

그렇다면 그 28개 주들의 자치 체계는 어떻게 되어 있는가? 먼저 가장 크게는 광역지구들districts이 있다. 그리고 광역지구 밑에는 지구들blocks이 있다. 끝으로 각 지구들은 여러 마을들grams: villages 또는 towns의 개념로 구성된다. 인도 각 주의 판차야트는 이렇듯 3단계-3층위로 구성된 초대형 바니안나무 숲이다.

이 3단계-3층위의 판차야트 자치 구조는 1993년 연방헌법 개정을 통해 시작되었다. 이 개혁 또한 결국 1977년 선거 혁명의 산출물이라고 할 수 있다. 이 개혁을 단순히 위로부터 주어진 수동적 개혁이라고 말할 수는 없다. 1975년 이후, 1977년을 경과하여 1980년대와 1990년대에 인도의 광대한 민간 영역, 시민사회는 놀라운 성장을 했다. 이제 2013년 현재, 인구 12억, 유권자 7억의 인도는 단지 세계 최대의 민주적 투표가 이루어지는 나라에 그치지 않는다. 세계에서 가장 많은 시민사회단체와 비정부기구가 존재하는 곳이기도 하다. 28개 주와 연방 차원에서 동시에 이루어지는 활발한 정당활동과 정당 간 합종연횡이 벌이는 장관은 가히 지상 최대의 '민주주의 스펙터클'이라고 할 만하다.

이러한 다중적, 다층적, 다극적 정치 구조가 정책 집행의 효율성을 가로막는다는 불만의 소리도 나온다. 흔히 개혁개방 이후 중국과의 비교 속에서 이러한 지적이 나온다. 그러나 공산당 체제 중국의 효율성이 장점만 갖고 있는 것은 아니다. 필자가 보기에는 중국이야말로 사실은 내심 인도의 민주주의 모델을 예의 주시하고 있다. 그러면서 인도 민주주의의 성과들을 조금씩 흡수하고 있는 형편이다(이 점에 대해서는 3장에서 이야기하겠다). 순전히 경제적인 관점에서도 민주주의의 기반이 강한 인도의 미래를 중국보다 낙관적으로 보는 연구들이 나오고 있다. 어쨌거나 중국과 인도가 서로 긍정적으로 배워가는 것은 좋은 일이다. 그렇게 배워가다 '지상 최대의 민주주의 스펙터클' 즉, '민주주의가 행해지고 있는 가장 큰 나라'의 영예가 인도에서 중국으로 살짝 옮겨가는 것도 흥미로운 일 아니겠는가? 인구가 인도보다 많은 나라는 오직 중국뿐이니까 하는 말이다.

1993년 자치 개혁을 인도에서는 '판차야트 개혁'이라고 부른다. 판차야트는 인도 전통의 마을 자치 심의기구다. 오랜 세월 인도에는 마을마다 보통 5인의 존경받는 마을 사람으로 구성되는 분쟁 조정 회의가 있었다. 1993년의 개혁으로 인도 전역의 60만여 마을과 타운grams에, 이제는 그저 (사라져가는) 관습이 아닌, 엄연한 헌법기관으로서 판차야트가 구성되기 시작했다. 그 위에 지구 판차야트, 또 그 위에 광역지구 판차야트가 차례로 선출된다. 한국은 지방의회 선거 투표율이 국회의원 선거 투표율보다 낮다. 인도는 반대다. 통상 지방의회 투표율이 더 높다. 지방정부 활동에 대한 관심이 그만큼 더 높은 것이다. 이 엄청난 수의 판차야트들 안에서 매우 다양한 실험들이 이루어졌다.

판차야트 개혁은 단순한 선거의 양적 확장이 아니다. 민주주의가 투표로 끝나는 것은 아니다. 투표는 민주주의에서 중요하지만, 전체로 보면 아주 일부에 불과하다. 투표만 해놓고 손 털고 끝났다고 하면, 민주주의는 결국 죽는다. 판차야트 3층위의 제일 바탕에 마을 판차야트Gram Panchayat가 있다고 했다. 이 판차야트는 선거로 뽑는다. 그러나 마을 판차야트보다 더 중요한 기구가 마을 사바Gram Sabha, 즉 마을 주민의회다. 이 주민의회가 판차야트를 감시하고 통제한다. 엄청난 수의 마을 주민의회들은 자기 마을의 판차야트만이 아니라, 그 상위의 판차야트들, 더 나아가 연방의회Lok Sabha의 활동에 대해서도 감시의 기능을 한다. 대의기구들에 대한 밑으로부터의 견제 및 감시 장치인 것이다. 요즈음 많이 쓰는 영어 단어로 하면 '어카운터빌리티accountability'다.

이런 장치를 통해 판차야트의 심의 기능이 강화된다. 어카운터빌리티와 심의deliberation는 비례관계에 있기 때문이다. 견제와 감시가 없으면 대의기구는 의원들끼리 적당히 담합하는 곳으로 전락하기 쉽다. 공공의 이익을 준별해내는 엄정한 논의와 비판 과정이 슬며시 사라져버리는 것이다. 인도 판차야트와 의회제도에 대한 견제 및 감시의 또다른 중요한 축은 방대하고 잘 조직되어 있는 다양한 시민단체와 비정부기구들이다. 여러 국제회의에 가보면, 비서구 지역에서 온 참가자 중 인도 출신 시민운동 활동가들이 항상 많고, 매우 적극적인 역할을 하는 것을 보게 된다. 인권, 평화, 환경, 여성, 농민, 노동 등 모든 측면에서 활발하다. 그들이 영어에 익숙하기 때문에 국제무대에서 활발하다고 생각하면 큰 오산이다. 그들에겐 그만한 내적 축적, 막강한 내공이 있다.

이 장 마지막에서, 판차야트에서 이루어진 여러 실험들 가운데 하나의 특출한 사례를 살펴볼 것이다. 1996년에 시작되어 오늘날까지 계속되고 있는 인도 남서부 케랄라 주의 판차야트 주민자치 예산제도가 그것이다. 그 이전에 인도를 이야기하면서 빼놓고 갈 수 없는 중요한 몇 가지 개혁이 있다.

카스트와 평등주의

그중 가장 중요한 것은, 1980년 발표된 후 10년의 준비 기간을 거쳐 1990년대 초반부터 시행된 '1980년 만달 위원회 보고'다. 인도 사회의 가장 민감한 부위인 카스트 문제를 본격적으로 다룬 것이다. 1977년 선거 혁명으로 들어선 연합정당인 자나타당이 시작한 프로젝트다. 이 보고서는 통상 법적으로 '배려 카스트scheduled castes'와 '배려 종족scheduled tribes'이라고 부르는 소외 신분층의 상황을 조사하여, 정부 각 기관에서 이들을 일정 비율 채용해야 한다는 원칙을 제시했다. 또 배려 카스트-종족의 범위를 확장하여 인도

인구의 절반을 차지하고 있는 수드라에 대한 배려 역시 강조하였다(법률 용어로 이들을 '기타 비수혜 계층other backward classes'이라고 부른다). 일종의 거대한 소수자 배려 할당제도다. 이는 여성에게도 적용된다.

통상 '만달리즘Mandalism'이라고 불리는 이 할당제도는 인도 사회에 일종의 폭풍(한편으로 열광적인 호응과 찬사, 다른 한편으로 엄청난 냉소와 비난)을 일으켰다. 인도 사회에는 분명히 신분적 불평등이 엄존한다. 그만큼 강한 반대와 저항도 존재한다. 인도 헌법의 기초자이자, 그 자신 달리트 출신인 암베드카르B. R. Ambedkar 박사는 인도 신분철폐운동의 상징이다. 하층 신분이 주도하는 정당과 시민단체도 많다. 그러나 민간의 일상 현실에서는 아직도 생활의 묶음이 주로 바르나 단위로, 그리고 직업상 연관된 바르나 간의 관계 단위로 돌아가고 있는 것이 사실이다. 불이익을 받는 신분층(특히 달리트와 여성)은 이 만달리즘으로 큰 격려와 자극을 받게 되었다. 공무 채용뿐만 아니라, 선출 공직, 그리고 각종 교육기관에도 같은 원칙이 적용되었다. 예를 들어 선출 공직의 3분의 1은 여성에게 할당되어 있다. 이를 또하나의 '혁명'이라 부르는 사람들이 많다.

그러나 그로 인해 침묵 속에 묻혀 있던 신분 갈등도 겉으로 터져나왔다. 재미있게도 브라만, 크샤트리아 같은 최상위 신분은 오히려 만달리즘에 대해 별다른 이의를 제기하지 않았다. 어차피 그들의 몫은 별로 위협받지 않았다. 반면 달리트와 접하여 살거나 직업상 관계를 맺는 계층들(주로 수드라 신분 내의 여러 바르나들)에서 불만의 소리가 높았다. 자신의 바로 밑에 있던 신분이 갑자기 여러 특혜를 받고 자신들과 동등해지려고 하거나, 아니면 더 높아지려고 한다는 것이다. 결국 수드라와 달리트 사이의 접면이 주요 갈등선이었다. 장기적인 권력 구조 개혁의 전망에서 보면 가장 가깝게 연대해야 할 계층들이, 현실에서는 거꾸로 가장 경쟁하고 갈등하게 된 것이다.

여기서 우리는 신분제도와 평등주의 간의 흥미로운 역설적 관계를 읽을 수 있다. 우리는 흔히 신분제도와 평등주의는 물과 기름처럼 서로 전혀 어울리지 않는다고 생각한다. 그러나 꼭 그렇지만은 않다. 오히려 불과 기름에 가깝다고 할 수도 있다. 평등주의가 불이라면, 신분제도는 기름이다. 일단 평등의식이 가동되기 시작하면 신분적 제약은 오히려 평등주의를 가편加鞭하는 자극이 된다. 조선 후기 우리 사회도 비슷했다. 정약용의 한마디 '온 나라가 양반 되기'는 바로 유교적 신분주의가 평등주의로 변모하는 화학반응을 요약한다. 우리가 역사 시간에 배워 잘 알다시피 조선 후기에 이르면 실제로 모두가 양반 행세를 했다. 특히 노비제도가 점점 사라져가는 현실이 '온 나라가 양반 되기' 질주에 폭발적인 가연성을 주었다. 그렇다보니 조정의 중신회의에서 "요즘 백성의 5분의 2殆五之二가 사족양반을 칭하고 있다"는 진단까지 나왔다(『정조실록』

1778년 윤6월 23일).

이런 모습을 다만 냉소적으로 보고 말 일은 아니라고 생각한다. 오늘날 우리 사회의 평등열이 유난히 강한 것은 그러한 과거와 무관하지 않기 때문이다. 한국 평등주의의 약점과 강점을 이 속에서 읽어낼 수 있다. 한국의 평등주의는 강렬하기는 하지만, 연대적 평등주의가 아니라 개인적 평등주의라는 한계가 있다. 민주주의나 평등의식이 나라와 문화에 따라 고유한 경로로 발전해가는 모습을 세심하게 살필 수 있어야 한다. 선진국이라고 하는 유럽 일부 나라와 일본에는 왕과 귀족이 아직도 남아 있다. 그러니 '선진국' 사례라고 무턱대고 우리에게 대입하려 해서는 곤란하다. 배울 건 배우되, 맥락을 세심하게 잘 살펴가며 배워야 할 것이다.

1977년 이후 인도 민주주의의 동심원이 폭발적으로 확장되어 가는 양상은, 인도 신분제도의 현실과 깊은 관련을 가지고 있다. 신분적 제약을 안고 있는 계층일수록 각종 참여기구와 경로를 통해 자신들의 의사를 모아내고 표출하고자 한다. 문제가 있으니까 해결 방법을 적극적으로 찾는 것이다. 또 그 문제가 심각하니까, 그만큼 철저하고 끈질기게 의사를 모아내고 주장하여 관철시키고자 하는 것이다. 그만큼 수많은 사회운동단체와 비정부기구가 생긴다. 판차야트나 만달리즘이 인도 대중의 폭발적인 호응을 받았던 이유가 무엇인가? 역설적이지만, 아직도 바르나-카스트 신분주의가 엄존하기 때문이다.

끝으로, 인도 민주주의가 과거 30여 년 동안 '발명'해낸 대의제도 바깥의 수많은 민주주의적 발명품들 중 '대안적 분쟁 해결' 분야에 대해서 몇 마디 더한다. 어느 나라에서나 밑바닥 서민들에게는 분쟁 해결 수단으로서의 법과 법원, 그리고 변호사가 '멀고 비싸게' 느껴질 수밖에 없다. 가난하고 교육받지 못한 수억 인도 농민들에게는 더욱 그러했을 것이다. 인도 전통사회에서는 법정의 역할을 동네 판차야트에서 했다. 그러나 이 전통적인 판차야트는 점점 사라져가고 있다. 일반 서민들이 그나마 의지하던 곳이 사라지고 있는 것이다. 농민들, 가난한 서민들의 이러한 상황에 주목하여 창안해낸 것이 시민법정loc dalats, 문자 그대로는 '인민법정'이다. 1980년대 초반부터 일부 주에서 정책적으로 시행하던 것을 1987년 연방의회에서 입법화했다. 연방대법원의 지지가 큰 역할을 했다. 전통적 판차야트를 현대 상황에 맞게 응용한 것이었다.

시민법정은 광역지구마다 법률구조위원회를 두고, 여기서 민원을 받는다. 위원회는 사안마다 해당 지역의 적절한 사람들로 판차pancha 그룹을 구성한다. '판차야트'의 바로 그 '판차'인데, 이 때 판차는 '고충을 들어주는 사람'이라는 뜻이 된다. 이 판차 그룹이 제3자 분쟁 중재의 주역이 된다. 주로 민원인이 거주하는 지역의 시민활동가, 법학 교수, 퇴직 법률가, 명망가 등이 '판차'로 선정된다. 비용이 매우 저렴하거나 거의 무료이기 때문에, 그리고 분쟁 조정 방식이 부드럽고, 거주 지역 인근에서 조정 과정이 진행되기 때문에 서민들이 선호하고 있다. 물론 이 제도에 대한 비판도 많다. 그런 식으로 해결이 되겠느냐, 사이비 재판 아니냐, 지역 유지 놀음이 되지 않겠느냐 등등. 여기에 대한 반비판은, 그러한 비판을 하는 쪽이 주로 이 제도의 도입으로 인해 자기 수임료 수입에 영향을 받는 법률가들이라는 점을 꼬집는다.

판사들이 기차로 순회하면서 공익 관련 분쟁을 해결하는 철도법정railway courts, 일반인들은 잘 모르고 있으나 그 결과가 매우 심각할 수 있는, 예를 들면 민감한 환경문제 등에 대한 전문가 또는 이슈 집단의 소송을 법적으로 뒷받침해주는 공익소청제public interest litigation 등도 시민법정과 비슷한 취지의 대안성을 담고 있는 제도들이다.

케랄라 시민플랜

인도 케랄라 주는 소득은 낮지만 교육, 건강, 주택 등 기본 복지 지표가 최선진국 수준에 육박해 일찍부터 주목을 받아온 곳이다. 자민다르Zamindar라 불리는 대지주제가 일찍 와해되었다는 점, 좌파 진보정당들이 일찍부터 정부를 구성했다는 점이 이유로 꼽힌다.

케랄라 주의 주민자치예산제는 '시민플랜People's Plan'이라 불린다. 1996년 주 판차야트 선거에서 승리한 좌파민주연합LDF이 시작

케랄라 주의회 의사당 청사
인도 케랄라 주 티루바난타푸람에 있는 주의회 의사당 청사의 모습. 입구로 향하는 계단 전면에 들어선 간디의 동상이 이채롭다. 케랄라 주에서는 일찌감치 진보적 정부가 구성되었는데, 그 영향으로 실험적이고 대안적인 정책들이 추진되어왔다. '시민플랜'으로 대표되는 '케랄라 모델'은 세계적으로 큰 관심과 연구의 대상이 되었다.

한 제도다. 그후 지금까지 LDF, 그리고 국민회의당이 주도하는 민주연합전선UDF이 번갈아 집권했지만,[13] 시민플랜은 여전히 성공적으로 지속중이다. 국민회의당의 UDF도 집권 기간에 이 제도를 부정하거나 폐기하지 않았다.

핵심은 주 예산의 40퍼센트를 주민 결정으로 넘긴 것이다. 주민 결정의 핵심은 앞서 말한 마을 사바, 즉 주민의회다. 모든 것을 여

---

13. 1996~2001년 LDF 집권, 2001~2006년 UDF 집권, 2006~2011년 LDF 집권, 2011~현재 UDF 집권.

기서부터 결정해 올라간다. 이 과정은 크게 4단계로 이뤄진다. 먼저 주민의회 포럼을 통해 문제를 찾고, 우선순위를 정한다. 포럼은 주말에 주로 학교에서 열린다. 실무 조언을 위한 자문위원회도 주민의회가 선정한다(1단계). 충분한 토론을 통해 문제의 큰 틀이 정리되면 '세미나 팀'을 주민의회에서 선정한다. 여기엔 주민 대표, 전문가, 관련 정치인, 공무원 등이 포함된다. 세미나 팀은 기존의 논의를 상세히 정리하고 문서화한다(2단계). 이 작업이 끝나면 세미나 팀은 최종적으로 의료, 건설, 환경, 여성, 교육 등 영역별로 보통 10개 내외의 '태스크 포스'를 선정한다. 이 태스크 포스가 영역별로 예산 작업을 최종 정리한다(3단계). 그리고 이 최종안이 판차야트로 넘겨지고 최종 검토되어, 대부분 큰 수정 없이 통과된다(4단계).

'시민플랜' 집행 과정에서 수없이 많은 이권 개입 시도가 있었다. 해당 사업 분야의 시공업자들, 기술자들은 주민의회에 정확한 정보를 주지 않는 경우가 많았다. 자신을 각종 수임 단위에 넣어달라며 끈질기게 로비하기도 했다. 그들 자신이 집권당의 당원이거나 후원자인 경우도 적지 않았다. 각종 '연줄'을 동원해 주민의회에 압력을 넣었다. 이러한 압력과 '술책'의 결과, 실제로 수상한 위원회가 종종 구성되곤 했다. 주민들은 이런 위원회를 '사기치는 위원회benami committee'라고 불렀다. 공무원들 역시 우호적이지 않았다. 예산의 가장 기술적인 차원에서의 집행 절차가 남김없이 공개되는 것을 원치 않았다. 기존의 예산 수립과 집행에 숨겨져 있었던 난마와 같은 각종 결탁 구조, 비밀 킥백kickback 시스템이 고스란히 드러날 것이기 때문이었다. 지금까지 '시민플랜'은 이러한 문제들을 대체로 잘 극복한 것으로 평가된다. 시공업자와 같은 직접적 이해 당사자가 아닌, 해당 영역의 퇴직 전문가, 퇴직 공직자들의 자원volunteering을 받아 여러 수임위원회들을 구성한 것이 큰 도움이 되었다고 한다. '시민플랜' 시행 결과 주민의 복지 수준이 높아졌고, 예산 집행의 청렴도가 개선되었다는 시민의 응답이 3분의 2를 넘는다. 정치적 당파성이 강한 케랄라 주의 특성을 놓고 볼 때(LDF 대 UDF의 대립), 이러한 초다수에 의한 긍정적 반응은 매우 이례적이다.

이러한 성과는 1996년의 어느 하루아침에 모두 이루어진 게 아니다. 케랄라의 오랜 대중운동, 시민운동, 정당운동이라는 바탕이 있었다. '시민플랜'과 유사한 형태의 부분적 실험들이 여러 차례 이루어졌었다. 이렇게 축적된 실제 경험들이 있었기에 1996년의 플랜이 그처럼 세심한 부분까지 체계적일 수 있었고, 20년 가까이 지난 오늘에도 성공적인 제도로 존속하고 있다.

인도에는 좌파 전통이 강하다. 케랄라는 더욱 그렇다. 그만큼 '시민플랜'에 대한 좌파 진영의 비판도 있다. "결국은 자본주의 국가 체제에 말려드는 일이다" "투쟁 노선을 버리고 합의 노선으로 변절한 것이다" "근본적 계급관계는 바꾸지 못하고 그저 떡 하나만 더 얻는 일이다" 등. 비판은 언제나 가능하다. 그러나 그러한 종류의 비판이 제기한 대안은 분명하지 않았다. 실제 국가, 실제 행정과 멀리 떨어질수록 '순수한 좌파'라 여기는 태도가 있다. 여기엔 주로 '강단 좌파'가 많다. 실천적이라기보다는, 일종의 지적 유행이나 스타일에 가깝다.

'시민플랜'은 현존 국가 안에서 그 작동 방식을 밑으로부터 질적으로 변환해나가는 성공적인 시도였다. 수동적 민주주의에서 능동적 민주주의, 약한-낮은 민주주의에서 강한-높은 민주주의로의 오름을 통해서였다. 그렇다고 케랄라 주의 실험을 절대시, 신성시하자는 것은 아니다. 한계는 있다. '시민플랜'이 모든 문제를 해결해주지 않는다. 그러나 인정할 건 인정해야 한다. 케랄라 시민플랜이 주민자치예산제를 시행하고, 국가권력의 작동 양식을 내부로부터 변화시킨 것은 획기적이었다. 최근 논의되고 있는 '시민의회' 거버넌스 방식은 크게 중앙형과 지방형으로 나눌 수 있다. 케랄라의 실험은 '지방형 시민의회'의 모범으로 삼을 만하다.[14]

케랄라의 실험은 케랄라에만 머무르지 않았다. 진보정당이 집권한 인도 다른 주들에서도 유사한 시도를 하고 있다. 국제적으로도 많이 알려졌다. '시민플랜'의 주요 기획자들은 이미 국제무대에

---

14. '중앙형 시민의회'의 모범으로는 캐나다 브리티시 컬럼비아 시민의회British Columbia Citizens' Assembly를 들 수 있다. 시민의회의 필요성에 관해서는 김상준, 『미지의 민주주의: 신자유주의 이후의 사회를 구상하다』 9, 10장 참조.

서도 활발하게 자신의 경험을 전파하고, 동시에 다른 나라 여러 곳에서의 의미 있는 성과들을 배우고 있다. 인도가 세계에 민주주의를 가르치고 있는 것이다. 서구와 세계 여러 나라의 수많은 토론회와 학술지에서 케랄라 사례가 소개되었다. 도대체 인도에서는 민주주의는커녕 나라 꼴도 제대로 유지될 수 없을 것이라고 큰소리쳤던 영국 식민주의자들이야말로 이제 인류사의 보기 딱한 유물이 됐다.

보론: 스리 오로빈도와 인도국민당BJP

'비서구 민주주의'의 소명을 이해하려면 희망-빛과 함께 좌절-그늘도 함께 보아야 한다. 한국에서도 인기리에 상영된 〈슬럼독 밀리어네어〉라는 영화가 있다. 인도 대도시 슬럼가가 배경이다. 그 지독한 가난의 풍경에 많은 이들이 충격을 받았을 것이다. 브라질의 슬럼가인 파벨라Favela와 유사하다. 인도의 발목을 잡고 있는 양대 문제는 카스트 문제와 자민다르, 즉 농촌 대지주제 문제다. 자민다르에 시달린 수억 빈농들이 농촌을 떠나 도시로 밀려들면서 만들어진 엄청난 규모의 빈민촌. 인도 민주주의는 이 문제와 오래 씨름해야 할 것이다. 이 양대 문제, 카스트와 자민다르에 정치적 자양분(?)을 얻고 있는 것이 힌두 근본주의, 힌두 보수정당들이다.

비서구 민주주의의 과제는 무엇보다 우선 종교적 근본주의, 속 좁은 민족주의, 눈먼 국가주의를 넘어서는 비전과 역량을 제시하는 데 있다. 1장에서는 그러한 모습에 주목했다. 그러나 인도의 전모를 이해하려면 힌두 근본주의, 보수주의에 대해서도 알아야 한다. 뿌리를 알면 극복의 방향도 보인다. 오늘날 힌두 보수주의의 대표적인 정당인 인도국민당, 즉 BJPBharatiya Janata Party가 내세우고 있는 인물이 있다. 스리 오로빈도Sri Aurobindo. 그러나 이 이름은 힌두 근본주의를 뒤집을 잠재력을 품고 있다. 이 책 9장에서 '포스트 이슬람'을 다루는데, 오로빈도 역시 '포스트 힌두이즘'의 대명사가 될 것이다. 근본주의, 민족주의, 국가주의를 넘어선 힌두이즘.

BJP는 1980년 창당했고, 1999년부터 2004년까지 인도의 집권당이었다. 힌두 민족주의, 힌두 국가주의를 제창하는 보수정당으로서, 유서 깊은 국민회의당에 이은 확고한 제2정당으로 자리잡았다. 따라서 언제든 다시 집권할 가능성이 있는 주요 정당이었고, 실제로 2014년 4~5월에 치러진 총선에서 집권에 성공했다. BJP는 '힌두 벨트'라고 불리는 북중앙 인도 7~8개 주에서 강세를 보이고 있다. 정통-전통 힌두교 세가 강한 지역들이다. 힌두 브라만 세력이 주도하고 있는 정당이라고 할 수 있다.

BJP는 1992년 발생한 불미스런 사건을 계기로 크게 부각되기 시작했다. '힌두 벨트'에 속하는 인도 서북부 우타르프라데시Uttar Pradesh 주 아요디아Ayodhya의 바브리Babri 이슬람 사원을 힌두교도들이 붕괴시킨 사건이다. 이 사건을 전후한 종교 폭력으로 1000명 이상이 죽었다. 이 사건의 배후에 BJP가 있었다. 왜 바브리인가? 일부 힌두교도들이 숭상하는 신은 람Ram이다. 힌두교도들은 원래 바브리 사원 자리에 람 사원이 있었다고 믿고 있다. 그런데 외래 이슬람 세력이 침략하여 무굴제국을 세우면서 힌두 람 사원을 허물고 그 자리에 바브리 이슬람 사원을 세웠다고 믿는 사람들이 있었다. 오늘날 힌두 인도와 이슬람 파키스탄 사이의 긴장은, 잘 알려진 것처럼 매우 날카롭다. 전쟁도 했다. 그래서 파키스탄-이슬람에 대한 보통 인도인들의 감정은 아주 좋지 않다. BJP는 이것을 영악하게 이용했다. 바브리 사원 파괴 사건은 큰 충격이었다. 이어진 종교 테러(주로 다수파 힌두교도에 의한 이슬람교도 공격)의 결과도 참혹했다. 세계 공론의 지탄을 받았다. 힌두 근본주의가 흉물스런 머리를 드러냈다고! 그럼에도 인도 내에서 BJP의 대중적 인기는 급상승했다. 별로 주목받지 못했던 군소정당이 전국 정치의 중심으로 급부상한 것이다. BJP는 바로 이것을 노렸다. 세계 공론? 천만에! 우리는 평범한 인도인들의 심리를 본다! 이 기세를 몰아 BJP는 불과 7년 만에 막강한 국민회의당을 누르고 집권정당이 될 수 있었다.

오로빈도는 식민지 시대 인도 독립운동 초기 지도자로서 오늘날에도 인도인들의 큰 존경을 받는다. 그는 평생 힌두와 이슬람의 공존을 주창했다. 정치적으로는 좌파다. 짧았던 혁명적 정치활동

스리 오로빈도
간디 등장 이전 국민회의당 급진파를 이끈 청년 지도자. 그는 힌두와 이슬람의 공존을 주창했지만, 현재는 아이러니하게도 기회주의적 힌두 보수정당인 BJP의 상징적 인물로 이용되고 있다.

기간(1902~10년)에 오로빈도는 국민회의당 급진파The Extremist의 젊은 기수였다. 그런데 왜 BJP와 오로빈도인가? 이 어울려 보이지 않는 관계에 대해 이야기해야 할 이유가 있는가? 그렇다. 그 이유는 간단하다. 급부상한 BJP의 지도자들이 오로빈도를 그들의 사상적 대부로 아주 곡진하게 받들어 모시고 있기 때문이다. 정말 그런가? 그것이 도대체 가능한 이야기인가?

이야기는 오로빈도가 본격적으로 독립 혁명 활동을 시작한 1902년으로 거슬러올라간다. 이때 오로빈도는 혈기방장한 30세였다. 동시에 전도유망한 케임브리지 대학 출신 영문학자, 불문학자이기도 했다. 그러나 그는 좋은 직장, 좋은 보수와 대우에도 불구하고 현실에 안주하지 않고 인도 독립을 위한 혁명적 비밀조직 활동을 시작한다. 생명을 건 일이었다. 여덟 살 아래 그의 동생 바린드라가 이끈 '새시대Juganta'가 그 하나고, 인도 독립운동사의 숨은 영웅으로 불리는 바가 자틴이 이끄는 '자기개발협회Anusilan Samiti'가 그 짝이다. 그 정점에 오로빈도가 있었다. 오로빈도는 1908년 5월 체포되고, 1909년 5월 풀려나, 1910년 4월 프랑스령 퐁디셰리로 망명한다. 그의 동생 바린드라는 무기징역을 선고받고 인도양의 먼 섬으로 추방된다.

그러나 오로빈도 혁명 활동의 근거지인 콜카타에는 체포되지 않은 바가 자틴의 조직이 여전히 남아 있었다. 바가 자틴은 1915년 영국 군대와의 전설적인 교전 과정에서 사망한다. 그럼에도 그 조직은 완강하게 살아남았다. 이 조직의 잔존 멤버들은 이후 인도 독립운동의 여러 방면에서 중요한 역할을 한다. 1920년 인도공산당을 창당한 또다른 전설, 로이N. M. Roy가 그중 하나다. 그는 이후 스탈린 노선에 반대해 공산당을 떠난다. 로이의 후배 그룹, 그러니까 오로빈도의 차차세대 정도에 속하는 그룹 중에 헤드게와르K. G. Hedgewar라는 열성 멤버가 있었다. 리더십이 있었던 그는 1925년 인도민족자원활동대Rashtriya Swayamsevak Sangh, RSS라는 조직을 만든다. 체육과 봉사를 표방하지만 실은 민족 독립 사상을 고취하는 대중 조직이었다. 외형상 바가 자틴이 이끌었던 자기개발협회의 모방이었다. RSS는 청년층을 조직하는 데 큰 성공을 거두었다. 그 RSS가 바로 후일 BJP의 뿌리다. RSS의 시작은 물론 민족주의이지만, 군이 말하면 '그저 민족주의'였다. 사상 없는 민족주의는 그저 보수화하기 마련이다. 그렇지만 어찌되었든 창립자인 헤드게와르는 그의 사부師父 격인 바가 자틴과, 사조師祖 격인 오로빈도를 진심으로 높이 존경했다. 그러니 오늘날 BJP가 오로빈도를 그들의 대부로 내세우는 것이 순전히, 완전히 족보 조작이요 참칭이라고 말할 수만은 없다.

그러나 물론 적통嫡統은 아니다. 만일 오로빈도가 바브리 사원 파괴 사건을 보았다면 크게 개탄했을 것이 너무도 분명하다. 오로빈도는 평생 외래 이슬람 세력이 인도에 들어와 세운 무굴제국의 문명적 성취를 높이 평가했고, 이슬람을 배타적으로 대하지 않았다. 만약 그가 살아 있었다면, 1990년대 들어 신자유주의의 선봉이 된 BJP의 정책에 대해 아주 분명하게 반대했을 것이다. 이는 그의 수많은 글을 통해 의심의 여지없이 단언할 수 있다. BJP의 신자유주의는 그들의 일관된 원칙에서 나왔다기보다는 기회주의적 반사물에 불과하다. 정치적으로 오로빈도의 적통을 따지자면, 그것은 국민회의당 좌파가 맞다. 국민회의당 밖의 좌파정당일 수도 있다. 오로빈도 정치활동의 근거가 식민지 시대 국민회의당의 급진파였음을 생각하면 자명한 일이다.[15]

BJP는 근본적으로 기회주의적 정당이다. 원래 국민회의당은 간

15. 오로빈도 고슈, 『유쾌한 감옥』 옮긴이 해제와 후기 참조.

디, 네루 이래 사회주의적인 정강정책을 가지고 있었다. 간디가 영국의 길드사회주의에 심취해 있었고, 네루는 영국노동당의 인사들과 가까운 관계를 가지고 있었다. 그래서 건국 후 인도 정부는 비동맹 중립의 중심에 서면서도 미국보다는 소련과 가까웠다. 이러한 상황에서 소련과 동구권의 붕괴는 BJP에 아주 좋은 정치적 기회를 주었다. BJP는 이러한 국제정치의 역力관계를 그저 기회주의적으로 이용한 것일 뿐, 신자유주의에 대한 어떤 교리적 원칙을 가지고 있었던 것은 아니다. 옛 공산권이 몰락하고, 미국이 자임하는 일극 체제가 서고, 여기에 신자유주의가 부각되고 있는 상황에 민첩하게 몸을 맞추었던 것뿐이다. BJP의 이러한 기회주의적 처세는 일단 성공했다. 세상사란 정의와 일관성이 항상 승리하면서 흘러가는 것은 아닌 듯하다. 특히 역사를 단기적으로 보면 부정의와 기회주의가 항상 승리하는 것처럼 보일 때가 많다. 이런 겉모습을 넘어 역사를 깊게 이해하는 데는 꽤 많은 경험과 공부가 필요하다. 어쨌거나 2기에 걸쳐 집권하고 그 결과 국민회의당에 이은 확고한 제2의 정치 세력으로 자리잡은 BJP의 선전력은 막강하다. 그러한 BJP가 오로빈도를 자신들의 후광으로 쓰고 있다. 이제 오로빈도는 이 막강한 BJP에 납치되고 만 것일까?

그러나 산 중달이 죽은 공명을 이길 수도 없고, 바꿀 수도 없다. 재미있는 일이다. 과거가 현재를 이기는 것이다. BJP가 오로빈도를 내세우는 이유는 분명하다. 그들의 맞상대 국민회의당에는 간디와 네루라는 거인이 있다. BJP에도 그에 맞먹는 거인이 꼭 필요하다. 그들이 고심 끝에 찾아낸 이가 바로 오로빈도다. 더구나 족보상 영 엉뚱한 이야기도 아니니까. 어쨌건 BJP로 인해 오로빈도는 한때 인도 인터넷 검색어 상위에 오르는 영광스러운(?) 신세가 되었다. 거북했을까? 아니, 필자가 아는 한, 오로빈도는 껄껄껄 웃었을 것이다. 그는 유머와 아이러니를 아는 사람이었다.

BJP가 오로빈도를 들고 나오는 바로 그만큼, 인도공산당을 위시한 '정통' 좌파 세력들은 오로빈도를 비판하기 바빴다. 슬픈 공식이다. BJP=신자유주의=오로빈도, 따라서 오로빈도 비판=BJP 비판=신자유주의 비판. 그러나 이 모든 공식과 도식은 BJP의 약디약은, 또 얄팍한 '전술'의 승리를 뜻할 뿐이다. 좌파가 오로빈도를 공격할수록 BJP의 점수는 올라간다. 이 게임의 근본 전제는 양자에게 충실히 지켜진다. 오로빈도 사유의 있는 그대로의 진실에 대해서 양 당사자 모두 실은 무관심하다. 자기네가 만들어낸 오로빈도의 이미지를 자기네 목적에 맞게 쓰면 그만이라고 생각할 뿐이다. 결국 양쪽이 소비하는 것은 그의 명성뿐이다. 그 명성을 갈취하거나 아니면 먹칠하는 것. 양쪽 모두 만족하면 그만이다. 명성의 운명이란!

오로빈도는 스탈린주의를 싫어했고 경계했지만, 당시의 사조에서 보면 분명한 사회주의자였다. 간디가 19세기 영국의 빼어난 미학비평가이자 길드사회주의자인 존 러스킨에게 큰 영향을 받았다면[16], 오로빈도의 정치사상은 당대의 영국노동당 또는 대륙 유럽형 사회민주주의에 가까웠다고 할 수 있다. 국가주의를 경계하는 전제 위에서다. 물론 오로빈도의 후기 영적 사유는 정치경제학의 범위를 넘어선다. 그러나 그 영성철학 역시 우승열패의 무한경쟁주의, 그리고 힌두 신분주의, 더 나아가 모든 특권주의, 불평등 사상에 대한 날카로운 비판을 담고 있다.

실제가 어찌되었든, 흘러가는 추세, 그 그림자에 따라 세상은 춤추는 것일까? 2010년 여름 방콕에 체류중이던 필자는 어느 젊은 인도 지식인을 만난 자리에서, 그가 인도인이었기에, 호감을 담아 오로빈도에 대해 몇 마디 건넨 적이 있었다. 놀랍게도 그의 반응은 아주 싸늘했다. 표정이 순간적으로 확 바뀌는 것이었다. 그는 무슬림이었다.

우리도 그렇게 되는 것일까? 내가 생각하는 나의 정체가 무엇인지와 무관하게, 타의에 따라 내가 누군지가 결정되어버리는 것일까? 오로빈도는 어떻게 생각할까? 나는 듣는다. 그가 조용히 웃는 소리를. 그 웃음은 투명하고 깊다. 그 웃음에 마음이 가벼워지면서 나는 예견해본다. 오로빈도는 결코 BJP의 전유물이 되지 않을 것이다. 오로빈도 사상의 정치적 해석은 여러 정당들 사이의 백

16. 간디의 자조自助사회주의는 러스킨의 후기 저작 *Unto This Last*가 준 커다란 영감에 결정적인 영향을 받았다. 간디는 이 책을 인도어로 짧고 쉽게 줄여 번안 출판하기도 했다. Elizabeth T. MacLaughlin, *Ruskin and Gandhi*(1974) 참조.

가쟁명의 대상이 될 것이다. 여기엔 국민회의당과 여러 좌파정당들 역시 주역이 될 것이다. 이런 백가쟁명 속에서 과연 어떠한 해석이 지배적인 것으로 자리잡을까? 오로빈도는 흥미롭게 지켜보고 있을 것이다.

03

중국: 10억 농민이 일으킨 바람

두 개의 풍경

중국은 한국의 최대 교역국이다. 미국과 유럽연합을 합친 것보다 중국과의 교역량이 많다. 그만큼 많은 한국인들이 중국을 오가고 있다. 1992년 한중 수교 이전부터 중국과 교류가 있었으니, 우리는 어언 30년 넘게 중국의 변화를 가까이서 직접 목도하고 체험한 셈이다. 그간 중국의 변화는 문자 그대로 '상전벽해'다. 필자가 중국을 처음 방문했던 때가 2000년이니, 한국인으로서는 지각 방문이었던 셈이다. 그후론 꽤 자주 중국을 방문할 기회가 있었다. 10여 년의 짧은 시간 동안 직접 목격했던 변화만으로도 그것이 얼마나 거대하고 숨가빴는지를 충분히 실감할 수 있었다.

2000년 12월 상하이 황푸 강변의 허핑판뎬和平飯店에 짐을 풀고 밖으로 나가 주변을 바쁘게 돌아보았을 때, 당장 느낀 건 색조의 통일성이었다. 모두가 칙칙하고 허름한, 검은색 혹은 암회색 계통의 인민복을 입고 있었다. 남자들은 우리가 지난 시절 '국방색'이라고 부른 초록색—때로 절어 암녹색으로 반질반질해진—군복을 걸치고 있는 이가 많았다. 분명 군인이 아닌 듯해 보이는 사람들이, 상의만 그렇게 걸치고 있었다. 짙고 두툼한 옷으로 몸을 감쌌건만, 그들은 아직 추워 보였다. 또하나 눈에 띈 건, 치마를 입은 여성이 단 한 명도 없지만 누구도 그걸 의식하지 않는, 어딘가 카프카적인 상황이었다. 강 건너 푸둥에 한창 올라가고 있는 초대형 마천루들은 이들의 모습과는 왠지 겉도는, 가까우나 멀기만 한 외계外界로 보였다.

그 기억과 선명하게 대조되는 장면은 2007년 여름 후난 성湖南省 창사長沙에서의 기억이다. 이때 난 중국사회학대회에 참석한 후, 동행들과 인근의 빼어난 명승지인 장자제張家界에 사뭇 여유작작한 기분으로 소풍을 갔다. 여기서 난 거대한 중국 중산층의 출현을 보았다. 휴가 인파의 표정은 7년 전 상하이에서 본 표정들과 너무나 달랐다. 한국의 휴가 인파의 표정과 별다를 바 없었다. 경쾌하고 시원한 복장에 안색 역시 눈에 띄게 밝고 건강해 보였다. 바로 2년 전 같은 곳에 왔었다는 한 동행 교수는 그때만 해도 관광객의 수가 이렇게 많지 않았고 또 대다수는 외국인이었다며 놀라워했다.

중국 변화의 뿌리

이 거대한 변화의 뿌리에 이름 없는 수억 농민들이 있다. 중국의 민주주의를 생각할 때도 바로 여기서 시작해야 한다. 권력 중심부에서 벌어지는 현상만 들여다보아서는 도대체 중국이 어떤 곳인지, 중국의 민주주의가 어떤 상태에 있는지, 어디로 가고 있는지, 도무지 종잡기 어렵다. 그만큼 크고 다양하다.

변화의 시작은 마오쩌둥이 사망하고, 문화대혁명의 4인방이 체포된 1976년 직후, 1977년경부터였다. 중국공산당에서, 위로부터 시작된 것이 아니었다. 오히려 마오 사망으로 공산당의 통제가 느슨해진 상태에서, 권력의 중심에서 가장 먼 오지의 수많은 농촌들에서, 밑으로부터 시작됐다. 당시 공산당 상층부에서는 마오 이후의 권력 향배를 놓고 치열한 암투가 벌어지고 있었다. 기존의 정책 방침은 주인 잃은 배가 되어 표류하고 있었고, 밑바닥 당 간부들은 그저 손놓고 상황을 주시하던 상태였다. 이런 상황 속에서 저 멀리 농촌 어디선가부터 집단농장, 집단소유 체제에 조그만 구멍들이 나기 시작했다. 돼지우리 한 칸, 산기슭의 사과나무 몇 그루에서부터 시작되었다. 조그만 땅뙈기에 대한 개인 경작권을 따낸 농가들이 하나둘 생겨나기 시작한 것이다.

이것이 오늘날 중국 대변혁의 기폭제가 된 '바오찬다오후包産到戶' 제도다. 독립적으로 경작하여 일정 지분을 농장에 넘기고 초과

분은 해당 농가가 소유하는 방식이다. '개별농가 책임생산제도'라 할 수 있겠다. 어느 순간, 어느 누구로부터의 지침도 없이, 그야말로 자연발생적으로, 수많은 점들에서 시작되었다. 그리고 시작되자마다 두드러진 산출을 내기 시작했다. 점들은 급속히 확산되었고 눈덩이 구르듯 커져갔다.[17] 중국은 수數의 나라다. 하나둘 시작되면, 어느 순간 수천만, 수억이 된다.

이런 방식은 공식적인 제도로 시작된 것이 아니었다. 오히려 공식적인 제도의 외부, 법 바깥에서 시작됐다. 통제의 빈틈을 넓혀보고자 했던 무명의 수천만 농민들과 농장의 간부들 간의 '비공식적'이고 '비합법적'인 관계들을 통해서 탄생했다. 그 관계란 인정이 넘치는 아름다운 것만은 아니었다. 농민들은 간부들에게 별도의 상납을 약속하고, 구깃구깃 모아둔 쌈짓돈을 쥐어주어야 했다. 어쨌거나 농민들은 그런 방식으로 자신들의 삶의 길을 암중모색하며 뚫고 나갔다. 그렇게 확보한 조그만 땅뙈기들에서 나온 잉여 소출이 시장으로 나갔다. 인근 교외로, 소도시로, 더 큰 도시로, 농민들이 창조한 밑바닥 시장경제는 거침없이 뻗어나갔다. 이고 지고, 자전거에 주렁주렁 매달고 나갔다. 일종의 도시 집단농장 체제라 할 수 있는 단웨이單位 체제도 골목마다 밀고 들어오는, 농민이 창조한

17. Kate Xiao Zhou, *How the Farmers Changed China: Power of the People*, Boulder, Westview Press, 1996.

이 밑바닥 시장경제의 모세관적 침투로 서서히 젖어들었다. 공산당이 이 '바오찬다오후'를 제도로 인정한 것은 이미 이 관행이 걷잡을 수 없이 확산되고 과거 집단농장 체제와 비교할 수 없는 놀라운 생산력을 입증한 이후였다. 때는 1979년, 불과 3년 만이었다. 후일 덩샤오핑 체제의 성공의 요점은 바로 이 신속한 결정, 아니, 추인追認에 있었다.

바오찬다오후의 농가 생산력은 이어 자율형 농촌공업의 기초가 되었다. 유명한 '향진鄕鎭기업'이 그것이다. 농민들은 이제 경작권을 부여받은 소농지에서 초과 산출을 올리고 동시에 인근 도시 교외의 향진기업에 나가 노동자로 부업을 했다. 흥미로운 것은 이러한 소농생산과 농촌공업의 결합 모델이 중국 역사상 새롭게 출현한 것이 전혀 아니라는 점이다. 필자가 다른 곳에서 썼듯, "이 모델이 안정된 틀을 갖추어 역사에 최초로 부각되었던 곳은 중국 남송南宋의 강남 지역이었다. 당시 강남 농민들은 벼농사 소농경작(2모작, 3모작)을 하면서 동시에 베짜기, 양잠, 유채·사탕수수 재배 등의 다양한 부업을 통해 상업적 수공업망에 연계되었다. 도시에는 상당히 큰 규모의 도자기, 비단, 면직, 차 생산 단위가 형성되기도 했다. 이러한 소농+초기공업의 결합망은 국내외의 광범한 교역망 안에 포섭되어 있었다. 당시의 세계 교역 상황을 (미국의 여성 사회학자) 아부-럭호드는 '13세기 세계체제'라 부르며 상세히 분석한 바 있거니와, 이미 당시에 중국의 생산품들은 동아시아, 남아시아만이 아니라 이슬람권과 유럽에까지 수출되고 있었다."[18]

중국 농민의 자활력과 질곡

장구한 역사를 가진 중국 농민의 이 자활적 에너지를 꽁꽁 묶었던 것은 역설적에게도 1949년 이후 혁명 중국이었다. 왜 역설적이라 하는가? 중국 농민의 이 에너지를 누구보다 잘 이해했던 사람이 바로 마오쩌둥이기 때문이다. 일찍이 1926년 그는 농촌 저항운동 지역을 현장 답사한 후 유명한 「호남농민운동 시찰보고」를 썼다. 여기서 그는 "아주 가까운 장래에 동서남북에서 수억의 농민들이 폭풍처럼 빠르고 강하게 일어날 것이고, 어떤 힘도 이를 막을 수 없을 것"이라고 하면서, 농민의 이 에너지를 통해 "그들을 억눌러왔던 모든 속박을 부수고 해방에 이르고 말 것"이라 예언했다. 이후 마오는 철저히 농민과 농촌에 근거하여 결국 중국혁명을 성공시켰다.

중국은 애초부터 별스런 데가 있는 나라였다. 통치 방식이 이미 근대국가 체제에 육박했었다는 시황제의 진나라가 세워진 것이 무려 2200년 전이다. 더 놀라운 것은 그런 거대하고 잘 조직된 제국을 무너뜨린 세력이 다름아닌 밑바닥 농민이었다는 점이다. 만리

---

18. 김상준, 『맹자의 땀 성왕의 피: 중층근대와 동아시아 유교문명』, 아카넷, 2011, 382쪽.

장성 부역에 저항하여 일어선 진승과 오광, 그리고 결국 그 힘을 모아 새로운 왕조를 세운 유비, 모두가 농민 출신이었다. 이러한 일은 세계사상 유래가 없다. 농민이 중앙권력에 산발적으로 저항했던 사례는 아주 많다. 그러나 그러한 농민봉기가 끝까지 농민 주도로 완료되어 농민 출신이 직접 새로운 권력을 세운 경우는 극히 희귀하다. 그것이 중국처럼 거대한 규모의 영토를 포괄하는 대제국인 경우라면, 그러한 사례는 중국 외에는 결코 찾아볼 수 없다. 페르시아, 로마, 이슬람, 인도, 멕시코, 페루, 어디를 보아도 밑바닥 농민 출신이 봉기하여 황제가 되었던 제국은 없다. 그러나 유독 중국에서는 이런 패턴이 여러 차례 반복되었다. 명나라를 세운 주원장도 마찬가지다. 이렇게 보면 마오쩌둥은 유비-주원장의 농민봉기 패턴을 재연했다고 할 수 있다.

인류 문명사에서 새로운 왕조, 제국을 세운 것은 늘 무장한 소수 귀족 지배층이었다. 왜 유독 중국에서만 아주 오래전부터 농민 주도 혁명이 가능했을까? 그 이유는 무엇이었을까? 중국 농민이 일찍부터 소농이었고, 그 결과 자활력이 강했다는 데서 원인을 찾을 수 있다고 생각한다. 노예나 농노는 자기 땅이 없어서 자활력이 약하다. 반면 중국에서는 고대의 정전井田제에서부터 벌써 소농 형태의 싹이 보인다. 중국 소농제는 귀족 체제가 크게 무너지고 개방 신분제가 정착했던 송나라 때부터 중국의 지배적인 생산방식이 되었다.

건국 초기 중국 혁명정부는 '농민에게 땅을'이라는 약속을 지켰다. 그러나 공산당이 권력 독점에 나선 1955년부터 집단소유, 집단농장 체제로 전환했다. 나눠주었던 땅을 다시 모아 합쳐버렸다. 몸에 안 맞는 이념의 옷을 입힌 것이다. 그 결과 농업생산은 급감했다. 공산당은 대약진운동(1958~62년)으로 이를 만회해보려 했다. 기본 생필품을 배급해주면서 농민의 생산 동기를 높이고, 농촌공업을 장려하고 농기구를 기계화하여, 생산력을 높인다는 구상이었다. 일종의 도시-농촌 할당 교환 배급 체제로서, 사회주의적 중앙계획 원리를 더욱 강화한 것이었다. 동기는 좋았을지 모르나, 결과는 비참했다. 흉년까지 겹쳐 3000만 내지 4000만 명의 농민이 사망한 것으로 추정된다. 대부분 아사였다. 실제 생산량은 떨어지고 있는데 지방당에서는 경쟁적으로 생산량을 부풀려 상부에 보고했다. 정해진 할당 목표를 맞추어야 했으니 그랬던 것이지만, 그 결과 농민에게 부과된 생산량은 곱절로 감당할 수 없는 중압이 되었다. 결국 도시를 위해 농촌이 희생하는 구도였다.

대약진운동이 파국으로 막을 내리자, 위기에 몰린 마오는 문화혁명(1966~76년)으로 이를 만회하려 했다. 공산당 내 우파와 관료주의에 대한 투쟁을 내세웠지만, 실제로는 중국 도시문화 깊은 데서 훈습되어오던 중국의 오랜 문화 전통에 대한 너무나도 거친 공격이 되고 말았다. 문화의 이름으로 문화를 죽이는 운동이었다. 이번엔 주로 도시 주민들, 특히 교양층, 지식인들이 커다란 상처를

대약진운동 당시 토법고로 작업 광경
소규모 용광로인 토법고로土法高爐는 대약진운동을 상징하는 장치이다. 강철을 생산하고자 하지만 자본과 기술이 부족했던 당시 마오쩌둥 정부는, 농촌 곳곳에 이 원시적 고로들을 설치하여 농민들로 하여금 강철 생산에 매진하게 했다. 하지만 온갖 철 조각을 집어넣고 만들어낸 철은 부서지기 쉬운 선철에 불과해, 농민들에게 육체적 부담만 가중하고, 원하는 수준의 강철 제작에도 실패하는 결과를 낳았다.

입었다. 이 와중에 수많은 도시 주민들이 '하방下方'되어 농촌으로 들어갔다. '부르주아적 때'를 벗긴다는 명분으로 가해진 강제 조치였는데, 이 속에서 많은 사람들이 중국 농촌의 문제가 진정 무엇인지를 피부로 느끼는 기회를 가졌다. 현재 중국 지도부의 다수는 젊은 시절 이 하방의 체험을 했던 사람들이다. 현재 국가주석인 시진핑도 그중 한 사람이다.

그러나 건국 이후 마오 체제 30년을 부정 일변도로 평가하는 것은 타당하지 않다는 것이 학계의 중론이다. 많은 연구들이 이 기간에 보건·교육·주거·성평등 등 인민의 기본 권리 영역에서 상당한 성과가 있었음을 공통적으로 인정한다. 마오 이후 시대 중국의 도약 역시 이러한 바탕이 없었다면 불가능했다는 평가다.[19]

중국 민주주의의 바람은 어디서 불어오는가

중국 사회 모든 영역의 최상부에는 중국공산당이 있다. 급속히 변화하고 있는 사회지만, 이 점은 아직 여전하다. 대학을 가도 총장 위에 대학 당서기가 있다. 그러니 법 위에 공산당이 있다는 말이 나온다. 형식상 중국의 최고권력기관이라고 할 수 있는 전국인민대표회의는 공산당 정책을 추인하는 고무도장에 가깝다. 그런데 이렇듯 막후에서 모든 것을 결정하고 있는 공산당은 인민에 의해 선출되지 않는다. 그렇다고 당원들이 지도부를 뽑는 것도 아니다. 물론 지방 당서기에서부터 최상위 중앙정치국 상무위원과 중앙위원회 총서기까지 선거로 결정하는 절차가 다 있다. 그러나 이것은 죄다 요식 절차, 구두선口頭禪에 불과하다. 미리 다 결정해놓은 것을 선거라는 형식으로 추인할 뿐이다. 오히려 투표를 안 할 자유가 없

19. Suzanne Ogden, *Inklings of Democracy in China,* Cambridge, Harvard University Asia Center, 2002.

다고 말해야 할 것이다.

그럼 어디서 어떻게 결정하는가? 당 내부의 복잡한 계파와 세력들 간의 힘겨루기와 합종연횡을 통해서다. 이 내밀한 과정에 인민들이 개입할 여지는 거의 없다. 일반 인민들은 물론이거니와 공산당의 일반 당원들 역시 마찬가지다. 언론의 자유가 조금씩 커지고 있지만, 권력 핵심부에 대한 투명한 정보 공개 요구나 비판은 여전히 극도로 제약받는다. 그러니 중국에는 아직 민주주의가 없다는 말이 나온다. 이런 지적에 대해 공산당 '당국'은 서구식 다당제와 선거제도란 겉과 말만 번드레한 대중 영합주의자들, 부자들만 뽑게 되는 제도라고 응수해왔다. 그러나 이런 비판은 피장파장이라는 식의 맞대꾸일 뿐이지, 자신들의 방식에 대한 자신감 있는 정당화라고 할 수 없다.

중국공산당의 혁명 원로들은 민주주의가 오랜 세월 중국 인민과 공산당의 일관되고 진지한 목표였다고 즐겨 강조한다. 험난했던 항일운동과 내전 시기에 그들이 인민(주로 농민들)의 신뢰를 받기까지 각고의 노력을 기울여 이룩한 성과가 분명 있었을 것이다. 그러나 건국 이후 이미 60년이 흘렀다. 모든 관료적 당조직은 성장할수록 민주주의와 멀어져 과두지배 체제가 된다는 로버트 미헬스의 '철의 법칙'이 중국공산당에도 그대로 관철되었다. 과두지배를 넘어 마오 일인지배의 극점에까지 이르렀다. 이러한 점을 문제로 인식하는 세력이 공산당 내부에 분명히 있었고, 이 세력이 1980년

Zheng lianjie

톈안먼 광장에 모인 시위대
1989년 톈안먼사건 당시 트럭을 타고 모여든 시위대의 모습. 시위대 중 두 학생이 붓으로 쓴 격문을 들고 서 있다. 시위대 뒤편으로 톈안먼의 누각이 보인다.

대에 개혁의 물꼬를 텄던 것도 사실이다. 그러나 이 흐름은 1989년 톈안먼사건 강경 진압을 계기로 크게 약화되고 말았다. 그 전후 진행된 동구권의 붕괴는 중국공산당 지도부에 커다란 두려움을 심어주었다. 그후 20년, 이제 중국공산당은 어느 정도 자신감을 되찾은 것으로 보인다. 그 결과 정치적 자유의 확장에 대한 필요성을 공산당 지도부 역시 여러 기회를 통해 공개적으로 인정해왔다. 그럼에도 여전히 완전한 정치 개방에 대한 자신감에까지는 이르지 못하고 있다. 앞으로도 상당한 기간 그러할 것이다. 이러한 상황은 중국 민주주의의 바람이 중국공산당 내부로부터 불기 시작할 것이라고 보기 어렵게 만든다. 지금까지도 그랬고, 미래 역시 기본적으로 마찬가지다.

그 바람 역시 공식적인 제도의 바깥에서 불기 시작했다. 역시 밑바닥 농촌에서부터였다. 이 과정은 집단농장 체제의 해체와 농민 시장경제의 형성 과정과 매우 흡사하다. 이 두 과정은 실제로 상당히 중첩되어 있다. '바오찬다오후' 방식에 따라 경제 단위가 자립적인 개별 농가戶로 바뀌면서 과거 집단농장 관리자, 당 간부들의 영향이 급속히 쇠퇴했다. 과거엔 그들이 모든 자원을 관리하고 배분했지만 이제는 각 농가가 자립했기 때문이다. 그러니 과거처럼 정부나 당에 모든 것을 의존하고 눈치볼 필요가 없어졌다. 각자가 열심히 하면 됐다. 그러다보니 정부나 당의 지시나 간섭에 대한 반발도 커졌다. 간부와 농민 간 갈등이 커져갔다. 동시에 활성화된 생산과 원활한 시장거래를 관할할 새로운 행정 체계의 필요성은 점점 커졌다. 방치된 행정 진공 속에 폭력조직이 생기고 살인, 폭력, 부녀자 납치·매매 등의 범죄도 터지기 시작했다.

이러던 중 1980년대 초 중국 헌법에 최하급 행정단위인 '촌민위원회'가 삽입되었다. 사라진 집단농장 자리에 대신 채워넣은 셈이었다. 그러나 이를 뒷받침할 구체적인 법안이나 실행 방침은 없었다. 그저 형식적으로 끼워넣은 '죽은 조항'에 가까웠다. 그런데 일부지만 실제로 촌민위원회를 구성하는 곳들이 생겨났다. 각양각색이었다. 옛날식대로 전권을 지닌 지방 당서기가 그냥 촌민위원

몇을 임명해버리는 곳도 있고, 자기 자신이 위원장을 그냥 겸직해버리는 곳도 있었다. 이런 상황 속에서 몇몇 마을에서 촌민위원을 마을 사람들끼리 뽑기 시작했다. 이런 방식은 당의 장악력이 약한 곳에서 시작됐다. 누가 시켜서 한 것이 아니고, 깊이 연구해서 시작한 것도 아니었다. 자연발생적이었다. "이대론 안 되겠어, 누군가 해야 하지 않겠어? 대표를 뽑자고!" 이런 식이었을 것이다. 그런데 그렇게 뽑아서 해보니 일을 더 책임감 있게 했다. 과거 간부들처럼 권위적이지도 않았다. 또 잘못하면 비판할 수도 있고, 다음 선거에서 낙선시킬 수도 있었다. 좋은 점이 많았다.

이런 곳이 점차 늘었다. 공산당은 이 초기 과정에서 거의 손놓고 있다시피 했다. "어어" 하고 있었던 것이다. 그러나 얼마간 지켜본 후 점차 적극적으로 지지하는 방향으로 돌아섰다. 가만 보니 나쁠 것이 없었기 때문이다. 집단농장 체제 해체 후 농민의 조세 회피·저항도 만만치 않았다. 1가구 1자녀 등 정부의 정책을 집행할 통로도 마땅치 않았고 치안 공백도 골치였는데, 촌 자치가 이뤄지면서 이런 문제들이 많은 부분 저절로 해결되었기 때문이다. 이 선거 방식에 큰 관심을 갖는 상급 당원과 당내 이론가, 학자들이 늘어갔다. 행정의 대민 책임성accountability과 효율 제고가 지지 근거였다. 새 경제 방식에 적합한 새 정치 방식이라 주장했다. 다른 한편에서는 이 '자유경선' 방식을 비판하고 반대하는 목소리도 점점 커졌다. 당과 대중을 연결해주던 기존의 고리를 끊어버리는 것과 같다 했다. 그렇게 되면 당은 대중 근거를 잃고 고립될 것이라고 했다. 선거로 뽑힌 촌민위원은 당의 지시를 잘 따르지 않는다고도 했다. 대체로 지방당 간부들의 반대가 많았다. 바로 자신들의 영향력, 이해와 직결되는 문제이기 때문이었다.

그러나 결국 찬성론이 승리하여 1987년 전국인민대표회의에서 '촌민위원회법'이 통과되었다. 흥미롭게도 건강한 보수파의 지지가 큰 역할을 했다. 촌민위원 및 위원장은 자유선거를 통해 뽑고 임기는 3년으로 정했다. 당원도 비당원도 출마할 수 있다고 했다. 창조력의 절반 이상을 차지하는 것은 다른 사람의 창조력을 발견하고 인정할 수 있는 역량이다. 이때의 중국공산당은 건강했다. 1989년 톈안먼사건을 계기로 이 법의 실행을 막으려는 세력이 강해지기도 했다. 그러나 결국 실행되었다. 법안 지지자들은 도시가 흔들리고 있는데 이제 농촌마저 흔들리면 국가가 흔들린다고 했다. 이 법이 농민의 편에 선 것임을 확고히 인식했던 것이다. 중국에서 농민의 중요성을 인식한 혜안이었다 할 것이다.[20] 어쩌면 이

---

20. 반면 1989년 톈안문에 모인 학생들의 절대다수는 농민 문제를 이해하지 못했고 농민과 연대하려는 움직임도 보이지 않았다. 농촌 출신 대학생이 극소수였던 것도 이유였으리라. 톈안문의 학생운동 다수파는 노동자 역시 아직 민주주의의 주역이 될 수 없다고 주장했다. 그들의 민주주의는 아직 지식인과 학생을 위한 엘리트 민주주의에 국한되어 있었다. Daniel Kelliher, "Keeping Democracy Safe from the Masses: Intellectuals and Elitism in the Chinese Protest Movement," *Comparative Politics*, 25(4), 1993, pp. 379-396.

'촌민위원회법'은 한때 위태로웠던 중국공산당 체제를 살려놓은 최고 공신이요 효자인지도 모른다. 현재는 중국 전역 100만여 개의 촌에서 자유경선이 이루어지고 있다.

농민은 이념적이지 않고 실제적이다. 이 촌민위원회 자유경선이 정착되는 과정은 농민들의 '민주화 열망의 소산' 같은 것이 아니었다. 지극히 실제적인 문제에 대한 지극히 실제적인 대처 과정이었다. 그러다보니 이처럼 놀라운 결과가 나온 것이다. 그 결과 생긴 민주주의 생활화의 효과는 컸다. 물론 촌락 선거 풍경이 '교과서적'이고 '이상적'인 것은 아니었다. 종족(친족) 투표, 당의 압력과 조종, 매수, 협박, 비방, 질투, 이간질 등, 우리가 익히 아는 갖은 부작용이 나타났다. 그러나 회를 거듭하면서 업무에 대한 실행-평가-재평가가 이뤄졌다. 무엇이 바른 선택인지, 무슨 문제가 우선인지, 무엇이 공정하고 정당한 것인지에 대한 인식 역시 성장했다. 촌민위원회 활동을 모니터링하는 '촌민대표회의'의 활성화가 큰 역할을 했다. 일종의 대의원회라고 할 수 있는데, 이 회의엔 마을 사람들이 많이 참석한다. 선거 때만이 아니라 항시적인 점검과 토론이 이뤄진다.

통제와 간섭이 없었던 것은 아니다. 특히 1990년대 초반 동구에 이어 소련마저 무너지자 공산당 내 위기의식이 높아지면서 그런 경향이 강해졌다. '상부'에서는 선출된 촌장들 중 비당원 비율이 높다는 것을 문제삼았다. 당 지도의 강화가 요구되었다. 촌장 출마 후보들에 대한 검열부터 강화되었다. 바람이 불면 풀은 눕는다. 어떻게 누웠느냐? 당선되고 나서 당원으로 등록하는 식이었다. 하급 당 관료들에게도 좋은 방법이었다. 그런 방식으로 촌장의 당원 비율을 높임으로써 '지표'를 '관리'할 수 있었기 때문이다. 누구에게 꼬투리 잡힐 일도 없었다. 다른 사람도 아니고 촌장을 당원으로 받아준다는데, 근거도 분명하지 않은가.

계단형 상승 확산

촌 단위에서부터 불기 시작한 지자체장 선거의 바람은 인근 도시 지역으로 번져가기 시작했다. 1990년대 중반부터였다. 주로 촌의 바로 위 행정단위인 향鄕과 진鎭에서였다. 그중 1998년 쓰촨 성 변방, 유권자 6000명의 부원步云에서 행해진 지자체장 선거가 전국적 주목을 받았다. 이 선거가 유명해진 것은 관변 매체들의 맹렬한 공격 때문이었다. 지자체장은 해당 지방 인민대표회의에서 임명하도록 되어 있는 헌법 조항을 위반했다는 것이다. 뒤집어 보면, 이 현상에 두려움을 느끼는 세력이 그만큼 광범하게 존재했다는 이야기다. 당 관료층의 입장에서 볼 때, 촌락 행정은 경력을 쌓는 데 별 도움이 되지 않는다. 그러나 진현 단위로 넘어오면 문제는 달라진다. 이권이 커진다. 여기서부터는 출세에 매우 중요한 고빗길이다.

이 고비를 직접선거로 시작하면 기존 관료 체계가 돌아가는 논리 전체가 변할 수 있다. 선거로 뽑힌 지자체장은 상부의 통제에 고분고분 따르지 않을 가능성이 크다.

그러나 흥미롭게도 중앙정부는 논란의 대상이 된 부원의 선거 결과를 인정하지도 부정하지도 않았다. 침묵했다. 선출된 지자체장은 아무 일 없다는 듯 업무를 계속했다. 그러던 중, 2001년 공산당 중앙위원회에서 진현 지자체장 주민 선거는 위헌이 아니라는 발표가 나왔다. 계속해보라는 신호다. 그리하여 차기 선거는 그 방식을 유지하되, 약간의 절충이 이뤄졌다. 먼저 지자체장은 마찬가지 방식으로 선거로 직접 선출했다. 그다음 지방 당위원회의 추천을 '득'한 후, 지방 인민대표회의에 상정하여 최종 선출하도록 한 것이다. 이번엔 언론이 쏙 들어갔다. 이후 이 방식은 진현 차원에서 급속히 확산되었다. 아울러 진현의 상급 단위인 현(대략 인구 50만 단위)에도 이와 유사한 방식이 시도되었다. 마찬가지로 소수의 몇 곳에서 시작되어 확산되는 방식이다.

주목할 만한 또다른 사건이 있었다. 2003년 광둥 성 선전深圳 시 인민대표회의 선거에 12명의 시민이 무소속으로 출마한 것이다. 같은 시기 베이징의 명문 대학가 구역에서도 같은 일이 벌어졌다. '자유경선'의 바람이 지자체장 선거를 넘어 확산되고 있음을 보여준 것이다. 중국 시민사회의 태동이라고 할 수도 있을 것이다. 그때까지 인민대표회의 선거는 온전한 경선이라 볼 수 없었다. 공산당, 공산당이 허용한 8개 비공산당 '민주당파'의 추천을 받은 자, 그리고 직능 대표, 군軍 대표, 소수민족 대표자들이 출마하는데, 거의 정원에 맞추어 출마자 명단이 구성되었다. 선택의 여지가 사실상 없었다. 또 통상 출마자 명단의 9할 이상이 공산당원이어서, 결국은 선거 전체가 공산당의 기획을 공인해주는 절차라고 할 수 있었다. 이 판에 시민들이 무소속으로 출마하기 시작했으니, 그 의미는 컸다. 거대한 맞춤 선거의 한편을 허물고 자유경선의 틈을 연 것이다. 공산당 독점 체제에 대한 '작은 도전'이었다 할 수 있다. '작다' 했지만 실은 대단한 용기에서 비롯된 일이었다. 성장한 시민 세력의 빙산의 일각을 보여준 셈이라고 할 수 있다. 2003년 전국적으로 100명 미만이었던 지방 및 전국인민대표회의 무소속 출마자 수는, 2007년 4만 명을 넘어섰다. 이 수는 곧 10만, 100만이 될 수 있다. 인터넷과 SNS 바람이 창장長江과 황허黃河, 서북 사막과 남방 해양을 하나로 터 수억 인민의 마음속에 불고 있다. 이 바람을 옛날 중국 황제식으로는 막을 수 없다.

중국에서 계단의 꼭대기에는 공산당이 있다. 과연 자유경선의 바람이 공산당 안방 문을 열고 들어갈 수 있을까? 다당제 채택보다 공산당 내부의 '당내 민주주의'가 더 어려울 것이라 예측하는 사람들도 있다. 그러나 변화는 이미 시작되었다. 지방 당서기에 대한 자유경선은 일부긴 하지만 이미 시작됐다. 공석이 된 지방 당서기직에 대한 공모 광고를 이제 중국에서 종종 볼 수 있다. 응모율이 굉장히 높다. 주로 차하급 단위의 지방 당서기들이 많이 응모한다. 그러나 위로 올라갈수록 자유경선은 희박해진다. 그렇다보니 베트남공산당에서 배우자는 발언이 잦아지고 있다.

베트남공산당은 당대회 때 지도부(중앙위원회) 교체 비율이 50퍼센트에 육박할 만큼 높다. 대의원 선출에서부터 경선 원칙이 비교적 잘 지켜지고 있기 때문이다. 당대회에서 각료 재신임 선거도 하는데 여기서도 절반이 우수수 떨어진다. 2006년 10차 당대회에서는 160명의 중앙위원 전원이 '여론조사'의 이름으로 희망 상임중앙위원의 이름을 써서 제출했는데 그 결과가 실제 인선에 그대로 반영되었다. 또 1176명의 대의원 전원을 대상으로, 준비위원회가 제시한 4명의 서기장 후보에 대한 여론조사가 실시되었는데, 이때의 최다 득표자가 나중에 실제 서기장으로 임명되었다. '당내 민주주의'에 관한 한 베트남공산당이 중국을 한참 앞서가고 있다고 할 수 있다. 여기서 중국공산당의 미래형을 엿볼 수 있을 것이다.

중국형 시민의회의 실험

민주주의는 기본적으로 수數의 정치다. 다수 득표자가 권력을 갖는다. 그러나 질質이 뒷받침하지 않는 양量만의 민주주의는 공허하고 빈곤하다. 다수의 횡포로 전락할 수도 있다. 따라서 자유선거에, 제대로 된 심의 과정이 함께해야 한다. 그래야 내실 있는 민주주의가 된다. 민주주의가 몇 년 만에 한 번씩 투표장 가는 일로 그치면, 뽑아놓은 대표기구는 힘이 센 이권 집단들끼리의 '그들만의' 은밀한 담합과 결탁의 장소로 타락하기 쉽다. 집행부 활동을 항상적으로 모니터링하고 주요 이슈에 대한 지속적 정책 토론을 가능하게 하는 제도적 장치가 필요하다. 이것이 '질적 민주주의qualitative democracy' '실질적 민주주의substantive democracy'다. 중국 농촌에서는 촌민위원회를 모니터링하는 '촌민대표회의'가 그러한 역할을 하기 시작했다. 2장에서 살펴본 인도의 자치 혁명인 판차야트 개혁에서 마을 사바가 했던 것과 비슷한 역할이다.

촌민대표회의 활동은 매우 긍정적으로 평가되었다. 도시 지역에서도 유사한 방식이 시도되었다. 1990년대 초중반부터 항저우, 상하이 시 일부 구역에서 시민합의회의, 시민자문회의와 시 정책에 대한 시민평가제도가 실시되었다. 이는 주로 동부 해안 지역 행정단위들에 널리 확산되었다. 중앙정부는 이런 성과를 지자체 공직자 평가에 반영했다. 시정의 투명성을 높이고 공직자 부패 문제에 대응하는 데 시민 모니터링 방식이 유효하다고 인정한 것이다. 이어 각종 입법 및 주요 공공정책 결정은 반드시 시민공청회를 거쳐야 한다는 법령이 전국인민대표회의에서 통과되었다. 특히 공공재 요금 변경에 대한 시민공청회 합의를 규정한 물가법 23조 조항의 신설(1997년)은 유명하다.

상하이 남쪽에 있는 저장 성 원링溫嶺 시(인구 110만의 공업도시)는 이러한 시민참여회의를 적극적으로 추진해온 대표적인 도시다. 한국의 대전광역시 서구와 국제우호협력도시 관계를 맺고 교류하고 있는 도시이기도 하다. 원링 시는 민정民情간담회, 민주간담회, 민주이재理財회, 민정직통차直通車, 거민논장居民論場, 향촌논장, 민주의정회 등의 다양한 이름으로 시정부, 시 인민대표회의 및 각종 공기업의 정책 방향에 대한 시민 및 종업원 참여회의를 유치해왔다. 1996년부터 2000년 사이에 원링 시에서 1190회의 각종 시민간담회가 열렸다고 한다. 이런 성과를 인정받아 원링 시는 2004년 전중국 행정혁신상을 수상하기도 했다. 작은 시작은 언제나 중요하다.

원링 시는 2005년부터 또다른 실험을 시작했다. 공청회, 간담회 방식의 한계를 점점 인식하게 된 까닭이다. 이런 모임에는 해당 의제에 대해 이해 관련이 큰 당사자들이 주로 참석하기 마련이다. 그러다보니 일반 시민의 이해와는 오히려 반대되는 엉뚱한 방향으로 논의가 흘러가는 경우도 적지 않았다. 예를 들어 버스 요금에 대한 공청회에 버스 회사 임직원이 대거 참석하여 요금 인상 쪽으로 여론을 몰고 가는 식이다. 한국의 관에서 주도하는 많은 '공청회'들이 그렇듯 형식적이고 그저 모양 갖추기식의 따분한 모임으로 전락할 가능성도 있었다. 원링 시는 이런 문제를 극복하기 위해 또 한번 혁신적인 방법을 채택했다. 미국의 정치학자 피시킨James Fishkin이 제시했던 공론조사deliberation poll 시민의회 방식을 도입한 것이다. 일부겠지만, 이는 중국의 관료층이 공부를 열심히 한다는 증거이기도 하다. 중국계 해외 학자들의 적극적인 지원이 뒷받침되었다.[21]

이 방식은 원링 시의 한 구區라고 할 수 있는 인구 12만의 저구어澤國 진에서 시작하여 지금까지 4차례 실시되었다. 이중 2008년 저구어 예산 편성에 대한 시민회의 경과를 간략히 살펴보기로 한다. 공론조사 시민의회 방식의 핵심은 시민대표를 무작위 추출random sampling 방식으로 선출하고, 충분한 시간을 두고 깊은 검토가 이루어질 수 있는 이상적인 토론 과정을 설계한다는 점이다. 무작위 추출 방식은 고대 그리스 민주주의의 공직 추첨제를 원용한 것이다. 이런 방식으로 지배적인 사회 세력이 선출 공직을 독점하는 것을 막을 수 있었다. 오늘날에는 보다 공정한 시민 토론 단위의 구성 방법으로 널리 채택되고 있다.[22]

저구어 지자체는 주민 1000명 이상의 촌에는 4명, 1000명 이하의 촌에는 2명의 대표를 할당했다. 그후 각 호戶마다 무작위 수를

---

21. Ethan J. Leib and Baogang He ed., *The Search for Deliberative Democracy in China,* New York, Palgrave, 2006; James Fishkin, James, Baogang He, Robert Luskin and Alice Siu, "Deliberative Democracy in an Unlikely Place: Deliberative Polling in China" *British Journal of Political Science,* 40(2), 2010, pp. 435-448.
22. 시민의회에 대한 상세한 이론적 논의와 대표적 사례 안내는 김상준, 『미지의 민주주의: 신자유주의 이후의 사회를 구상하다』 9장 및 10장 참조.

부여하고 탁구공 추첨 방식으로 대표 가구를 뽑았다. 그 결과 194명의 대표가 선출되었고, 이 시민대표단은 13개 소그룹으로 나뉘어 상세한 예산 검토에 들어갔다. 사업 우선순위와 사용처, 집행 방식 등이 검토되었다. 소그룹 토론과 전체 토론이 병행되었다. 이 시민회의의 주요 토론 과정에 저구어 인민대표회의 대의원들이 초청되어 참관했다. 시민대표들은 시정부의 철저한 준비에 만족을 표했고, 시민의회에서 모아진 결정은 9일 후 개최된 저구어 인민대표회의에서 거의 원안대로 통과되었다.

중국의 미래

민주주의보다 연성軟性 독재가 경제발전에 효율적이라는 속설이 한때 유행한 적이 있다. 중국과 인도의 경제성장 속도를 비교하며 이런 말이 나오기도 했다. 그러나 보다 상세한 분석은 이런 속설을 뒤집고 있다.[23] 인도와 중국 경제의 미래는 장기적 관점에서 바라보아야 한다. 2장에서 살펴본 것처럼 인도 민주주의에는 건강한 점이 많다. 인도 경제가 부상한 것은 1990년대부터다. 판차야트 개

23. 일례로 Yaosheng Huang, "The Next Asian Miracle," *Foreign Policy* 2008 (no.167) 참조.

혁 등을 통해 인도 민주주의가 밑으로부터 새로운 동력을 얻었던 때와 정확히 맞물린다. 정치 동력과 경제 동력이 모두 밑으로부터 시작해 위로 치고 올라가는 양상이다. 그래서 하부구조, 내부 동력이 탄탄하다는 평가가 나온다. 밑으로부터의 민주주의가 경제의 자활성에 장기적으로 긍정적인 영향을 끼칠 것이라는 전망들이 나온다.

중국의 개혁개방은 인도보다 10여 년 빨랐다. 1970년대 말과 1980년대의 중국은 1990년대의 인도와 양상이 비슷했다. 그러나 1989년 톈안문사건을 계기로 크게 한차례 위축되었다. 이후 밑으로부터의 개혁 동력은 억압되었다. 1990년대부터는 경제도 주로 외국자본 직접투자 위주로 동력을 구했다. 홍콩, 마카오, 싱가포르 등 막대한 화교자본의 대거 유치가 시작이었다. 이후 서구자본에 대폭 문호를 열었다. 외부 동력에 의거한 경제성장이 이렇게 시작되었다. 오늘날 세계 어느 나라 슈퍼마켓 매장을 가봐도 '메이드 인 차이나' 일색이다. 그러나 그중 중국 자생 브랜드는, 조금씩 증가하고 있는 추세이긴 하지만 아직 많다고는 할 수 없다. 아직도 많은 부분이 외국자본 브랜드를 중국에서 생산해서 수출한 것이다. 반면 인도 기업은 먼저 국내 시장에서 성장한 후 해외로 진출한다. 그래서 인도 수출품은 자국 브랜드가 대부분이다.

물론 중국이 인도에 비해 강한 면모 역시 보아야 한다(이는 인도의 약점에 관한 지적이기도 하다). 우선 중국은 대지주를 일소했다. 중국 농민에겐 경자유전耕者有田의 권리가 있다. 인도의 농민들은 그렇지 못하다. 이 차이는 매우 크다. 도시로 나간 중국 농민공의 처지에 개선되어야 할 점이 많지만, 인도 대도시 대형 빈민가로 몰린 인도 빈민들의 처지에 비하면 훨씬 희망적이다. 중국공산당과 정부는 최근 10년 가까이 농민과 농민공 문제를 매년 '1호 문건(최우선 정책 과제)'의 주제로 삼아왔다. 또 중국은 인도에 비해 문맹률이 훨씬 낮다. 전반적으로 교육, 의료, 주택 상황이 인도보다 안정되어 있다. 교통, 통신 등 산업 인프라, 그리고 이 분야의 정책 집행력에서도 중국이 우위에 있다. 중국이 제조업 전반의 기반이 강한 반면, 인도의 경우 정보통신 등 몇몇 전략 분야에서만 강세를 보인다는 점도 눈에 띈다.

미래를 생각할 때 역시 문제는 민주주의다. 오늘날 중국은 외형 성장주의가 민주주의 성장을 가로막고 있는 형국이다. 외자 유치, 수출 위주 성장 정책 성공의 최대 수혜자는 중국 정부와 이를 관리하는 공산당이다. 막대한 부가 최상층부로 집중되고 있다. 놀랍게도 같은 기간 교육과 보건, 주택 등 기본 권리 영역의 지표가 오히려 과거보다 후퇴했다. 문맹률이 높아진 것은 대표적인, 그리고 충격적인 증좌의 하나다. 부는 커지는데 불평등은 심화하고 있다. 특히 1990년대 이후 이러한 현상이 고착되기 시작했다. 거대한 농민공 집단에 대한 부당한 처우와 차별은 커다란 사회적 문제다. 부패척결운동을 벌인다고 문제가 해결되지 않는다. 권력이 독점되어 있는 이상, 독점된 권부 내부에서의 정화운동이란 극히 제한된 효과를 가질 수밖에 없다. 사회 전체가 부의 질주에 중독되어 공공성에 대한 관심이 크게 퇴조하고 있는 것은 아닌지 의문이 제기되고 있다. 이러한 상태에서 집중된 권력은 너무나 손쉬운 부패의 유혹 앞에 취약해질 수밖에 없다.

이런 시각에서 보면 지금 중국의 정치 개혁은 너무나 많은 통제를 받고 있고, 너무나 느리게 진행되고 있다 할 것이다. 중국 정부와 공산당 내부에 윤리적 진정성을 가진 건강한 세력이 없는 것은 아니다. 천하위공天下爲公을 염원하는 우환의식憂患意識은 중국 문명의 위대한 자산의 하나이고, 중국공산당은 분명 이러한 전통을 계승하고자 할 의지가 있을 것이다. 내부 학습도 치열하고, 자기혁신의 진지한 의지도 엿보인다. 그러나 현재의 상황을 전체로 보면, 중국의 상층은 밑으로부터 터져나오는 여러 문제를 미봉하고 억제하는 데 주된 에너지와 자원을 쏟아붓고 있다. 외형 성장으로 확보한 막대한 재원이 통제와 미봉, 그리고 반대파 끌어들이기의 무한 자원이 되고 있다. 여유 있는 재원 자체가 문제 해결을 가로막고 있다는 역설이다. 중동 산유국의 오일머니oil money와 같은 재앙이 될 수도 있다. 더 큰 문제는 외형 성장주의, 즉 내용이야 어떻든 외형적 부만 키우면 된다는 성장 지상주의, 일종의 개발독재 정당화논리가 이제는 공산당 체제의 정당성 근거로 고착되어가고 있다는 점이다. 일종의 악순환 구조가 성립한 것이다.

그저 단순한 권력 유지의 관점에서 본다면, 그리고 단기적으로 본다면, 이러한 상황이 공산당에게는 일종의 '꽃놀이패'로 보일지도 모른다. 그러나 장기적으로 보면 심각한 위기 상황으로 진입하고 있는 형국이다. 불평등을 심화하고 민주주의를 억제하는 것이 공산당의 정당성 근거가 되었다는 것은 기괴한 아이러니다. 너무나 이상한 결합은 결코 오래가지 못한다. 민民으로부터의, 밑으로부터의 점검과 검증의 구조가 없으면 제아무리 오랜 전통을 자랑하는 국가 체제도 당도 부패하여 주저앉기 마련이다. 정당성을 잃으면 철옹성도 곧 끝이다. 필자는 이 장에서 주로 중국 사회의 밑으로부터 성장해올라오는 건강한 민주주의 동력에 주목했다. 과연 이러한 힘이 중국에 똬리 틀기 시작한 외형 성장주의-민주주의 억제의 악순환 고리를 어떻게 끊고 넘어설 수 있을 것인가. 여기에 중국의 미래가 달려 있다.

04

동아시아 민주주의, 어디로 가는가?

심상치 않은 동아시아

2012년 중국공산당 18차 당대회에서 당 총서기로 선출된 시진핑은 '중화민족의 위대한 중흥'을 목표로 내건 '중국의 꿈中國夢'을 제창했다. 2010년 중국이 일본을 제치고 GDP 세계 2위 국가로 올라선 이래 그 격차는 커지고, 1위 미국과의 차이는 좁아지고 있다. 2012년 미국의 세계 GDP 점유율은 21.9퍼센트, 중국 11.5퍼센트, 일본 8.3퍼센트였다(월드뱅크 통계, 한국 1.6퍼센트). 이르면 2020년, 중국이 GDP 1위 국가가 될 것이라는 전망까지 나오고 있다. 물론 1인당 GDP 순위는 크게 다르다. 그러나 국가 총 GDP가 국력을 일정하게 반영하는 것은 분명하다. 중국은 지금 미국과 함께 G2, 즉 세계 양강 중 하나로 인정받고 있다.

'GDP 1위 국가 중국'이라는 말이 낯설지 모르겠다. 그러나 역사를 돌아보면 그렇지 않다. 세계 역사 GDP 통계 분야에서 널리 인정받고 있는 경제사가 앵거스 매디슨에 따르면, 서기 1년에서 1000년까지 가장 부유한 곳은 인도였다. 이후 19세기 초반까지 또 다른 1000년 동안은 중국이 가장 부유했다. 불과 200년 전까지의 일이다. 그 1000년 동안 중국은 세계 GDP의 20~30퍼센트를 점했다. 이 정도면 1차대전 이전의 유럽, 2차대전 이후의 미국에 견줄 만한 세계의 중심이었다는 뜻이다. 그러나 중국은 아편전쟁을 계기로 급전직하 추락하기 시작했다. 1950~70년대 3~4퍼센트대까지 내려갔다가 1980년대부터 치고 올라왔다. 과거 추락했던 속도도 현기증 날 정도였지만, 지금 상승하는 속도도 그에 못지않다.

이렇듯 중국의 국력이 상승함에 따라 중국의 외교 행태가 공세적으로 변하고 있다는 지적이 나오고 있다. 일본, 필리핀, 베트남 등 인접 국가들과의 해상 국경 분쟁에서 과거의 수세적 입장이 아닌 공세적 대응이 이뤄지고 있다. 이와 함께 최근 중국 내 애국주의·민족주의의 급속한 고조는 주변국들에 신중화주의의 우려를 불러일으키고 있다.

이러한 상황에서 최근 일본의 동향이 심상치 않다. 급속한 우경화와 재무장의 움직임을 보이고 있다. 패전 직후인 1946년 제정한 신헌법(평화헌법) 9조의 '전쟁 영구 포기' '육해공군 전력 비보유'

'국가 교전권 부인' 조항들을 수정하려고 한다. 전면 수정(개헌)이 어려우면 해석 확대를 통해 평화헌법 9조를 무력화하려 한다. 그리하여 부총리 아소 다로가 '나치식 개헌 수법'을 운운하고, 총리 아베 신조는 국방비 증액을 천명하면서 "나를 우익 군국주의자라 불러도 좋다"고 공언한다. 미국도 장단을 맞추고 있다. 일본의 집단자위권 확대 해석과 군사행동 확장이 미일 간 '더 강고한 동맹과 더 많이 공유하는 책임'의 취지에 부합한다고 했다. 미일 동맹 강화를 통해 중국을 견제한다는 미국의 전략 방침이 새로운 것은 아니다. 이미 1991년 소련 해체 직후에 그렇게 전환했다. 소련 건재 시 미국은 중국을 이용해 소련을 누르려 했다. 소련 해체 이후 지금은 일본을 이용해 중국을 견제하려고 한다. 중국의 성장에 맞추어 그 수위를 한 단계씩 차곡차곡 올리고 있다.

중일 관계, 미중 관계보다 더 위태로운 것은 남북 관계다. 남북 화해 기조를 백지화하려는 정부가 연이어 들어섰다. 지난 이명박 정부 때 천안함 사태, 연평도 포격은 국민을 굉장히 불안하게 했다. 현 정부 들어와서는 국가정보원이 국민을 불안하게 만들고 있다. 국정원 선거 개입 건으로 시작된 파문은 통합진보당 이석기 의원 사태, NLL 문제, 검찰총장 해임 등 국정원과 청와대, 여당의 집요한 적반하장식 역공으로 이어졌다. 암담했던 유신 시대, 긴급조치 시대로 돌아가는 것은 아닌지 국민은 불안하다. 이런 상황에서 2013년 10월 8일 국정원장은 국회 정보위원회에 출석하여 국정원 개혁 방안으로 '이적단체 및 간첩 적발 등에서 국내외 활동 융합, 대공 수사 파트 대폭 보강'을 내밀었다. 이래놓고 '국내 정치 개입 금지'가 가능한가? '국정원 개혁'이 아니라 과거 안기부, 중앙정보부로 회귀하자는 뜻으로 보인다.

2013년 10월 18일에는 국정원 선거 개입 사건 특별수사팀장이 전격 보직 해임되어 논란이 커졌다. 상식을 벗어난 무리한 일들이 연이어 벌어졌다. 검찰 수사팀이 혐의가 있는 국정원 직원을 체포한 것이 국정원장의 '진노'를 샀기 때문이라고 보도되었다. 물론 국정원장 독단으로 할 수 있는 일이 아니다. 그 '진노'의 주인공이 대통령과 청와대임이 전해졌기 때문에 수사팀장을 전격 해임하는 극단적인 조치가 취해질 수 있었을 것이다. 이로써 국정원 선거 개입 수사는 물건너갔다는 말들이 나왔다. 국정원이 검찰, 경찰 위에 군림하며 무소불위의 권력을 휘둘렀던 과거 공포의 독재 시절 중앙정보부, 안기부의 모습 그대로다. 원래 국정원 개혁이란 국정원을 민주화하자는 것이었다. 그런데 하는 모습을 보니, 민주화로부터 역주행하겠다는 것 같다. 여당에서는 '민주주의가 너무 많아서 문제'라는 말이 공공연하게 나오고 있다. 독재를 불러와야 한다는 것이다. 현 정부의 본심이 여기에 있는 듯하다.

이러한 사태들로 인해 2013년 하반기에 취임 초반임에도 박근혜 대통령에 대한 지지율이 저하했다. 반면 2013년 상반기 내내 대통령의 지지율을 꾸준히 끌어올려준 최대 공신은 마땅히 북한의 새 지도자 김정은이었다 할 것이다. 2013년 2월 핵실험에 이어 3, 4월까지 지겹도록 계속된 '전쟁 선포' '최후통첩' 소동에 국민들은 불안했다. 텔레비전 뉴스 시간, 살벌한 목소리로 전쟁을 선포하는 조선중앙방송 보도 화면 앞에 앉은 어린이들의 표정은 멍했다. 그 가슴에 무슨 멍이 들었는지 저들은 짐작이라도 할 수 있을까? 북한이 한미군사훈련에서 받는 위협감은 분명 있다. 세습 3대 지도자의 통치 역량과 기백을 이 기회에 만방에 과시해보겠다는 뜻도 있었을 것이다. 그러나 그것을 고작 그런 방식으로 내보였다는 점은 실망스럽다. '전쟁 선포'니 '최후통첩'이니 하는 말은 그렇게 쉽게 할 수 있는 게 아니다. 또 그 이후의 모습을 보면 언제 그랬냐는 듯 짐짓 태연하다. 마치 한바탕 장난이라도 쳐본 듯한 태도다. 이석기 사태에 대해 (물론 그 사건의 '실체적 진실' 여부는 아직 밝혀져야 할 점들이 남아있지만) 국민들이 어이없어했던 이유는 수천만의 생사와 존망이 걸린 문제에 대해 너무나도 가볍게 대응하는 방식이 북한 정권과 아주 비슷해 보여서였을 것이다. 이를 이용한 전방위 '종북몰이'는 과거 독재정권하의 공안정국 만들기 패턴과 꼭 같다. 고장난명이다. 남북 정권이 손발을 맞춰 독재를 강화하고 있는 형국이다. 남쪽은 유신 체제, 북쪽은 유일 체제로 박자를 맞추었던 1972년의 악몽이 재현될 것인가.

일본에서도 민주주의 위기론이 제기되고 있다. 2011년 후쿠시마 원전 사태 이후 일본열도 전역에서 그토록 거세게 타올랐던 시민사회의 참여열, 핵 없는 대안 사회에 대한 진지한 시민적 관심은 대체 어디로 사라졌는가? 2012년 12월 총선은 보수 자민당의 압승, 극우 일본유신회의 약진, 민주당의 몰락으로 요약된다. 일본 우경화의 가장 중요한 키는 중국의 부상에 대한 두려움이었다. 중국과의 센카쿠-댜오위다오 문제와 함께, 한국과의 독도 문제, 러시아와의 쿠릴열도 문제도 빌미가 됐다. 1955년에서 2009년까지 54년 자민당 체제를 대체할 '새로운 일본'의 방향 제시에 실패한 민주당의 무능이 겹쳤다. 비정치적 작가인 무라카미 하루키조차 "영토 문제가 국민감정의 영역으로 들어와 취한 상태"라 하고, "밤이 지나고 날이 밝으면 남는 것은 두통뿐"이라고 공개적으로 비판했을 만큼 우려스러운 흐름이다. 최근 일본에서 극성을 부리는 혐한嫌韓 시위도 늘 있었던 예사로운 상태를 한참 넘어섰다. 일본의 민심은 과연 과거 군국주의 시절의 '영광'을 그리워하는 쪽으로 흐르고 있는가? 일본의 군국주의란 동아시아 침략이었고 동아시아 전체를 전쟁 체제로 만든 기폭제였다. 민주와 평화는 죽고 독재와 전쟁이 동아시아 전체를 덮었다. 이것을 되풀이하자는 것인가? 과연 되풀이될 것인가?

이상하게 흐르는 중국의 민주 논쟁

이러한 상황 속에서, 최근 중국에서 전개되고 있는 '민주 논쟁'

의 양상도 예사롭지 않다. 이전까지 중국의 '정치 개혁' 논의가 공산당이 어느 정도 수세적인 입장에서 민주화의 정당성과 대세를 인정하되 시간을 두고 차근차근 진행해나가자는 쪽이었다면, 최근의 기류는 체제의 현상태를 적극적으로 변호하고 오히려 정치 개혁을 요구하는 내외 세력의 민주주의관에 문제가 있다고 역공을 하는 양상이다.[24] 이러한 경향은 대략 2008년 하반기 이후 중국 내 민족주의, 대국의식이 고조되고, 중국의 외교 행태가 공세적으로 전환되기 시작하는 흐름과 맞물리고 있다.

초점은 주로 자유선거제도에 대한 비판으로 모아진다. 중국의 서구 비판론자들은 자유선거를 '서구 민주'의 핵심으로 간주한다. 이 비판론은 서구의 선거란 민이 아닌 자본이 주인이 되고, 진지한 정치행위가 아닌 비즈니스 게임이나 이미지 유희가 되어버렸다고 지적한다. 또 이러한 선거에서 뽑힌 지도자의 수준이 결코 높을 수 없다고 공격한다. 이러한 취약점을 가진 '서구의 민주'에 비해 '중국의 민주'는 선거가 아닌 선발을 우선으로 한다고 주장한다. 선발은 경험이 검증된 우수한 인재賢才를 골라내는 데 선거보다 우수하며, 이것은 중국의 오랜 전통이라고 높인다. 결국 서구식 선거는 중국과 맞지 않으니, 중국은 중국식의 '선거 없는 중국 민주'를 해

24. 이하 최근 중국에서의 '민주 논쟁'의 양상에 대해서는 조영남, 『중국의 꿈: 시진핑 리더십과 중국의 미래』, 민음사, 2013, 2장 참조.

야 한다는 주장이다.

이러한 비판에 근거가 전혀 없다고 할 수는 없다. 특히 민이 아니라 자본이 선거를 지배하고 있다는 비판이 그렇다. 그렇다고 선거 자체를 부정하는 것은 이상하다. 자본이 선거를 지배하지 못하게 하면 되지 않는가? 선거공영화만 철저하게 해도 자본의 개입을 상당히 차단할 수 있다. 물론 더욱 근본적인 조치는 경제적 양극화를 해소하여 금력이 권력을 좌우하는 정치적 악순환 고리를 타파하는 것이다. 선거의 유희화-게임화가 문제라면 텔레비전 드라마 보듯 선거하는 것이 아니라, 선거가 밑으로부터 민 사이의 광범한 정책 토론에 기반하여 이루어지도록 제도적 장치를 마련하면 되지 않겠는가? '서구 민주'를 비판하려면 바로 이런 점이 제대로 되지 못하고 있는 점을 지적해야지, 그러지 않고 선거 자체를 비판하고 거부하는 것은 방향이 분명 잘못됐다. 혹시 중국 역시 그러한 '제대로 된 선거' '제대로 된 민주'를 해낼 능력과 의사가 없다는 뜻은 아닐까?

선거가 민주의 모든 것이 아니라는 지적은 옳다. 그러나 공정하고 자유로운 선거가 없는 민주는 제대로 된 민주가 아니라는 것도 분명한 사실이다. 민주는 선거만이 아니라, 자유로운 참여, 결사, 그리고 심의라고 하는 4개의 피라미드식 층위로 이루어진다(아래 표 '민주주의의 네 층위' 참조). 그 전체가 밑으로부터 탄탄하게 조화를 이루어 올라가야 제대로 된 민주다.

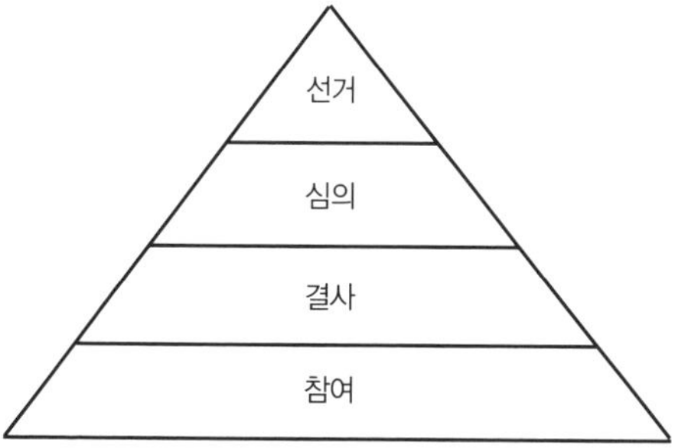

민주주의의 네 층위[25]

시민들이 정치에 자유롭게 참여하고, 자유롭게 결사체를 만들며, 정치적 기구와 공론장에서 자유로운 토론과 공정한 심의가 이루어진다면, 그리고 여기에 더하여 완전한 선거공영제가 행해진다면, 선거는 민주주의의 주요 제도로 잘 기능할 수 있다. 이것이 '서구 민주'에서도 완전하게 이루어지지 못하고 있지 않느냐고 지적할 수 있다. 물론 나라마다 상당한 차이가 있지만 말이다. 어쨌건 이런 점에서 '서구 민주'를 비판한다면 그것은 정당하다. 그러나 그런 비판 위에서 제시하는 '중국 민주' 역시 위 그림에서 동떨어져 있다면, 더욱이 중국이 비판하는 '서구 민주'보다 더 위 그림에서 동떨어져 있다면, 그 '중국 민주'는 과연 정당화될 수 있는 민주일까? 다른 나라와 문명권의 사람들이 인정해주고 한 걸음 더 나아가 존경심을 가지고 받아들일 수 있는 민주일까? 아니 과연 정

25. 김상준, 『미지의 민주주의: 신자유주의 이후의 사회를 구상하다』 263쪽.

말 민주이기는 한 것일까?

선거를 굳이 부정하려는 최근 중국 '민주 논쟁'의 경향이 중국 공산당의 현상태, 특히 지도부 선발 과정을 정당화하려는 변호론이라는 사실에는 긴 설명이 필요치 않을 것이다. 중국 헌법이나 법률, 공산당 규약 어디에도 중국의 최고 권력 직위인 공산당 서기장, 국가주석, 당 및 국가 중앙군사위원장에 대한 선출 과정이 분명히 명시되어 있지 않다(중국은 이 세 직위가 한 사람에게 모인다. 당, 정, 군 3권 일체 구조다). 과거엔 전임 최고지도자의 의향이 가장 중요했을 것이다. 이 과정에 최상위 권부 내에 무슨 일이 있었는지 외부인은 전혀 알 수 없었다. 후진타오 권력 계승 때부터 이 과정이 어느 정도 예측 가능하게 되었고, 이번 시진핑의 경우에는 이것이 더욱 안정되었다.

18차 당대회 개최 6개월 전, 중앙위원과 후보위원 370여 명이 모여 '당원영도간부회의'를 열고 여기서 '민주 추천'을 행하여 정치국 상무위원 후보 명단과 정치국원 후보 명단을 작성했다고 한다. 이후 당 원로와 정치국원이 모여 최종 조정 모임에 들어갔는데 여기서 상당한 진통이 있었다. 10차례가 넘는 비공식 조정을 통해서야 인선안을 확정할 수 있었다고 한다. 이 조정을 주도했다는 '당 원로'가 과연 누구였는지도 분명하지 않다. 전임 주석인 장쩌민과 1989년 톈안먼사건 당시 총리로서 강경 진압을 주도했던 리펑 정도가 알려졌을 뿐이다. 당시 주석인 후진타오는 당연히 원로 급으로 참석했다. 언론에 떠도는 바대로 상하이방, 태자당, 공청단파 등의 파벌 간 역학이 실제로 상당한 역할을 하는 것으로 보인다.

결국 최근 중국 '민주 논쟁'의 선거 비판이란 위와 같은 조정을 통한 비공식, 막후 인선 과정을 선거보다 우월한 것으로 정당화하려는 것이다. 그렇다고 이 과정을 앞으로 보다 투명하게 제도화하자는 것까지 반대하는 건 아니리라. 그러나 아무리 투명화해도 이 과정은 결국 막후 조정에서 결정되는 것이고, 여기서 '당 원로'나 파벌의 자의적 권력 행사를 막을 궁극적 방법은 없다. 이것이 과연 '현재賢才를 뽑는 중국의 좋은 전통'이라고까지 격상시킨 '선발'이 실제 뜻하는 바일까?

비슷한 역사와 전통을 가지고 있는 베트남공산당만 하더라도 그렇지 않다. 여기서는 2006년 10차 당대회부터 경선과 여론조사 방법이 채택되었다. 2011년 11차 당대회에서는 이 방법을 한 단계 진전시켜 200명의 중앙위원과 14명의 정치국원이 비밀투표를 통해 공산당 서기장(서열 1위), 국가주석(서열 2위, 군사-외교), 정부 총리(서열 3위, 내정)를 선출했다. 베트남은 이 세 가지 국가 최고위직을 세 사람이 분점하고 있다. 중국은 당-군-정 3권 일체, 베트남은 3권 분립인 셈이다. 베트남공산당은 대의원 선출 과정에서부터 경선 원칙이 지켜지고 있다고 한다. 밑바닥부터 이렇게 하니 형식적인 고무도장 선거가 될 확률이 줄어들 수밖에 없다. 사실 어느 정당 내 선거에나 어느 정도의 막후 조정은 다 있다. 베트남공산당이라고 그런 것이 없지는 않을 것이다. 그러나 그것이 중국처럼 선거 결과를 미리 다 결정하는 수준은 아닌 것으로 보인다. 중국공산당의 경우, 최종 단계 당대회에서의 표결이란 미리 다 결정해놓은 것을 거수로 확인해주는 고무도장 날인에 불과하다. 이 두 과정의 차이는 분명하다.

우려되는 것은 중국 '민주 논쟁'의 이러한 보수화가 당 최고지도부 선출 과정의 정당화를 넘어서서 사회 전반의 민주화 요구에 대한 제동장치의 역할을 하게 될 가능성이다. 그것은 체제 비판과 정치 개혁 요구에 대한 언론 통제와 탄압의 강화로 나타날 것이다. 다행히 현재까지는 그런 움직임이 두드러지게 돌출하고 있는 것 같지는 않다. 공산당 집권을 부정하는 비판이 아니라면 상당히 신랄한 정치 비판, 사회 비판도 어느 정도 자유롭게 허용되고 있는 것으로 보인다. 밑으로부터의 참여와 결사의 자유 확대 움직임도 여전히 관찰된다. 이런 점에서는 북한과 현저한 차이가 있다. 그러나 현상 유지를 옹호하는 변호론적 이념들이 소위 '중국 민주'의 이름으로 점점 공격적으로 변해가고 있다. 그에 따라 밑바닥 농촌 촌민위원회에서 시작되어 향, 진, 시 단위로 올라오던 자유선거 바람의 기세도 한풀 꺾이는 양상이다.

중국이 경계해야 할 것은 자기도취와 현상에의 안주다. 중국의 개혁개방 성공은 놀라운 자기변화의 의지 속에서 가능했다. 그 변화의 궁극적 방향이 '서구 민주'의 현상태 그대로여야 하는 것은 물론 아니다. '서구 민주'의 현재 문제를 극복한 한 단계 더 높은 민주여야 할 것이다. 그런데 현재 중국의 논의 상태를 보면 그렇지 못하다. 아직 여러 점에서 미진한 현재 민주주의 상태를 정당화하고 변호하려고 한다. '중국 민주'가 '서구 민주'보다 오히려 훌륭하기에 고도성장이 지속되고 있다고 하면서 자신의 문제를 외면하려 한다. 이것은 위험하다.

우선 빈부, 도농, 지역 간의 격차를 줄이지 못하면 중국의 정치 안정은 위기에 빠진다. 또 권력 독점과 부 독점이 융합되어 있는 부패 구조의 정점에 공산당이 있다. 이 권력과 부의 융합고리를 풀지 못하면 정치체제가 정당성을 잃는다. 이러한 문제를 풀기 위한 핵심 키가 바로 제대로 된 민주주의다. 좋은 의미의 '중국 민주'란 민주주의를 확장하고 심화하려는 진지한 노력을 멈추지 않는 것이다. 그런 모습을 보여주지 못할 때, 중국이 독재형 국가로 회귀하는 것은 아닌지, 대국주의에 빠지는 것은 아닌지, 주변국들의 의구심도 커진다.

동아시아 민주주의의 지향점—역사적 고찰

동아시아 공통의 고전이라 할 『서경』과 『예기』 등에는 다음과 같은 내용이 들어 있다. 먼 옛적太古에는 고을에서 분쟁이 생길 때

현명한 사람에게 물어 해결하였고, 이러한 이를 추대推하여 고을의 대표로 삼았으며, 이러한 사람들이 모여 더 점점 넓은 지역을 대표하는 사람을 뽑아 올라가다가, 마지막 단계에 그들 중에서 임금을 뽑았다選고 하였다. 민이 먼저요, 목민관은 민의 필요에 따라 뽑힌 자일뿐이라는 뜻이다. 또한 목민관이 민에게 잘못하면 더 잘하는 사람으로 바꾸는 것代이 당연한 이치라고 했다. 조선 후기의 유학자 다산 정약용이 「원목原牧」과 「탕론湯論」에서 '밑에서부터 위로下而上'의 원칙으로 정리한 이야기이기도 하다.

현재 중국의 민주 논쟁에서 언급되는 '중국의 전통'이라는 것도 이런 대목을 두고 하는 말일 것이다. 분명히 동아시아 전통 내에도 민주주의의 지향이나 근거가 있었다. 그런데 위와 같은 전거를 (현재 중국의 일부 논자들처럼) 선거를 부정하여 현상태를 합리화하는 근거로 이용한다면 이는 심각한 오독이요 오용이다. 위 전거에는 선거와 선발의 구분이 없다. 오히려 이 발상은 우리에게, 앞서 언급한 민주주의의 4단계 피라미드와 같은 실질적 민주주의의 새로운 상을 촉발시킨다. 2000여 년 전에 이미 '밑으로부터 위로 뽑아 올라간다'는 민주적 아이디어가 있었다면, 오늘날에는 그 취지를 어떻게 더욱 전면적이고 실제적인 방식으로 구현할 것인가를 고민해야 할 일이다. 뜻을 구부려 수구적으로 이용하려는 것은 떳떳해 보이지 않는다. 이미 왕조제가 아닌 공화제 사회, 사회주의국가 아닌가. 이미 먼 옛적 왕조제 사회에서도 존재했던 민주의 싹을, 공화제 사회에서 어떻게 전면적으로 개화開花시킬 것인가? 미래를 보려면 과거를 살피라고 했다. 미묘한 국면으로 진입하고 있는 동아시아 민주주의의 미래를 깊게 생각해보기 위해서는 동아시아 차원의 정치체제의 변화 과정을 깊이 음미해볼 필요가 있다.

동아시아 정치체제의 현상태는 3단계 역사적 과정의 중첩으로 형성되었다. 먼저 19세기 중반까지는 동아시아 3국이 모두 유교왕조 체제였다(베트남도 이에 포함된다). 그 역사적인 기억과 문화적 요소들이 이 세 층위의 가장 하부를 점하고 있다. 이후 1945년까지는 식민지 침략과 그에 맞선 저항의 체제였다. 이 시기에는 특히 1874년 타이완 출병 이후 1945년까지 70년간 줄곧 침략전쟁을 벌여온 일본의 정치체제(전쟁 체제)를 주목해야 한다. 여기에 맞섰던 중국이나, 전쟁국가 일본의 병참기지이자 병력·인력 공급지 역할을 했던 조선과 타이완의 정치체제는 일본의 전쟁 체제에 어떤 방식으로든 큰 영향을 받지 않을 수 없었다. 이 시대의 경험과 기억이 두번째 층위를 점한다.

그 위로 1945년 이후 오늘까지의 정치체제가 놓여 있다. 1945년 이후 한국전쟁이 끝나는 1953년까지 동아시아에 큰 격변이 있었다. 먼저 중국내전에서 공산당이 승리하여 1949년 중화인민공화국이 수립되었다. 장제스의 국민당, 중화민국은 패하여 타이완으로 밀려났다. 이어 한국전쟁을 통해 남북한의 사이와 타이완해협에 걸쳐 준전쟁 상태의 경계선이 그어졌다. 냉전-열전-냉전이 오가는 최전선이다. 미국이 막후에서 베트남에 개입하기 시작한 것도 이즈음이다. 반면 과거 70여 년간 동아시아 전쟁 상태를 주도했던 일본은 냉전의 제1선에서 물러나 2선에 섰다. 중국의 공산화에 놀란 미국은 일본의 전쟁 책임을 면제해주고 일본을 동아시아 반공 전선의 제1파트너로 격상시켰다. 무장과 전쟁을 영구 포기하는 대신, 경제성장에 주력한다고 하는 '요시다 노선'의 1955년 체제가 성립했다. 한국전쟁은 일본에게 축복이었다. 당시 일본 재계는 이를 '천우신조'라며 반겼다. 과연 전쟁 특수는 일본의 부흥에 큰 역할을 했다. 그 결과 동아시아에는 냉전 전선의 양측으로 북한과 중국의 사회주의 반미 혁명 체제, 그리고 한국, 타이완의 자본주의 반공 체제가 들어섰다. 사회주의 진영은 인민민주주의를, 자본주의 진영은 자유민주주의를 표방했다.

두 민주주의 모두 한계를 가지고 있었다. 그것이 민주주의라면, 모두 냉전적-대결적 민주주의였다. 일종의 형용모순적 민주주의고, 그 실제 내용은 독재였다. 독재 대 독재. 특히 북한-중국의 혁명독재와 한국-타이완의 반공독재가 그랬다. 냉전의 제2선으로 물러난 일본은 상대적으로 더 많은 자유와 번영을 누렸다. 패전 후 1948년 첫 선거에서 사회당이 승리했다거나, 1952년 샌프란시스코조약시 일본의 민주파가 비무장 중립을 내걸고 보수파와 맞섰다거나, 1960년대 반핵평화운동, 반전운동이 대대적으로 확산될 수 있었던 것은 이러한 조건 탓이었다. 괴멸적인 한국전쟁 이후 한국의 반공독재는 혹독했다. 돌이켜보면 1960년의 4·19혁명은 놀라운 사건이었다. 그 참혹했던 전쟁이 끝난 지 불과 7년 만의 일이었다. 이후 한국 사회에서는 냉전적 대결 체제에 반대하는 '민주화운동'이 줄기차고 끈질기게 전개되었다. 1987년 6월 민주화대투쟁은 그 정점이었다. 타이완은 1987년 7월 38년간의 계엄령을 해제하여 이 흐름에 동참했다. 민주화운동은 냉전 대결 체제를 이완시켰다.

중국은 특이한 경로를 통해 냉전적 대결 체제에서 비켜섰다. 첫 계기는 1972년 닉슨-마오쩌둥 간의 깜짝 정상회담이었다. 소련을 견제하려는 공동 목적에서 역사적인 미중 간 데탕트가 이뤄졌다. 이로써 중국은 미국과 서방의 '중국 봉쇄'에서 한 걸음 빠져나올 수 있었다. 두번째 계기는 마오 사후 덩샤오핑 등이 주도한 개혁개방으로의 전환이다. 이를 통해 오늘날의 성장에 이를 수 있었다. 세계무역기구WTO 등 국제경제체제를 과감히 수용함으로써 남아 있던 '중국 봉쇄'를 능동적이고 적극적으로 해소했다. 그러나 '북한 봉쇄'는 여전하다. 냉전적 대결 체제를 벗어났다는 것은 독재에서 탈출했다는 것을 뜻한다. 형용모순적 냉전-대결의 민주주의가 아닌 평화적 민주주의에 가까워졌다는 것이다. 반면 북한은 여전히 봉쇄망 안에 걸려 있고, 중국의 개혁개방에 비견될 만한 내부로부터의 의미 있는 개혁 움직임도 보이지 않는다. 아직 독재에 머무르고 있는 것이다.

동아시아 냉전 체제는 유럽의 그것보다 가혹했다. 유럽에서는 전쟁 체제가 종식된 반면, 동아시아에서는 일본이 시작했던 전쟁 체제가 또다른 형태로 지속되었다. 유럽에서는 나치즘과 파시즘 청산이 분명했다. 동서 간 전쟁도 벌어지지 않았다. 반면 동아시아에서는 중국내전, 한국전쟁, 베트남전쟁이 연이어 발발했다. 이 와중에서 일본의 70년 침략에 대한 책임 문제도 유야무야 사라졌다. 과거 일본이 축이 되었던 동아시아 전쟁 체제가 이제 일본을 떠나 냉전의 제일선인 한반도와 중국, 그리고 베트남에서 가동되었다.

한국, 타이완의 민주화운동, 일본의 평화운동, 중국의 개혁개방이 한가지 흐름 속에 있는 것은 이 모두가 냉전적 대결 체제를 이완시켰다는 점 때문이다. 이것은 매우 소중한 흐름으로, 상호연대를 통해 강화해나가야 한다. 동아시아는 1840년 아편전쟁 발발 이후 지긋지긋하게 길었던 전쟁의 시대를 겪어왔다. 중국의 부상을 지켜보면서 우리는 동아시아에 평화의 시대가 다시 열릴 것인지를 물어야 한다. 분명 아편전쟁 이전, 17~18세기 200년간 동아시아는 평화의 시기였다. 글 서두에서 밝힌 것처럼, 당시 동아시아는 GDP 면에서도 세계 어느 지역보다 앞서 있었다. 이제 동아시아에 또 한번의 평화와 번영의 200년이 올 것인가? 중차대한 시점이 아닐 수 없다.

앞서 최근의 동아시아 상황이 심상치 않다고 했지만, 정세를 크게, 장기적으로 볼 때 전망이 나쁜 것은 아니다. 미국은 계속 중국을 견제하려 할 것이고, 여기에 일본이 조금씩 역할을 키워가겠지만, 이 상태가 가까운 미래에 전쟁으로 이어질 가능성은 낮다. 미국이 중국과의 전쟁을 통해 입게 될 손실은 이득보다 훨씬 크다. 일본의 입장은 아직까지는 수세적이다. 미국 역시 일본의 과도한 돌출을 바라지 않는다. 한반도의 여전한 긴장이 가장 문제다. 이 문제가 풀리면 동아시아는 200년 만에 또다른 평화와 번영의 시대로 나갈 수 있다.

가능한 빠른 시일 내에 북한은 핵을 포기하고 동시에 미국은 '북한 봉쇄'를 풀어 북한 역시 개혁개방으로 나갈 여건이 조성돼야 한다. 못할 것 없다. 미국과 오랜 전쟁을 했던 베트남도 일찍이 1995년 미국과 수교하고 개혁개방으로 나섰다. 이는 북한 역시 바라는 바다. 이런 상황으로 유도하기 위해서는 무엇보다 한국의 적극적인 역할이 필요하다. 무작정의 대결 노선은 당장 자기 손안의 기득권만을 생각할 뿐 장기적 국운國運은 외면하겠다는 처사다. 중국의 태도와 역할도 중요하다. 시진핑이 표방하는 '중국의 꿈'의 실현을 위해서도 관건적으로 요구되는 것이 평화다. 자기도취, 현상 안주, 대국주의는 동아시아 평화에 도움이 되지 못한다. 그보다 중요한 것은 미국의 태도일 것이다. 우리가 미국을 볼 때 항상 유의할 점은 미국은 하나가 아니라 둘이라는 점이다. 패권적 미국이 있고, 민주적 미국이 있다. 네오콘적 전통도 있지만, 평화주의의 전통 역시 뿌리깊다. 동아시아의 평화 세력은 미국의 평화 세력과 연대할 수 있어야 한다.

동아시아 평화는 동아시아 번영의 필수적인 전제조건이다. 동아시아 민주주의는 바로 이 동아시아 평화를 받치는 주춧돌이다. 국제관계에서 서로에 대한 믿음의 근거가 되기 때문이다. 동아시아의 민주-평화-번영은 이렇듯 맞물려 있다. 이 점에서 현재 중국과 타이완 사이의 양안兩岸 화해 현상은 고무적이다. 2001년부터 무역, 우편, 항해에서의 '양안 3통'이 이루어졌고, 2005년에는 공산당과 국민당이 '양안의 평화적 발전에 관한 공동선언'을 발표하여 60년간의 적대관계를 청산했다. 이어 2010년에는 양국 간에 '경제협력기본협정'이 맺어졌다. 2011년 기준으로 8만여 타이완 기업이 중국에 진출해 있고, 중국 50개 도시와 타이완 9개 공항 간 직항 노선이 매주 600편 이상 운행되며, 타이완 전체 무역의 40퍼센트를 대중 무역이 점하고 있다. 서로 상대를 보면서 신뢰해도 될 만한 내적 상태가 되었다고 인정하고 있기 때문에 가능한 일일 것이다. 부러운 일이다. 남북은 양안 화해에서 많은 것을 배워야 한다. 한중일 사이에도 양안 화해식의 기풍이 확산돼야 한다.

동아시아 정치 전통에서 '밑에서부터 위로 뻗아 올라가는下而上' 민주적 이상은, 특이하게 강렬한 평화적 교의를 가졌던 유가儒家 전통에서 비롯된 것이다. 유가 정치 사상의 핵심은 폭력정치에 대한 결연한 반대다. 국내적으로도 국외적으로도 그렇다. 동아시아 3국 공히 유교정치의 힘이 강했던 17~18세기가 유례없는 평화의 시대였던 데는 분명한 이유가 있다. 동아시아 3국이 공유하고 있는 이 자산을 새로운 시대에 맞게 한 단계 높이는 과제가 우리 앞에 있다.

추기追記: 2014년 세월호 사건과 독재 방정식

2014년 4월 16일 발생한 세월호 사건의 전말은 모든 것이 충격의 연속이었다. 오전 8시 50분경 침몰하기 시작해서 11시 20분경 선체가 선수 일부만 남긴 채 완전 침몰하기까지 2시간 30분이 걸렸다. 이 정도라면 승객 대다수가 구조되기에 충분한 시간이었다. 구조 체제가 정상적이기만 했더라면 말이다. 이후 선체를 빤히 수면 밑에 두고도 대한민국은 단 한 명의 실종자도 구조하지 못했다. 이처럼 참혹하고 답답한 상태가 한 달이 넘게 계속되었고, 텔레비전 화면을 통해 이를 묵묵히 지켜보아야 했던 국민들은 깊은 슬픔과 분노, 자책과 무력감에 시달렸다. 희생자 대부분이 수학여행길에 오른 어린 학생들이었다는 점이 고통을 배가시켰다.

이 사건에 관해 많은 분석이 있었다. 이것을 여기서 반복할 필요는 없을 것이다. 대신 이 자리에서 우리는 기왕의 분석들에서 주목되지 않았지만, 실은 매우 중요한 한 가지 점에 집중하려고 한다. 그것은 정부의 대응 방식이다. 충격적인 사건에 대응하는 박근혜 정부의 대응 방식에 모종의 숨겨진 패턴이 있음을 발견할 수 있다. 구체적으로 말하면, 앞서 언급한 2013년의 국정원 선거 개입 사건과 세월호 사건에 대한 박근혜 정부의 대응 양식에 놀라울 정도의 유사성이 있다는 점이다. 그것은 충격적인 사건을 1) 권력 독점 강화의 수단으로 역이용하고, 2) 문제 제기자들을 '종북 세력' '불순 세력'으로 몰며, 3) 누군가를 도덕적 파렴치범으로 만들어 그에게 세간의 관심과 비난의 화살을 쏠리게 하고, 이를 통해 사건의 본질을 호도하고 사건에 대한 책임을 면하려 한다는 점이다. 이 패턴은 반복을 통해 빤히 드러나서, 이제 굳이 숨겨진 패턴이라고 말할 것도 없을 것 같다. 만천하에 공개된 박근혜 정부의 독재 방정식, 독재 강화 공식이다.

2013년에 정부는 국정원 대선 개입이라는 헌정 유린 사건을 오히려 국정원의 국내 정치 개입을 정당화·강화하는 역공의 고리로 이용하려 했다. 국정원이 내놓은 '국정원 개혁'의 방향이란 대공수사 분야를 대폭 늘리겠다는 것이었을 뿐 아니라, 청와대와 국정원에 도전하고 있다고 본 검찰총장과 수사팀장에 대해서는 난폭하게 협박하고 내쫓았다. 한 사람을 두고는 '혼외자' 소동을 일으켰고, 다른 한 사람을 두고는 '항명' 논란을 벌였다. 검찰총장과 부장검사급을 그렇게 독한 수법으로 옷을 벗기는데, 이 정부 아래 어떤 공무원이 감히 청와대와 국정원 앞에서 양심과 원칙대로 행동할 수 있을까? 저 맨 윗사람의 심기만 살필 뿐, 아무도 움직이지 않는다.

세월호 사건도 마찬가지였다. 사고 이튿날 진도 팽목항에 온 대통령은 전원 구조하라는 호통, 잘못하면 모두 옷 벗을 각오를 하라는 으름장을 남기고 갔다. 그가 떠난 자리엔, 마치 모든 것이 최선으로 잘되고 있다는 듯 포장하는 '관피아' 전시展示 행정, 거짓 과시와 그것을 베껴 쓰는 '기레기' 오보만이 판쳤다. 모두가 폼만 잡지, 실제 이루어진 것은 없었다. 사건의 진실에 대한 엄정한 조사도, 제대로 된 구조도 진행되지 않았다. 결국 단 한 사람도 구조해내지 못했다. 모든 것을 목격한 현장의 유족이 분노한 것은 너무나 당연했다. 뒤늦게 대처 방안이랍시고 내놓은 '국가 대개조', 해양경찰 해체 등의 발표는, 결국 위에서 정리한 첫번째 공식대로 모든 문제적 사건을 대통령 권력 독점을 강화하는 데 역이용하는 방향으로 귀결된다. 이 공식 뒤엔 다음과 같은 명제가 있다. '사건이 터질 때마다 대통령 권력을 그만큼씩 더욱 강화할 것.' 왜냐하면 어떤 문제도 대통령의 책임이 아니고, 대통령의 의지가 관철되지 못하게 하는 자들의 책임일 뿐이기 때문이다.

많은 국민들이 의구심을 품었던 것은, 즉 대통령이 이번 사건에 대해 과연 일반 국민들이 느끼고 있는 깊은 고통과 슬픔을 공유하고 있기나 한 것인지에 대해 근원적인 의문을 가졌던 것은 바로 그러한 태도, 즉 최고 권력자는 어떠한 일에도 직접 책임이 없고, 그 위에 초월적으로 존재할 뿐이라는 듯한 태도 때문이었다. 대통령이 '흐르는 눈물을 닦지 않으며' 한 5월 19일의 마지막 사과가, 그 시점을 놓고 볼 때 6·4 지방선거를 겨냥한 고도의 기획이라는 것을 알아차리지 못한 사람은 거의 없었다. 궁지에 몰린 '선거의 여왕'이 그녀의 지지자들에게 보낸 '나를 구하라'는 신호였을 뿐이다. 과연 선거전에서 여당은 '눈물 흘리는 대통령' 사진 한 장과 "도와주세요" 단 한마디가 적힌 피켓만 들고 버텼다.

독재 공식의 두번째 항은, 정부의 세월호 사건 대응을 두고 분노하는 유족들과 비판하는 국민들을 내부의 적으로 몰아가는 것이었다. '북의 지령' '좌파 단체' '정부 전복 기도' '종북' '선동꾼' '시체 장사' '제2의 5·18 폭동' '완전 깡패' 등의 언어가 동원되었다. 국회의원, 대학 교수, 방송사 간부, 종교인 등 다양한 이들이 이 역공에 나서 평소에 갈고 닦은 화려한 '막말' 솜씨를 뽐냈다. 한 해 전에 같은 용도로 활용된 것은 '통합진보당 이석기 의원 내란 음모 사건'이었다. 국정원은 오랫동안 기획해온 이 사건을 터뜨려 '종북 논란'을 일으킴으로써 국정원 선거 개입 논란을 단숨에 잠재우려 했다. 그러나 세월호 사건에서 다시 한번 활용하려던 이 수법은 예상만큼 먹혀들지 않았다. 먹혀들 수가 없었다. 누가 봐도 터무니없는 억지일 뿐 아니라, 자식 잃은 부모의 비통함에 비수를 꽂는 너무나도 비인간적인 무례이자 폭력이기 때문이다.

세월호 사건에서 독재 공식의 세번째 항은 '유병언 파렴치범 만들기'로 마무리된다. 세월호는 어느 날부터 점차 화면에서 사라져가는 대신, 유병언과 '구원파'에 대한 이런저런 혐의가 끝도 없이 등장하며 그 자리를 채워간다. 국정원 대선 개입 사건에서 검찰총장 채동욱에게 부여했던 역할이 이제 유병언과 구원파에 주어졌다. 독재 공식의 두번째 항이 잘 먹히지 않았던 만큼, 이 마지막 항에는 특별히 공을 들여야 한다. 언젠가는 검거될 유병언을 둘러싼 길고 긴 법정 투쟁과 너저분한 가십거리를 둘러싼 썩은 객담들이 종합편성 채널들의 한낮 방영 시간을 온통 채우고, 그 역겨운 소동이 세월호의 진실에 대한 기억을 마지막까지 깨끗이 지워주기를 바랄 것이다. '바라건대, 세월호 사건은 유병언이라는 괴물의 단독 범행으로 종결되고, 사고에 대한 국가의 책임은 지워지며, 국가는 그 흉측한 괴물을 때려잡은 영웅으로 떠오르게 해주시옵소서.'

과연 박근혜 정부의 독재 방정식은 이번에도 성공할 수 있을까? 그러기에는 세월호 사건의 전말이 너무나 투명하다. 세월호 사건은 대한민국이 '정상국가'가 되어야 함을 보여주었다. 사건의 원인, 진행, 결과가 모두 그것을 말해준다. 정상국가란 사회 각 부분이 원칙과 상식에 맞게 제 역할을 하는 국가다. 박근혜 정부의 세월호 사건 대응 방침을 곰곰이 돌아보면, 하나같이 이와는 반대되는 방향을 향하고 있음을 알 수 있다. 정상국가가 아닌 '비상국가'가 현 정부가 원하는 바다. '진화하는 민주주의'는 '정상국가'와 짝을 이룬다. 반면 '비상국가'는 '독재'와 짝을 이룬다. 비상국가란 모든 독재정권의 꿈이다. 국가에 비상사태를 선포하고 권력을 독재자가 독점하는 국가다. '아버지 박대통령'의 단골 수법이기도 하다.

동아시아에서 이러한 비상국가 체제는 일찍이 19세기 말 일본이 총력 전쟁에 나선 데서 비롯되었다. 이때 시작된 동아시아 전쟁 체제가 바로 오늘날 '딸 박대통령'의 비상국가 체제에까지 긴 그림자를 드리우고 있다. 그러나 이제 그것은 황혼의 그림자일 뿐이다.

2부

라틴아메리카의 민주주의

THE EVOLUTION OF DEMOCRACY

IN ASIA, LATIN AMERICA, AND ISLAM WORLD

05

브라질의 기적:
브라질 노동자당과 룰라 대통령

2002년 이전과 이후의 브라질은 크게 다르다. 미국 뒷마당의 실속 없는 들러리 국가에서, 이제는 유엔 안보리 가입을 강력히 요구하는 미국의 동격 국가로 변모했다. 독재와 고문이 판치던 후진국이라는 이미지를 완전히 떨치고 탄탄한 민주국가로 거듭났다. 극심했던 부의 불평등이 두드러지게 완화되었다. 절대빈곤층이 크게 줄었고, 최저임금과 실질임금이 높아졌으며, 실업률도 브라질 역사상 최저 수준(2011년 4.7퍼센트)에 이르렀다. 경제 역시 이 기간 크게 성장했다. 2008년 세계금융위기로 그 상승세는 다소 주춤했지만, 위기를 기회로 활용하여 거꾸로 복지를 강화하고 국내 산업을 보조하는 정책을 폈다. 그 결과 브라질은 이 위기를 가장 빨리 그리고 여유 있게 극복한 나라로 평가된다. 2010년에 이룬 7.5

퍼센트의 높은 경제성장률은 이를 압축해 보여준다. 그리하여 2011년 브라질의 경제 규모는 영국을 제치고 세계 7위가 되었다. 성장과 분배, 효율과 정의 모두를 이룬 셈이다. 이 놀라운 변화의 중심에 브라질 노동자당, 그리고 이 당 출신 전 대통령 룰라 다 시우바Luiz Inácio Lula da Silva가 있다. 2002년은 룰라가 대통령에 당선된 해다. 룰라 대통령은 4년씩 2회, 총 8년간 브라질 대통령이었고, 2010년에는 그의 후계자인 노동자당의 여성 후보 지우마 호세프Dilma Rousseff가 대통령에 당선되었다. 브라질 대통령의 임기는 4년이고 1회 연임이 가능하다(1988년 개정 헌법). 퇴임 직전인 2010년 12월 여론조사 당시, 퇴임을 앞둔 룰라의 지지율은 사상 초유의 80퍼센트였다.

2014년 6월 월드컵이 브라질에서 개최되고, 세계의 이목은 이 나라에 주목될 것이다. 단순히 축구가 세계인이 널리 좋아하는 구기종목이거나, 혹은 브라질이 전통적인 축구 강국이기 때문만은 아니다. 2014년 브라질 월드컵은 2008년 베이징 올림픽과 매우 유사한 의미를 지닌다. 올림픽 개최로 중국이 오랜 동면에서 깨어나 세계 강국으로 우뚝 섰음을 과시했듯, 브라질 역시 월드컵을 통해 당당한 대국으로서 자신의 존재감을 과시하려 한다. 그 배경에 2002년 이후 크게 변화한 브라질의 국제적 위상이 있음을 주목해야 한다.

한편 브라질 관련 최근 보도에는 월드컵 유치에 대한 반대 시위

소식도 섞여 있다. 과시성 행사보다 교육, 주택, 교통 등 공공복지에 치중하라는 요구다. 천문학적 규모의 투자가 이루어지는 반면 서민 생활 개선에는 직접적인 효과가 미미한 초대형 국제 이벤트에 대중적 반대가 존재한다는 사실 자체는 오히려 사회의 건강함을 나타내는 징표일 수 있다. 그러한 목소리가 전혀 존재하지 않거나 거의 들리지 않는 곳은 실은 훨씬 문제 있는 사회일 것이다. 뒤집어 보면, 이는 브라질 대중운동의 뿌리가 그만큼 깊다는 것을 시사한다. 흥미로운 것은, 현 집권당인 노동자당이야말로 풀뿌리 대중운동 속에서 몸을 일으켜 집권에 이른 정당이라는 점이다. 지난 12년간의 집권 기간에 노동자당은 집권 여당으로서 현실주의적 개혁 노선을 걸었다고 할 수 있다. 때로는 보수 진영에 대한 다소간의 양보나 과감한 타협도 감수했다. 이러한 과정에서, 이를 비판하면서 보다 급속하고 철저한 개혁을 요구하는 급진적 정치 세력의 힘도 함께 성장했다. 현재의 월드컵 반대운동은 바로 이렇듯 성장한 급진 진영이 주도하고 있다. 대중의 호응이 있자 일부 보수 진영도 여기에 슬그머니 가담하는 모양새다.

월드컵 이후인 2014년 10월, 브라질은 대선을 치르게 된다. 현 대통령인 지우마 호세프가 좌우 야당 후보들의 도전에 맞서 재선을 노린다. 이번 대선에서 노동자당이 승리한다면 무려 4기 16년에 걸쳐 내리 집권하게 된다. 월드컵의 성공적 개최 여부가 대선의 향방에 상당한 영향을 줄 것으로 보인다. 브라질이 월드컵 유치에 성공했던 2008년은 호세프의 전임자인 룰라 대통령의 집권기로, 정부에 대한 지지가 매우 높았던 때다. 당시에는 월드컵 유치에 대한 국민적 지지 역시 매우 높았다. 집권 12년간이 항상 좋았을 리는 없다. 특히 호세프 대통령의 임기 후반은 인플레 현상으로 어려움을 겪고 있다는 분석도 나왔다. 필자는 호세프 대통령이 선거에서 어려움을 겪더라도 2차 결선 투표를 통해 재선될 것이라고 예상하지만, 우리가 잘 알고 있듯, 민주국가의 선거 결과란 항상 뚜껑을 열어보아야 안다. 그러나 선거 결과가 어떻든, 결코 바꾸어놓을 수 없는 분명한 사실이 있다. 앞서 말했듯, 이미 지난 12년 동안의 변화를 통해 브라질은 그 이전과는 크게 다른 나라가 되었다는 점이다. 이 변화는 매우 깊은 곳으로부터 이루어졌기 때문에 쉽사리 흔들리거나 되돌려지지 않는다. 그러한 변화를 정초定礎적인 것이라 부른다. 어떻게 그것이 가능했는가. 그 변화의 내용은 무엇이었고, 그 과정은 어떻게 이루어졌는가. 이것이 이번 장 이야기의 주제다.

제대로 된 정당 하나

브라질 국민을 포함해 세계 모든 사람들이 PT라 줄여 부르는 노동자당Partido dos Trabalhadores은 1980년 2월 창당되었다. 오랜 정당사를 가진 브라질에서 비교적 신생 정당인 PT는 창당한 지 불과

브라질 노동자당의 지역 본부 사무소
브라질 미나스제라이스Minas Gerais 주의 주도인 벨로리존치Belo Horizonte에 있는 노동자당의 한 지역 본부 사무소 모습. 벨로리존치는 현 대통령인 지우마 호세프의 고향이기도 하다. 브라질의 3대 도시로 중산층이 많이 사는 지역이지만, 지난 2010년 대선에서 진보 성향의 노동자당 후보인 호세프를 선택했다. 노동자당은 브라질 국민에게 큰 지지를 받은 좌파 성향의 노동운동가 출신 전 대통령 룰라의 주도로 1980년에 창당했다.

20여 년 만에 대통령을 배출하였을 뿐 아니라, 가장 많은 당원을 보유한 브라질 최대 정당이 되었다. 양만이 아니다. 조직력과 당내 민주주의, 지역 기반 풀뿌리 당 활동 등 질적인 면에서도 브라질의 다른 모든 정당들과 비교가 되지 않을 만큼 강력하다.[26] PT의 노선

---

26. David Samuels, "Sources of Mass Partisanship in Brazil," *Latin American Politics and Society,* 14(2), 2006, pp. 1-27.

을 말하는 페치스무petismo, PT 당원들과 지지자들을 지칭하는 페치스타스petistas는 브라질 국민의 언어생활에서 빼놓을 수 없는 주요 관용어가 되었다. 이렇듯 뜨거운 대중적 사랑을 받는 정당은 브라질에서 오직 PT 하나다. 세계적으로 유명해진 포르투알레그리의 참여예산제도는 PT의 풀뿌리 당 활동 작품이다. PT가 주도하는 브라질 전역의 수많은 지자체들이 주민참여행정의 새로운 길을 용기 있게 열어왔다. 이제 30년차에 접어든 PT의 지도력과 영향력은 완숙 단계에 이르렀다.

브라질은 아주 오래전부터 '잠재적 대국'이라 불려왔다. 중국과 거의 비슷한 규모의 광대한 영토, 27개의 주, 2억 인구, 유난히 풍부하고 다양한 부존자원 때문이었다. 그런데 '잠재적 대국'이라는 칭송에는 항상 따라붙은 결구結句가 있었다. '그러나 영원히 잠재적인 대국.' 실은 칭송이 아니라 냉소였던 것이다. '파벨라'라는 이름으로 널리 알려진 대도시의 그 지독한 빈곤 지대들, 노예 상태에 가까운 흑인 농민들의 처지, 그 가난 속에서도 불타는 축구열, 리우 카니발, 기록적인 외채外債, 살인적인 인플레, 고문과 학살을 일삼는 군부독재자들이 지배하는 바나나 공화국. 이것이 슬프고도 낙천적이며 그래서 그 가난이 더욱 영원할 것만 같았던 브라질의 알록달록한 이미지였다. 이렇듯 그저 영원히 잠재적이기만 할 줄 알았던 브라질이 오늘날 우리가 엄연히 목도하고 있는 현실 속의 대국, 민주 브라질, 번영의 브라질이 되리라고는 거의 아무도 상상하지 못했다.

그러나 이제 그것이 현실이 되었다. 어떻게 현실이 되었는가? 이 과정은 PT 집권 10여 년이 이루어낸 너무나도 현저한 변화를 빼고는 도저히 이야기할 수가 없다. 좌든 우든, 진보든 보수든, 누가 이야기해도 마찬가지일 것이다. 제대로 된 하나의 정당이, 제대로 된 정치인들이 한 나라와 수억 국민의 운명을 이렇게 바꾸어놓을 수 있다는 사실을 인정하지 않을 수 없다. 이는 정녕 특이한 일이다. 우리는 지금 정치와 정당에 대한 냉소와 환멸이 세계의 거의 모든 나라를 휩쓸고 있는 시대를 살고 있기 때문이다. 그렇기에 PT의 지난 30여 년, 현재 진행중인 집권 10여 년에 특별히 더욱 주목하게 된다.

물론 PT 30여 년, 집권 10여 년에 문제가 없었던 것은 아니다. 앞으로의 PT에도 많은 문제가 기다리고 있다. 또한 브라질의 이 거대한 전환이 오직 PT만의 공로라고 이야기하는 것도 지나친 말이다. 전체의 맥락을 짚어봐야 한다. 그중에서도 특히 룰라의 가장 강력한 정치적 라이벌이자 그에게 쓰라린 대선 참패를 연거푸(1994년, 1998년) 안겨주었던 전임 대통령 카르도주Fernando Henrique Cardoso, 그리고 그가 이끈 브라질사회민주당PSDB의 역사적 역할을 무시할 수 없다. 아울러 룰라 재임 기간에 미국의 일극一極주의와 신자유주의가 크게 퇴조한 반면, 존재가 미미했던 중국과 인도가 급부상한 국제 역관계의 변화도 큰 역할을 했다는 점 또한 살펴야 한다. 룰라 재임 기간에 중국은 미국을 대체하여 브라질의 최대 교역국이 되었다.

이렇듯 큰 흐름을 균형 있게 본다고 하더라도, PT와 룰라, 그리고 PT 집권의 결정적인 역할은 여전히 다른 어떤 요인보다 두드러진다. 바깥에서 주어진 행운이었다고 할 수 있는 국제환경, 역관계의 변화도 PT와 룰라가 아니었다면 그처럼 극적인 반전의 계기로 만들어낼 수 없었을 것이다. 자, 그렇다면 PT와 룰라는 브라질에 과연 무엇인가, 무엇이었던가? 브라질 현대사가 낳은 브라질 국민의 복덩이이자 최고 효자라 불러야 마땅하지 않겠는가.

룰라 대통령 8년의 성적표

룰라 집권 8년간의 성취를 가장 상징적으로 압축해 보여주는 징표를 하나만 꼽으라면, 브라질 빈곤층이 가장 밀집해 있는 북동부 지역[27]의 표심을 완전히 뒤집어놓았다는 사실을 들어야 한다. 이 지역은 대대로 보수 또는 극보수 정당들이 안심하고 몰표를 얻

---

27. 브라질은 크게 상파울루와 리우데자네이루 등 중심 도시들이 있는 남동부, 위에서 말한 북동부, 포르투알레그리 등이 있는 남부, 수도 브라질리아 등이 소재한 중서부, 그리고 아마존 강의 광대한 영역을 포괄하는 북부, 이렇게 다섯 지역으로 구분된다. 이상 소개한 순서는 인구와 영향력을 대략적으로 반영한 것이다.

던 곳이었다. 농촌 지대가 많고, 대지주, 구귀족과 군사독재 시절의 정치인들, 보수 언론이 압도적인 영향력을 행사하는 곳이었다. 창당 이래 PT는 이 지역에서 항상 고전했다. 여기에도 저항운동과 사회운동의 전통이 있었지만, 보수적인 분위기에 압도되어 큰 목소리를 내지 못했다. PT의 얼굴인 룰라는 여기서 태어났다. 이곳의 한 주州인 페르남부쿠Pernambuco의 소도시에서 8남매 중 일곱째로 태어나 여덟 살까지 자랐다. 이 지역 대다수 주민처럼 그 역시 극빈층 출신이었다. 이 지역은 2002년 이전까지 (대선에서) 룰라를 철저히 외면했다. 그러나 룰라 정부 8년을 경험한 이후, 북동부는 이제 거꾸로 PT의 가장 든든한 근거지의 하나가 되었다. 룰라를 열광적으로 지지했고, 2010년 대선에서도 룰라의 후계자인 지우마 호세프를 압도적으로 밀어주었다. 무엇이 이러한 180도 역전을 가능하게 했을까?

무엇보다 우선 '보우사 파밀리아Bolsa Familia, 가족 부양'라고 불리는 빈곤가구 현금지원정책의 성공을 꼽을 수 있다. 룰라 집권 8년 동안 2000만 명의 브라질 국민이 빈곤층을 벗어났다. 2003년 12퍼센트에 달하던 절대빈곤층이 2008년에는 4.8퍼센트로 현저하게 줄었다. 이는 여러 정책의 복합적 결과이지만, 그중에서도 '보우사 파밀리아'의 역할이 가장 컸다. 2010년 대선에서 거의 모든 후보가 자신이야말로 '보우사 파밀리아'를 더욱 확대·강화해나아갈 적임자임을 내세웠다는 점에서도 이 정책에 대한 높은 대중적 인기를 엿볼 수 있다.

이 현금지원정책은 룰라의 전임 대통령인 카르도주 집권 2기(1999~2002년)에 '보우사 에스콜라Bolsa Escola, 학교 부양'라는 이름으로 시작되었다. 2000년부터 자녀를 학교에 보내는 가구에 자녀 일인당 미화 약 8~10달러에 해당하는 금액을 매월 지급하기 시작한 것이다. 물론 빈곤층 대상이다. 이 금액은 아이들이 학교에 가지 않고 노동을 할 때 벌어들일 돈의 추산액이다. 그만큼 많은 농민 빈민층 가구가 아이들을 학교에 보내지 않고 집안 일손을 돕게 하거나 돈벌이를 시킬 수밖에 없는 형편에 놓여 있었다. 빈곤층에 대한 소액의 식품 및 연료 구입용 현금지원도 이루어졌다. 룰라는 이 정책을 계승하되, 두 가지 차원에서 혁신했다. 먼저 지원 금액과 용도, 그리고 대상을 크게 확장했다. 또하나, 지원이 실제 이루어지는 집행 방식을 혁신했다.

2002년 대선에서 룰라의 주요 공약 중 하나가 '배고픔 제로Hunger Zero'였다. PT는 2003년 집권 직후 빈곤층 가구에 17달러 상당의 현금지원을 시작했고, 다음해 여러 현금지원 프로그램을 '보우사 파밀리아'로 통합했다. 이후 지원 금액을 점차 늘려갔고, 2009년에는 극빈층 가구의 경우 매월 116달러 상당의 현금을 지원했다. 이 지원 대상 가구에는 몇 가지 의무가 따른다. 의무 학령기 아동의 등교, 아동의 백신 접종 및 건강검진, 그리고 임산부의 건강검진 등이다.

지원 금액을 늘려간 것보다 어쩌면 더욱 중요하다고 보아야 할 것이 바로 집행 방식의 혁신이다. 현금지원 방식은 집행 과정에서 악용될 여지가 크다. 카르도주 정권의 경우 실제 그러했다. 카르도주는 '보우사 에스콜라'의 집행을 각급 지자체장, 주로 시장에게 일임했다. 집행위원회의 구성 권한을 전적으로 지자체장에 맡긴 것이다. 브라질, 나아가 남미 전체에서는 '후견인주의clientelism'가 강하다. 약자는 유력자의 연줄에 의지하고, 유력자는 이 연줄을 키워 더욱 강해진다. 지방으로 갈수록 이 후견인주의 네트워크의 정점에 보통 지자체장이 있게 마련이다. 지자체장은 자기 후견인 네트워크의 중간관리자급들을 집행위원으로 앉힌다. 그리하여 할당받은 현금지원 총액의 상당 부분이 지방 유력자들의 정치자금으로 변질되어 그들의 친척 및 후견인들에게 흘러들어가는 눈먼돈이 되었고, 결국 나눠먹기 잔치가 되고 말았다. 카르도주 시기, 해당 예산의 36퍼센트가 이런 식으로 엉뚱한 곳으로 흘러들어갔다고 한다.[28]

어떻게 꼭 필요한 가구에 꼭 정확한 지원이 이뤄질 수 있을까? 먼저 룰라는 취임 직후 지역 집행위원회 선출 방식을 주민 직선으로 바꿨다. 그러자 지자체장들이 엄청나게 저항했다. 지역 집행위

---

28. Aaron Ansell, "Brazil's Social Safety Net Under Lula," *NACLA,* March/April, 2011; Joseph L. Love and Werner Baer ed., *Brazil under Lula,* London, Palgrave, 2009; Larry Rother, *Brazil on the Rise,* London, Palgrave, 2010.

원회에 사무실 한 칸, 컴퓨터 한 대도 주지 않았다. 지역 조사를 위한 교통비조차 지급하지 않았다. 거대한 저항과 비협조에 부딪치자 룰라는 방향을 약간 우회한다. 현금지원 프로그램을 '보우사 파밀리아'로 통합한 2004년부터다. 지역 집행위원회의 구성 권한을 지자체장에게 돌려주되, 비리 고발을 위한 '직통 전화'를 개설하고, 지자체 활동을 모니터링하는 '사회조절위원회social control committee'를 새로 만들었다. 이런 밀고 당기는 과정에서 지역 집행위원회의 구성 자체가 주민들에게 큰 관심의 대상이 되었다. 지역주민운동이 강한 곳일수록 밑으로부터의 압력이 강했다. 실제 수혜 대상의 사정을 잘 알고 있는 지역 활동가들이 '사회조절위원회'만이 아니라 집행위원회에 다수 포함되어갔다.

구불구불 돌아가는 길이었지만, 이런 과정을 통해 점차 꼭 필요한 가구에 꼭 필요한 지원이 이루어지게 되었다. 이 과정을 지켜보면서 빈곤층의 얼어붙어 무감각해진 마음도 조금씩 녹기 시작했다. 룰라와 PT에 대한 믿음이 조금씩 자라나기 시작한 것이다. 이 사람들은 말로만 떠드는 사람들이 아니구나 하는 믿음. 돈을 받았다고 고마운 마음이 저절로 생기는 것은 결코 아니다. 받을 때야 좋지만 돌아서면 냉소적으로 되는 것이 그런 돈이다. 누가 어떻게 받았느냐, 받으면서 어떤 마음을 느꼈느냐가 중요하다. 이것이 얼마를 받았느냐보다 더욱 중요할 것이다. 이 점에서 룰라와 PT의 '보우사 파밀리아'는 성공했다. 그 결과, PT에는 저주에 가까웠던 북동부를 거꾸로 PT의 당세가 가장 강한 근거지의 하나로 180도 바꿔놓았다.

보우사 파밀리아는 최근 우리 사회에서도 관심이 높아지고 있는 기본소득제도의 한 형태다. 기본소득제도란 국민 전체 또는 일부 계층을 대상으로 일정액의 현금을 지급하는 정책이다. 이 발상은 1920~30년대 영국의 클리퍼드 더글러스가 처음 체계화했는데, 케인스의 유명한 '유효수요론'은 더글러스의 발상을 응용한 것이다.[29] 이 제도는 세계 여러 곳에서, 부분적 또는 전면적으로 성공리에 실시된 바 있는데, 그 결과 소득 격차는 줄고 경제순환은 보다 활발해졌다.[30] 브라질 보우사 파밀리아의 성공은 기본소득제도의 효과를 다시 한번 입증한 셈이다.

룰라와 PT의 복지정책은 교육, 보건, 주택 등 다각도에서 이루어졌다. 복지정책이란 그 자체로 진보적인 것은 아니다. 교과서에서는 보통 현대 복지정책의 시발을 19세기 후반 독일 비스마르크 정부의 정책으로 쓰고 있다. 비스마르크 체제는 독일의 융커Junker,

---

29. 클리퍼드 더글러스의 구상에 대한 최근의 좋은 연구서로는 Francis Hutchinson and Brian Burkitt, *The Political Economy of Social Credit and Guild Socialism,* London, Routledge, 1997 참조.

30. 우리말 저서 중 기본소득제도에 대한 간명한 안내로는 최광은이 쓴 『모두에게 기본소득을: 21세기 지구를 뒤흔들 희망 프로젝트』(박종철출판사, 2011)를 추천한다. 한국에도 기본소득네트워크가 활동중이다. 『녹색평론』 131호(2013년 7·8월)의 특집 좌담 「모두에게 존엄과 자유를—기본소득, 왜 필요한가」도 좋은 안내가 된다.

즉 대지주를 대표하는 권력으로 매우 보수적이고 지극히 권위주의적이었다. 문제는 '복지'라는 이름, 그 말 자체가 아니다. 국가의 지원이 꼭 필요한 층을 정확히 포착하였는가, 그리고 그 정책 효과가 분명하도록 집행하였는가가 관건이다. 이 점에서 '보우사 파밀리아'와 함께 소농민에 대한 효과적 저금리 신용대출microcredit, 그동안 사각지대에 놓여 있던 비공식 부문 및 비정규직 노동자에 대한 연금정책, 그리고 각종 노동권에 대한 보호, 최저임금의 지속적 인상이 룰라 정부 사회보장정책의 강조점이자 주요 성과였다.

룰라 정부는 집권 3년 만에 농민지원금융을 이전 정부보다 3배 늘렸고, 수혜 대상도 2배 이상 늘렸다. 마찬가지로 더욱 중요한 것은 수혜 대상을 최하층 농민으로 집중했다는 사실이다. 또하나, '농촌영양정책'은 룰라 정부의 신정책인데, 주요 식품을 정부가 시장가로 대거 수매하여 주로 농촌 지역 학교와 극빈층에 제공함으로써 빈곤층의 영양을 개선하는 내용이다. 그 결과 브라질 국민의 영양실조율은 2004년 14퍼센트에서 2006년 7퍼센트로 감소했다. 브라질에서도 노령층 인구가 증가하고 있는 만큼, 연금 문제는 여기서도 뜨거운 감자다. 룰라 집권 1기에는 연금 문제를 놓고 길고 지루한 논란이 이어졌다. 누구나 자기 몫, 기득권은 내놓기 싫어했다. 더 많이 가진 계층일수록 더욱 그러했다. 집권 2기에 들어 룰라 정부는 보다 과감한 행보를 보였다. 공식 부문 노동자들의 연금 몫을 줄이는 대신, 비공식·비정규직 노동자들의 연금을 신설한 것이다. 2007년의 일이다. 이로써 그동안 브라질 전체 노동인구의 근 절반을 차지하면서도 복지 혜택의 완전한 공백 지대에 놓여 있던 비공식·비정규직 노동층이 연금 수혜 대상에 포함되었다.

룰라 정부의 진면목을 보여주는 대목은 2007~09년 사이 세계 금융위기를 맞은 이후의 정책 기조다. 이 시기 복지 드라이브는 더욱 강해졌다. 흔한 말로 위기는 기회라고 한다. 그러나 실제로 위기를 기회로 딱 들어맞게 반전시키는 일은 정말 쉽지 않다. 룰라 정부가 그것을 해냈다. 이 시기 연금 개혁도 단행했고, 점진적으로 인상해오던 최저임금을 오히려 이 기회에 대폭 높였으며, 보우사 파밀리아도 더욱 확장했다. 이러한 정책은 두드러진 내수 진작으로 이어져, 수출에 타격을 받은 국내 산업계로부터도 환영을 받았다. 이 정책은 멋지게 성공했다. 그 결과, 앞서 말했듯, 브라질은 당시 세계적 위기 상황에서 가장 먼저 벗어난 나라로 평가받게 되었다.

PT는 어떻게 만들어졌는가?

룰라와 PT의 성공은 하루아침에 이루어진 것이 아니었다. 정책의 성공은 인풋보다 아웃풋에서 결정된다. 큰 그림도 중요하지만, 세부가 더욱 중요하다. 악마는 디테일에 있다고들 말하지 않는가. 그렇다면 천사도 디테일에 살고 있을 것이다. 불평등을 줄이고 복지를 강화하고자 할 때, 관건은 정부가 필요층의 사정을 정확히 알고 있느냐, 또 그들 가까이 있느냐다. 그러니 아는 것보다 느끼는 것이 더욱 중요하다 하겠다. 마음도 몸도 필요층으로부터 멀리 떨어져 있는 정부, 관료 체제는 아무리 복지를 떠들어봐야 아무 쓸데가 없다. 오히려 상황을 더욱 꼬아버려 악화시킬 뿐이다.

PT는 '기득권 제로'에서 출발한 정당이다. 모든 기득권이 제로였지만, 특히 정치적 기득권이 제로였다. 지역의 수많은 현장들 속에서의 다양한 사회운동, 각급 지방정부 운영 차원에서의 실패와 성공의 다채로운 경험들, 전국정치 차원에서의 대담한 운동들, 그리고 이 모든 실천과 실험에 대한 엄격한 평가와 반성, 이 과정들이 차곡차곡 쌓여온 결과가 오늘날의 PT다. 꾸준히 성장하면서도 자신들이 출발한 자리를 잊지 않았다. 밑으로부터 시작하여 하나씩 하나씩 필요한 준비와 경험을 했다. 이렇게 밑에서부터 위로 조직된 정당은 브라질 내에서만이 아니라 남미 전체에서도 이례적이다. 남미의 정당정치는 카리스마가 강한 대중지도자 한 사람이 위에서 아래로 향하는 구조의 당을 만들고 지배하는 소위 '포퓰리스트populist' 방식이 일반적이었다.[31]

참담한 실패, 뼈아픈 실책도 많았다. 그러나 실패와 과오를 슬

31. Margaret E. Keck, *The Workers' Party and Democratization in Brazil,* New Haven, Yale University Press, 1992.

며시 묻어두거나 감추지 않고 오히려 백일하에 꺼내놓고 이를 연구하고 공개적으로 토론하고 반성했다. 대충 하지 않고 철저히 했다. 그러는 중에 탈당도 출당도 적지 않았다. 지금도 PT에는 30여 개의 정파faction가 있다. 정파의 존재와 활동은 모두 공개된다. PT 30년 동안 실패와 혼란의 시기마다 분파들이 하나둘 떨어져나갔다. 진지하고 솔직하게 토론하되, 그래도 바꾸지 못하면, 같이할 수 없으면, 과감하게 갈라선 것이다. 그러한 과감한 공개 토론과 철저한 당내 민주주의가 PT의 체질을 더욱 건강하게 만들었다. 단기적인 위축이 있었지만 장기적으로 보면 오히려 지속적인 지지율 상승의 바탕이 되었다. 이런 과정은 브라질 정치문화 전체를 한 단계 끌어올리는 과정이기도 했다.

PT 내부 노선 투쟁은 늘 주류 언론들에 비난과 공격의 빌미를 주었고, 단기적으로 보면 지지율을 항상 끌어내렸다. 그렇지만 실천상의 문제가 드러났을 때 PT는 이를 감추지 않았다. 드러난 문제에 대해 더욱 솔직하고 진지하게 공개 토론에 임해 외부의 비난을 역으로 크게 넘어섰다. 이러한 태도야말로 다른 정당은 흉내조차 내기 어려운 것이었다. 추상적인 이념이 아니라 구체적인 실제 경험의 정치적·정책적 결과에 초점을 맞추어 토론했다. 실패를 공개적으로 그리고 시종 민주적인 방식으로 바로잡는 과정을 통해 PT는 브라질 국민 앞에 자신이 가장 철저하고 일관된 민주주의 정당임을 입증할 수 있었다.

PT, 노동자당은 1970년대 후반, 일군의 젊은 노동자들의 소박한 꿈에서 시작되었다. 그 발단은 1978년부터 불붙기 시작한 노동자 파업 물결이었다. 파업은 ABC 지역이라 불리는 브라질 남동부 해안 공업지대에서 시작되었다. ABC 지역이란 브라질의 최대 도시 지역이자 정치-경제-문화의 중심지로 우리에게도 잘 알려진 상파울루 주 남단 해안 지대의 산투안드레Santo André, 상베르나르두 두캄푸São Bernardo do Campo, 상카에타누두술São Caetano do Sul, 이 세 공업도시를 말한다. 한국으로 치면 서울 인근의 부평, 부천, 구로, 안산 등 공업지대 또는 부산 인근의 창원, 거제, 그리고 좀 떨어져 있는 울산의 공업지대와도 비교해볼 수 있다. 때는 1970년대 말, 1964년부터 시작된 브라질 군부 통치의 석양 무렵이었다. 한국의 박정희 정권이 그랬듯 브라질의 군부정권도 한때 자본주의적 공업화에 상당한 성과를 거두었다. 특히 1968~75년의 기간은 브라질의 '경제 기적'이라고 불릴 만큼 급속한 산업화가 이루어졌다. ABC 공업지대는 바로 이 브라질 산업 성장기를 대표하는 산물이요 꽃이었다.

1970년대 말 ABC 지역 파업의 주도자들은 브라질에 '신노동조합주의new unionism'의 바람을 몰고 온 주역이다. 무엇이 새로웠는가? 브라질 노동운동의 역사는 길고 또 나름의 특징을 가지고 있다. 특히 1937년 친정 쿠데타 이후 1945년까지 독재 체제를 유지하며 브라질을 권위적으로 통치했던 바르가스Vargas 대통령 시대에 정착된 노동조합 질서는, 이후 브라질 사회에 아주 깊게 뿌리내렸다. 그 핵심은 정치학에서 말하는 소위 '조합주의corporatism'다. 자본가도 노동자도 단일 대표기구(조합)들로 묶어 국가가 정점에 서서 양자를 중재하며 계급 간 타협을 이루는 제도다. 강성 조합주의는 파시스트 국가요, 연성 조합주의는 권위주의적 사회복지국가 정도가 된다. 바르가스 체제는 강성보다는 연성 조합주의에 가까웠고, 당시 브라질의 상황에서는 어느 정도 진보성을 갖는 체제였다. 특히 브라질의 민주 시대democratic period라고 하는 1946~64년 사이, 바르가스 시스템은 진보적인 역할을 했다. 말하자면 바르가스는 브라질의 페론이었다. 물론 브라질의 바르가스가 아르헨티나 페론의 선행 모델이었다고 하는 것이 순서가 맞겠지만.

그러나 세월이 지나면서 대표성과 활동 자금을 자동으로 보장받은 노동조직은 특권화하고 귀족화했다. 다양해진 현장의 소리를 반영하지 못했다. 또 바르가스 체제는 생산 현장의 쟁의와 협상을 인정하지 않았다. 이러한 현상은 군사정부가 들어서면서 더욱 경직되어 극단적인 억압 장치로 변했다. ABC 지역의 젊은 노동자들은 이 바르가스-군사정부 노동 체제에 구멍을 냈다. 행동, 즉 파업을 통해서였다. ABC 노동자들의 '신노동조합주의'란 '바르가스-군사정부 노동 관리-통제 체제'에 대한 선명한 반테제였다.

1978년 ABC 지역 금속노동자들의 연쇄 파업은 브라질 사회에 신선한 충격을 주었다. 당시 브라질은 소위 '경제 기적'의 시대가

지나가고, 산사태 눈덩이처럼 어마어마하게 불어가는 외채와 살인적인 인플레이션으로 대다수 국민들이 큰 고통을 겪고 있었다. 아침에 5000원 하던 야채 한 다발이 저녁이면 5만 원이 되는 식의 말도 안 되는 상황이 매일같이 이어졌다. 저축도 주식도 부동산도 없는, 그날 벌어 그날 쓰는 하층 서민들에게 특히 참을 수 없는 고통이었다. 오직 '경제성장'이라는 한마디로 정당화해왔던 폭력적 공포 통치는 끝 모를 '경제 추락' 속에서 더욱 괴기스럽게 돋보였다. 이렇듯 속으로 부글부글 끓는 상황에서 빵 터진 것이 ABC 지역 대파업이었다. 브라질 국민의 막힌 숨통을 탁 터주는 신선한 바람과 같았다.

상황은 미묘했다. 군사정권 역시 자신의 한계를 인식하면서 약간의 양보 조치를 취하고, 장기적인 정권 이양 구상을 시작하던 시점이었다. 억눌려왔던 언론이 약간의 활력을 찾기 시작했다. 이때 언론이 찾아낸 영웅이 바로 파업의 주역, ABC 지역 금속노동조합 위원장 룰라였다. 이후 룰라가 PT를 창당한 이래 PT는 빠르게 성장해갔고, 훗날 룰라가 대통령 후보로 나섰을 때, 과거 찬사를 퍼부었던 대부분의 언론은 그에게 싸늘하게 등을 돌렸다. 말 한마디마다 사사건건 물고 늘어지며 헐뜯었다. 가방끈 짧은 노동자 사회주의자 룰라가 브라질을 망칠 거라고.

그렇지만 애초에 룰라가 브라질의 국민적 영웅으로 처음 전국 무대에 등장하게 된 데는 언론의 극히 우호적인 기사들이 큰 역할을 했음을 인정해야 한다. 군부 억압 통치에 선명한 파열구를 낸 대표 선수이자 스타로 언론이 그를 대접했던 것이다. 당시에는 언론 역시 자유를 간절하게 갈구하고 있었으니 그럴 수가 있었다. 그에게 초등학교 4학년의 학력이 전부라는 것, 그의 손가락 하나는 프레스 기계에 잘려나가 없다는 것, 땅딸한 키에 파업으로 깎지 못해 덥수룩해진 수염, 뛰어난 친화력과 지칠 줄 모르는 활동력, 소박하고 직설적이며 설득력 있는 언변, 이 모든 것이 언론의 화려한 조명과 칭송의 대상이 되었다. 최소한 그때까지는.

룰라는 1945년생이다. 1975년 31세 나이로 ABC 금속노조 위원장이 되었다. 브라질 전체를 잠에서 깨운 1978년의 파업을 이끌었을 때 그의 나이 불과 서른넷이었다. ABC의 금속노조는 지역 산별노조였다. 당시 ABC 지역은 자동차 등 신흥 산업 부문의 금속공업 사업장이 주력이었고, 이곳 노동자들은 타 직종에 비해 젊고 활력이 넘쳤다. 1978년 수개월간 지속된 ABC 지역 파업에는 54만 명이 참여했고, 이는 다음해 320만이 참여한 전국적 연쇄 파업으로 이어졌다. 이 과정에서 바르가스-군사정부 노동 체제하의 기존 어용 노총과는 전혀 다른 새로운 노동조합 전국 조직의 네트워크가 만들어졌다. 이 네트워크가 1983년 전국 연대파업을 성공적으로 조직했다. 이슈는 정부의 경제정책, 그리고 노동문제 개입에 대한 항의였다. 이 파업에는 300만여 명이 참여했다. 조직이 궤도에 오른 1986년의 연대파업에는 2500만, 1989년 파업에는 3500만

명이 참가했다. 이때가 브라질의 '신노동조합주의' 또는 '전투적 조합주의'의 절정기였다. 브라질 노동조합 전국연맹CUT, Central Unica dos Trabalhadores은 이 물결 속에서 탄생했고(1983년), 이 물결을 주도했다.[32]

주목해야 할 것은 새로운 노동자 정당인 PT가 새로운 노동운동 조합 조직인 CUT보다 먼저 탄생했다는 점이다. PT의 발상은 1978년 파업 와중에 이미 싹 트기 시작했다. 룰라를 비롯한 젊은 노동조합 리더들은 그들의 요구를 널리 알리고 이를 실현하기 위해 공장 밖 사회 각처에서 백방으로 뛰었다. 인근 상파울루는 군사독재 기간 저항운동, 사회운동의 중심지이기도 했다. 많은 지식인, 종교인, 법률가, 사회운동가들이 이들을 따듯하게 맞아주었다. 젊은 노동자 리더들은 한 걸음 더 나아가 수도인 브라질리아의 국회로 직접 찾아갔다. 정치가들이 분명 관심을 보여주리라, 자신들의 편에 서주리라 생각했고, 그러면 큰 힘이 될 것이라 믿었다. 이런 희망을 품고 국회의원 사무실들의 문을 두드렸다. 그러나 결과는 크게 실망스러웠다.

훗날 룰라는 500여 명의 국회의원 중 그들에게 잠깐이나마 시간을 내어 귀기울여준 사람은 단 두 명이었다고 회고했다.[33] 빈손

---

32. Mauricio Rands Barros, *Labour Relations and the New Unionism in Contemporary Brazil,* Oxford, McMillan Press, 1999.

33. Richard Bourne, *Lula of Brazil,* Berkeley, University of California Press,

으로 브라질리아에서 ABC 지역으로 되돌아오는 길은 허탈했다. 이해할 수가 없었다. 이 나라가 무언가 단단히 잘못되어 있음을 느꼈다. 차라리 우리가 하자! 관심도 없는 사람들을 찾아가 시간 낭비하고 무시당하느니 차라리 노동자들이 자기 대표를 뽑아 국회로 보내면 되지 않겠는가! 이런 생각을 시작했다. 그러려면 당이 필요하다. 새 당을 만들자! 룰라를 비롯한 몇몇 젊은 노동자 리더들이 가슴에 품기 시작했던 당찬 꿈은 머지않아 현실이 된다.

'새로운 노동자 정당'에 대한 발상은 아주 빠른 속도로 공감대를 확대해갔다. 파업 동지들 사이에서만이 아니었다. 군사정권 아래서 성장했던 사회운동, 저항운동, 시민운동 세력에서 큰 호응이 왔다. 암중모색하던 사람들이 때를 만나 한순간에 격류처럼 모여든 것이다. 반대가 없었던 것은 아니다. 특히 브라질공산당PCB의 반대가 강했다. 자신들이 이미 노동자계급을 대표하는 정당인데 무슨 노동자당이 또 필요하냐고 비판했다. 그러나 공산당은 비합법화되어 있을 뿐 아니라 분열되어 있었다. 보다 강경한 투쟁을 주장했던 마오(모택동)주의 세력은 이미 떨어져나가 또다른 공산당PCdoB을 창당한 상태였다. 비합법 상태였기에 기존 야당과 대중조직에 침투하여 활동하는 전술을 구사하고 있었다.[34] 새로운 노동운

2008.

34. PCB와 PCdoB는 1988년 헌법 개정 이후 합법화되었다. 그러나 이후 이들 정당의 지지율(연방의회 선거)은 PCdoB가 1~2퍼센트, PCB가 0.1~0.5퍼센트대를 넘지 못

동 리더들이 보기에 원조 공산당이든 분당 공산당이든, 대중이 생활하고 일하는 현장에 영향력이 없었다. 이 점이 가장 중요했다. 이들 좌파정당의 연로한 지도자들은 오랜 경험을 가지고 있었고 나름 노련했지만, 이미 낡고 굳어서 새로운 시대의 흐름을 따라잡지 못하고 있었다.

룰라와 마찬가지로 ABC 지역에서 공장 생활을 하고 있었던 두 살 위 친형 치코는 한때 공산당원이었다. 룰라가 금속노조위원장이 된 지 얼마 되지 않아, 그의 형은 악명 높은 군사정권의 정보기관에 잡혀들어가 몇 달간 모진 고문을 당했다. 룰라 역시 공산당원이며 공산당의 지령을 받고 있음을 자백하라는 것이었다. 많은 형제 중에서도 바로 위인 치코와 어릴 적부터 유난히 가까웠던 룰라는 이때 극심한 심리적 고통을 당한다. 분노한다. 열서넛 어린 나이부터 공장에서 뼈빠지게 일만 했던 치코에게 지금 저들은 무슨 짓을 하고 있는 것인가! 그에게 도대체 무슨 죄가 있단 말인가! 룰라는 절규했다.

그러나 룰라는 애초부터 공산당의 활동 방식이 체질에 맞지 않았다. 형의 공산당 활동도 대충은 짐작하고 있었지만 그다지 맘에 들지 않았다. 활동 방식이 비밀적이고 모든 지시가 위에서부터 내려오는 공산당식으로는 도대체 제대로 된 현장활동을 할 수가 없

하고 있다.

다고 생각했다. 핵심조직을 보존해야 한다는 이유로 실제적인 요구에서 터져나오는 투쟁을 회피하고 지연시키는 태도도 인정하기 어려웠다. 또하나 흥미로운 것은, 가톨릭 믿음이 강한 브라질의 노동자들과 일반 국민들 속에 공산당의 강경한 무신론, 반종교주의는 먹히지 않는다고 생각했다는 점이다. 이러한 생각들은 룰라만의 특별한 것이 아니었다. 당시 노동운동의 젊은 리더 그룹 사이에 널리 공유되고 있던 일종의 상식이었다.

이런 상황에서 군사정부가 새로운 정당의 창당을 자유롭게 허용하려 한다는 정보가 흘러나왔다. 군사정부가 노렸던 것은 민정이양시 야당의 분열이었다. 군사정부는 국민개혁연합ARENA이라는 정당을 통해 통치하면서, 브라질민주운동MDB이라는 장식용 야당 하나만을 허용하고 있었다. 한국에 비유하면 ARENA는 전두환 시절의 민정당이요, MDB는 '민정당 2중대'라고 불렸던 민한당이라고 보면 거의 정확하다. 군부는 제대로 된 선거에서 약체 ARENA가 야당에 패배할 것을 두려워했다. 그래서 차라리 다수의 정당을 허용한 후, 야당의 난립을 이용하여 집권을 이어갈 구상을 했다.

룰라 등을 중심으로 한 새로운 노동운동 그룹과, 주로 학생운동 출신의 새로운 사회운동 그룹은 이 기회를 놓치지 않았다. 그들이 마음속에 품고 있던 정당은 엘리트주의적인 기존의 정당들과는 완전히 다른 '새로운 무엇'이었다. 그것은 그동안 빼앗겼던 다수 국민들의 목소리, 지워졌던 얼굴들을 국민정치의 전면에 내세우는 통로였다. 그들의 이념은 다양했다. 군사독재의 억압 속에서도 끈질긴 저항운동·민중운동을 벌여온 브라질 각지의 사회운동가, 지식인, 예술가, 작가, 언론인, 브라질 민중 속에 큰 영향력을 가지고 있던 해방신학의 가톨릭 세력, 1979년 민정 이양을 준비하는 군사정부의 사면 조치로 대거 귀국한 망명 혁명가 등이 주된 면면이었다. 목소리도 이념도 배경도 다양했다. 한편에 무장투쟁을 해왔던 투사들이 있는가 하면, 다른 한편엔 돌멩이 하나 던져보지 않은 교육자, 종교인도 있었다. 그러나 그들은 뭉쳤다. 군사독재에 타협하지 않고 반대하고 싸웠다는 점에서 모두가 같았다.

우선 '민주사회주의democratic socialism'를 내세우고, 스탈린주의, 마오주의의 국가사회주의적 폭력에 반대한다는 선에서 합의했다. 이들의 결집에는 ABC 지역의 강력한 노동운동이 큰 역할을 했다. 당시 ABC 지역 노동운동은 전체 운동의 시계추를 맞추는, 움직이는 중심이었다. 그들은 연합하여 신속하게 논의를 확대하고 PT 준비 핵심 그룹을 만들었다. 각급 현장에서 토론회가 이어졌다. 그리하여 1980년 2월 상파울루에서 PT가 탄생했다. 상파울루는 ABC 파업이 일어난 지역일 뿐 아니라, 군사정부 시절 반정부 저항운동의 중심지이기도 했다. 룰라가 PT의 초대 당대표로 선출되었다.

여기서 빼놓을 수 없는 것은 PT와 카르도주의 관계다. 카르도주는 이미 1960년대부터 명성을 얻은 진보적 사회학자였다(그에 관해서는 다음 장에서 보다 자세히 다루기로 한다). 그는 1970년대부터 MDB를 외곽 지원하며 깊은 관계를 맺고 있었다. PT 준비 그룹이 진행되면서 카르도주에게도 참여 제안이 갔다. 그의 전력을 볼 때 매우 자연스런 일이었다. 그는 종속이론의 창시자 중 한 사람이자, 1964년 군부 쿠데타가 터졌을 때 검거를 피해 해외로 망명했던 전력이 있다. 그러나 카르도주는 PT 창당에 반대했다. 브라질의 정치문화나 국민의 정치의식 수준을 볼 때, 노동자 정당을 도저히 받아들일 수 없을 것이라고 했다. 공산당과는 또다른 이유에서의 반대였다. 그는 PT 준비 그룹측에 MDB로 들어와 진보적인 축을 이루어 정치 현실을 바꿔가자고 역제안했다. 군사정권의 야당 분열책에 말려들어서는 안 된다고도 했다. 마침 MDB는 당명을 PMDB, 즉 브라질민주운동당으로 바꾸고 참신한 인물들을 영입하는 중이었다.[35] 국회를 직접 찾아가 야당 의원들에게 냉대를 받고 그 실상을 두 눈으로 똑똑히 보았던 룰라와 PT 준비 그룹이 이런 식의 역제안에 설득될 리 만무했다. 여기서 룰라와 카르도주의 길은 갈렸다. 그러나 이 둘은 이후에도 우호적인 협력관계를 유지했다. 1990년대 들어 카르도주의 신자유주의로의 노선 전환이 분명해지기 전까지는.

여기서 잠깐 한국의 민주화 과정을 염두에 두고 당시 브라질의

35. Ted G. Goertzel, *Fernando Henrique Cardoso,* London: Lynne Rienner Publishers, 1999 참조.

정치 흐름을 정리하고 넘어가자. 1980년대 브라질 민주화의 특징은 군사정부가 초기부터 정국 흐름에 대한 통제력을 잃었다는 점이다. 치밀한 장기 민정 이양 계획을 세웠음에도 그러했다. 1985년 첫 민정 이양 선거에서부터 제1야당인 PMDB에 패배했던 것이다. 이후 1990년대를 거쳐 2003년 이후 룰라 집권기에 이르면 구 보수 세력은 자신의 군사정권의 뿌리를 스스로 부정하고, 자신을 미국 민주당과 같은 '진보적' 성격의 정당이라고 포장함으로써 간신히 그 명맥을 유지하는 소수 야당 세력으로 전락했다. 오히려 과거에 탄압받던 야당이 주도 세력이 되어, 이렇듯 왜소화된 구 독재세력을 나름의 목적을 위해 나름의 방식으로 이용하고 있다. 카르도주의 브라질사회민주당, 즉 PSDB가 그랬고, 2002년 대선에서는 PT도 그랬다. 이러한 과정 전반을 보면 한국 민주화 과정과 너무도 큰 차이가 있다. 1987년 이후 한국에서는 군부독재 세력과 야당 세력의 관계가 거꾸로 작동했다. 과거 군부독재 세력인 민정당, 민자당, 한나라당이 늘 주도권을 행사했다. 오늘날까지도 그렇다. 과거의 반독재 세력을 오히려 주무르고 있는 형국이다.

그 차이가 어디서 비롯되었을까? 신생 정당인 PT가 1980년 출범시부터 PMDB에 다음가는 강력한 제2야당으로 인정되었다는 점, 그리고 1985년 민정 이양 선거시 제1야당인 PMDB가 분열되지 않았다는 점이 중요한 이유로 보인다. 이런 상태였기 때문에 PMDB는 1985년의 선거에서 승리할 수 있었다. 따라서 이렇게 말할 수 있다. 1980년대 초, 독립정당 PT의 출범에 확고한 중지衆智를 모았던 범사회운동 세력도, PMDB에 당분간 충실했던 카르도주를 비롯한 PMDB 좌파[36]도 브라질의 장기적 민주화에 긍정적으로 기여했다고. 오늘날 브라질에서 PT와 PSDB는 서로 강력한 라이벌이지만, 한국 민주화의 지난 경험을 비추어볼 때, 이 양자의 라이벌 구도가 오히려 부럽게 느껴지는 점이 있다. 민주 양당의 경쟁관계가 군사독재 세력을 제압했다고 볼 수 있는 것이다. 반면 한국은 아직도 군사독재 잔재 세력이 정치판의 최대주주다.

성장과 고통

1980년 PT, 1983년 CUT가 출범함으로써 브라질 진보운동의 거대한 두 바퀴는 서로 지탱하면서 서서히 그러나 힘차게 구르기 시작했다. 브라질 민주화는 1980년대 전반을 통해 서서히 진행되었다. 소위 브라질형의 '통제된 민주화' 과정이다. 민정 이양은 1985년 이루어졌고, 새로운 개정 헌법이 1988년 통과되었으며, 개정 헌법에 따라 첫 직선 대통령을 선출한 것은 1989년이다. 이 과

36. 이 세력은 1985년 선거 승리 후 기회주의 세력이 대거 입당하여 당이 두드러지게 보수화하자 1988년 PSDB라는 이름으로 분당한다. 카르도주는 PSDB의 중심인물 중 하나였다.

정에서 PT와 CUT는 큰 역할을 했다. 대통령 직선제를 중심으로 한 헌정 체제 개혁과 민주화 과정에 PT와 CUT가 어깨를 걸고 주도적인 역할을 했다는 사실은 매우 중요하다. '우리' 울타리 안의 노동자와 노동조합만을 보는 좁은 정당, 좁은 노조가 아니라, 국가 전체의 바람직한 헌정 체제를 고민하고 국민 전체를 보는 넓은 시각을 처음부터 배웠고, 이 과정 속에서 단련되었다.

포르투갈령이었던 브라질은 스페인령이었던 여타 남미 국가들과는 지나온 역사가 상당히 다르다. 스페인령 남미 국가들이 1810년에서 1830년 사이 대부분 독립하여 외형상으로나마 입헌공화국 체제를 갖춘 반면, 브라질은 1889년까지 포르투갈 왕족이 브라질 황제가 되어 통치했던 전제군주제 국가였다. 이 시기 브라질 황제와 그 주변의 지배층, 귀족 세력은 아프리카인들을 대거 끌고 와 노예로 삼았다. 전체 규모나 인구 비례에서 다른 남미 국가를 한참 압도하는 규모였다. 노예제 군주국가였던 셈이다. 오랫동안 노예제 사회였기 때문에, 비록 독립과 함께 노예제는 명시적으로 폐지되었지만 그 영향이 독립 이후에도 오래갔다. 1988년 헌법 개정 전까지는 진정한 의미의 보통선거가 존재하지 않았다고 볼 수 있다. 인종 구성이 남미에서도 가장 다양하고 인종과 신분 차별이 심했다. 기본적 교육, 보건, 주거 면에서 완전한 사각지대에 방치된 인구가 매우 많았다. 더 깊은 문제가 더 높은 도약을 낳는다. 나는 이 진술이 역사학의 보편명제가 될 수 있지 않을까 생각한다. 과연

이 명제가 브라질의 경우에도 들어맞는 것일까.

PT와 CUT는 이렇듯 차별받고 배제된 비수혜 국민층 전체를 대표하는 입장에 섰다. 노동조합 조직인 CUT도 노동권만을 내세우지 않았다. '적극적 시민권' '시민권의 적극적 확장'을 주장했다. 교육과 기본 의식주, 그리고 건강권의 보장과 확대를 요구했다. 이는 CUT 조합원만이 아니라 브라질 비수혜층 전체의 요구를 대변한 것이었다. 이러한 '적극적 시민권 확장'의 전략 위에서 CUT는 정부의 각종 위원회에 적극 참여하여 활발하게 의견을 개진했다. 1988년 헌법 개정 이후부터다. 이때는 물론 PT 집권 이전이다. 노동조합에 우호적이지 않은 정권하에서라도 국민 생활에 영향을 주는 문제라면 어느 논의 단위에든 적극적으로 참여했다.

CUT가 전국 차원의 국민적 관심사에 늘 날카로운 관심을 가지고 개입했다면, PT는 국민생활의 가장 밑바닥, 각 지역과 지방의 풀뿌리 민생 현장을 떠나지 않았다. 물론 노동조합의 기본 터전은 노동 현장이고, 정당의 기본 활동 무대는 전국정치의 장이다. 이것은 기본이다. 그러나 PT와 CUT의 활동 영역, 그들의 지형학은 항상 입체적이었다. 각각의 기본을 단단히 하되, CUT는 국민적 시야를, PT는 풀뿌리 현장을 놓치지 않았다.

PT의 풀뿌리 지방정치의 상징은 포르투알레그리의 참여예산제도Orçamento Participativo, OP다. 이미 한국에도 상당히 알려진 만큼 간략히 소개하기로 한다. 포르투알레그리는 브라질 남부 해안 지대의 주요 도시다. PT가 시장 선거에서 승리한 1988년 당시 이곳 인구는 130만 명이었다. 포르투알레그리는 군사독재 시절에도 사회운동이 강한 지역이었고, 시장 당선자 올리비우 두트라Olivio Dutra는 금융노련위원장 출신이었다. 포르투알레그리에서 PT의 시정市政 원리는 주민참여행정이었다. 이를 위한 핵심 고리는 시 안의 각 소지역 주민조직neighborhood association의 활성화 여부였다. 이미 주민운동이 존재하고 있는 지역은 그 활동을 지원하여 강화했고, 그런 조직이 존재하지 않는 곳에서는 꾸준한 설명회와 모임을 통해 주민조직의 모태를 만들어갔다.

PT 시정이 성공적으로 이루어진 곳에서는 풀뿌리 주민조직의 밀도가 현저히 증가하는 공통점을 보인다.[37] 이러한 밑으로부터의 자발적 행위 주체가 없이는 '주민참여행정'을 내걸어봐야 제대로 될 수가 없다. PT 시장 재임 시절 포르투알레그리에서는 16개 구에서 600여 개의 풀뿌리조직이 활발하게 움직였다. 그리하여 시 예산의 30퍼센트에 대한 주민참여예산 편성이 성공적으로 이루어졌다. 당연한 결과지만 시의 보건, 교통, 교육, 환경 분야에서 큰 진전이 있었다. 이러한 성과에 중산층과 기업가층도 우호적인 반응

37. William R. Nylen, "Testing the Empowerment Thesis: The Participatory Budget in Belo Horizonte and Betim, Brazil," *Comparative Politics*, 34(2), 2002, pp. 127-145; Gianpaolo Baiocchi, "Participation, Activism, and Politics: The Porto Alegre Experiment and Deliberative Democratic Theory," *Politics & Society*, 29(1), 2001, pp. 43-72.

을 보였다. 앞서 2장에서 소개한 1996년 인도 케랄라 주 시민플랜의 성공은 포르투알레그리를 모범으로 삼아 이를 현지 상황에 맞게 더욱 발전시킨 것이다.

그러나 PT의 지자체 경험이 모두 포르투알레그리처럼 순탄하고 성공적이었던 것만은 아니다. 특히 초기인 1980년대에는 성공 사례보다 실패 사례가 더 많았다. 1980년대 PT 출신으로 당선된 시장의 3분의 2가 재선에 실패했다. 일단 당선은 고무적이었지만, 재임 성적표는 그다지 좋지 않았다. 최초의 PT 지자체장 선거 승리 지역의 하나인 북동부 세아라Cearà 주의 주도 포르탈레자Fortaleza의 경우는 최악의 사례다. 전혀 예상하지 못했던 당선이었고(1985년) 준비되지 않았던 시정이었다. 이 지역 경제가 극히 나빠지면서 시민들이 뜻밖에 강성 야당을 선택한 것이다. PT에 대한 지지라기보다 기존 집권 세력에 대한 항의였다. 초기 PT 후보자들의 당선은 이처럼 어부지리가 많았다. 포르탈레자 집권 결과는 참담했다. 적대적인 세력(시의회, 지역 유지, 연방정부, 주정부)에 둘러싸인 PT 시정부는 '모든 소유권의 철폐'와 같은 혁명적인 레토릭만을 연발했을 뿐, 아무런 실제적인 변화의 계기도 만들어내지 못한 채 자멸하고 말았다. 중앙당 역시 이런 흐름에 대처할 준비가 되어 있지 못했고 따라서 아무런 도움도 줄 수도 없었다. 1980년대까지 브라질 사회운동은 사회주의혁명이 목표였다. 여기에서 나온 PT도 크게 다르지 않았다. 선거도, 정당도, 민주주의도 다만 혁명의 도구요

외피일 뿐이라고 생각하는 세력이 매우 강했다.[38] 물론 그 '사회주의'가 무엇을 말하는지는 굉장히 큰 차이가 있었다. 기독교사회주의에서부터 스탈린주의까지. PT는 이들 모두를 모아 짜깁기한 예술 수준의 '퀼트quilt' 정당이었다. 역사나 상황의 힘은 크다. 1970년대 말 브라질의 특이한 상황, 세계사적 공간 배치가 그것을 가능하게 했다.

1980년대 PT는 다만 반대하는 정당opposition party, 항의하는 정당protest party이었을 뿐이다. 집권정당governing party이라는 아이디어에 대해서는 생각해본 적도, 준비된 것도 없었다. 그러했기에 선거 승리, 특히 지자체장 선거의 승리, 그중에서도 큰 도시 시장 선거의 승리는 PT에게 오히려 당황스러웠다. 당 차원에서 정리된 거버넌스 원칙이나 실제적인 지침이 없었다. 이런 상태에서 어떻게 큰 도시를 성공적으로 변화시켜나갈 것인가. 당내 수많은 정파들에게는 각각 나름의 이념이나 원칙이 있었지만, 그런 것은 실제 시정에 거의 도움이 되지 못했다.

외적인 상황에만 모든 탓을 돌릴 일이 아니었다. 내부의 의견 차이, 당내 투쟁의 문제가 오히려 더 컸다. 포르탈레자 시정부의 자멸은 시정 운영 방향과 방법을 놓고 시당市黨과 시정부 사이의 이

---

38. William R. Nylen, "Reconstructing the Workers' Party (PT): Lessons from North-Eastern Brazil," Douglas A. Charlmers and others ed., *The New Politics of Inequality in Latin America,* New York, Oxford University Press, 1997.

견 충돌이 극점에 이른 결과이기도 했다. 이러한 불행한 상황은 포르탈레자 한 곳에 그치지 않고 이후 오히려 더욱 늘어갔다. 1988년 지자체장 선거에서 PT는 32개 시에서 승리했는데, 그로부터 2년 후 12명의 시장이 출당되거나 스스로 당을 떠났다. 브라질 최대 도시인 상파울루에서도 시장이 당을 떠나는 정도까지는 아니었지만 거의 그에 준하는 부정적 경험이 있었다.

1988년 상파울루 시장 선거 승리는 PT의 대단한 도약을 보여주었다. 그러나 시정 운영에 대한 여론은 매우 부정적이었다. 예를 들어 대중교통 무료화, 대중교통 전면 시유市有화 등은 신임 시장이 내세운 여러 공약 중에서도 대표적인 것이었다(당시 상파울루의 교통 문제는 매우 심각했다). 처음엔 대중을 동원해 시의회를 압박하는 등의 운동권식 방법을 썼지만, 점차 실제 문제 지형의 현실성에서 밀리면서 막후 협상에 의존하게 되었다. 결국 교통난 해소나 교통 요금 인하 면에서 별 성과 없이 버스 회사의 이윤만 더 올려주는 꼴이 되었다. 시정부 정책 수행 전반에서 겉으로는 급진적 언사를 하면서도 실 내용에서는 원칙 없는 양보, 즉흥적·돌발적 행동을 하는 등 문제가 컸다. 그 결과 시정 방향과 방법을 둘러싼 당내 이견 충돌이 점점 심각해졌다.

PT 강세 지역인 상파울루 시정부 행정의 혼란과 내부 투쟁은 PT 시장 재임 첫해 치러진 대통령 선거(1989년)에 매우 부정적인 영향을 미쳤다. 상파울루는 ABC 지역 노동운동이 시작된 곳이고,

PT에 대한 지지가 전통적으로 강한 곳이다. 그러나 PT 시장 재임 기간임에도 대선에서 PT 지지율이 오히려 과거보다 크게 내려갔다. 많은 시민들이 PT에 실망했다. 최대 인구 밀집 지역인 상파울루(서울과 인구가 비슷하다)에서의 낮은 지지율은 룰라의 전체 득표에 큰 영향을 주었다.[39] 큰 그림 속에서 PT의 당세는 분명 조금씩 성장하고 있었지만, 당이 나가야 할 방향, 당이 제시해야 할 사회 비전, 비전을 향해 현실 문제를 풀어나가는 방식에 대한 인식의 차이는 당 내부에서 오히려 더 커지고 있었다.

이런 상황 속에서 룰라는 1989년, 1994년, 1998년 대선에서 연거푸 고배를 든다. 1989년의 첫 대선 패배는 오히려 PT와 룰라에게 희망을 주었다. 1차 투표에서 16퍼센트 득표로 28.5퍼센트의 콜로르Collor에 이어 2위를 하였고, 결선에서는 44.23퍼센트의 득표율로 49.94퍼센트를 얻은 콜로르에 석패했기 때문이다.[40] 콜로르는 혜성처럼 등장한 대지주 가문 출신의 꽃미남 후보였다. 보수

---

39. Fiona Macaulay, "'Governing for Everyone': the Workers' Party Administration in São Paulo, 1989-1992," *Bulletin of Latin American Research*, 15(2), 1996, pp. 211-229.

40. 이때 1차 투표의 3위 득표자는 15.45퍼센트를 얻은 민주노동당PDT의 브리졸라Brizola였다. 브리졸라는 군사정권 이전 시대의 좌파 노정객으로 대단한 카리스마를 지닌 인물이다. 군사정권 시대 해외에 망명했고, 1979년 사면 조치 이후 귀국하여 PDT를 창당했다. 브리졸라는 2차 투표에서 룰라를 지지했다. 한편 PSDB는 마리오 코바스가 대통령 후보였고, 10.78퍼센트 득표로 1차 투표 4위를 했다. 2차 투표에서는 PT의 룰라를 지지했다. 이때 PSDB의 카르도주는 룰라 지지 발언도 했다. 그렇지만 2차 투표에서 PSDB의 지지표는 PT로 거의 오지 않았다.

층이 만든 깜짝 스타였다. 그러나 당선된 지 2년 만에 어이없고 황당한 대형 부패 사건으로 탄핵되어 물러났고, 허약한 부통령이 대통령직을 이었다. 이런 상황에서 대선부터 탄핵 과정까지 콜로르를 강하게 압박했던 PT는 희망을 보았다. 차기 대선 승리를 통해 지방정치 차원의 여러 난관과 한계들이 큰 차원에서 풀리지 않겠느냐는 기대가 높았다. 그러나 희망은 연거푸 부서졌다. 1994년의 선거 결과도 침통했지만, 1998년의 패배는 특히 뼈아팠다. 룰라에게도 PT에게도 고통스런 시간이었다.

1994년 대선에서 카르도주의 승리는 그가 1993년 재무장관으로 재임하면서 단기간에 극적인 성공을 거둔 인플레 대책, 즉 '헤알 플랜Real Plan' 덕분이었다고 할 수 있다. 너무나 갑작스러운 반전이었지만 이유가 없는 것은 아니었다. 그렇다고 하더라도 카르도주 54퍼센트, 룰라 27퍼센트 득표라는 선거 결과는 충격적이었다. 브라질의 다당제(30여 개의 정당) 및 결선투표제도라는 특징상 1차 선거에서 승부가 가려지기는 힘들다. 그만큼 카르도주는 압승을 거둔 셈이다. 1994년 초반까지만 해도 당선 가능 후보군에 대한 여론조사 결과 룰라 25퍼센트, 카르도주 6퍼센트로 룰라가 단연 압도적인 1위였다. 그러나 룰라 지지층은 고정되어 있었다. 선거운동 기간 조금도 늘지 않았다.

대통령 카르도주는 재임중 뜻밖에도 강경한 신자유주의 노선을 폈다. 그가 1988년 보수화되어가는 PMDB를 탈당해 창당한 브라질'사회민주당'PSDB의 당명과는 전혀 어울리지 않는 정책이었다. 룰라는 카르도주의 노선 전환에 비판을 넘어 개인적인 배신감, 실망감을 느꼈다. 그러면서 1998년의 대선에 상당한 기대를 걸었다. 국민 다수가 카르도주 정책의 피해자가 되고 있다고 보았기 때문이다. 어느 정도는 사실이었다. 카르도주의 밀어붙이기에 대한 불만과 불안이 커가고 있었다. 그러나 상황은 훨씬 복잡했다. 세계사의 흐름도 브라질 민심의 흐름도 아주 미묘한 시점이었다. 결국 1998년 선거에서도 룰라는 1차 선거에서 참패하고 말았다. 카르도주 53.1퍼센트, 룰라 31.7퍼센트였다.

PT 당원과 지지자들에게 깊은 회의감과 피로감이 몰려왔다. PT의 '성장의 한계' '극점'을 보여준 것이 아닌가. 25~30퍼센트, 여기가 한계점 아닌가. 이렇게까지 죽도록 노력했는데도 안 되나. 카르도주가 실정을 하고 있는데도 우리 국민은 왜 이러는 것인가. 아무래도 안 되는 일인가. 룰라 자신이 다른 누구보다도 깊이 가라앉았다. 혹시 PT가 문제라기보다 바로 나 자신, 룰라가 문제인 것은 아닐까. 역시 국민들은 일개 노동자 출신을 대통령으로 선택할 수 없는 것일까. 룰라는 자신과 PT에 대한 막무가내식의 비토 세력을 결국 설득해내지 못했다. 좌절하고 고뇌했다. 여기가 내가 다다를 수 있는 한계점이지 않을까. 이제는 내가 비켜주어야 하는 것이 아닐까. 나보다 배경 좋고 조건 좋고 중산층에 더 어필할 수 있는 다른 동지가 나서야 하는 것은 아닐까. 룰라는 한때 그렇게 생각했다. 그러나 결국 당은 다시 한번 그를 대통령 후보로 선택했다. 그리고 룰라는 승리를 거두었다. 그냥 대통령이 된 것이 아니라, 브라질의 역사를 바꾼 위대한 대통령이 되었다. 그에게 두 번이나 고배를 들게 했던 카르도주를 월등히 능가하는 업적을 남겼다. 다음 장에서는 특별했던 이 두 지도자의 비교를 통해, 그동안 잘 알려지지 않았던 남미 정치문화와 리더십의 깊숙한 곳을 탐색해보기로 한다.

06

라틴아메리카 정치문화와 리더십: 카르도주와 룰라

브라질이 왜 비서구냐?

"브라질이 왜 비서구냐?" 존경하는 한 미국인 노교수께서 필자에게 던진 질문이다. 이 글에 대해 짧게 말씀드렸더니 바로 그런 질문을 건넨다. 그때 나는 미국 체류중이었다. 그런 질문이 정당한 이유가 분명히 있다. 지금도 브라질 엘리트들은 유럽에 강한 동질감을 가지고 있다. 브라질만이 아니다. 멕시코에서부터 페루 남단까지 라틴아메리카 전체가 그렇다. 통상 우리가 남미 또는 라틴아메리카라고 부르는 지역은 크게 네 부분으로 구성된다. 지리상으로 오히려 북아메리카에 속한다고 볼 수 있는 멕시코, 멕시코 이남 과테말라와 온두라스를 거쳐 파나마에 이르는 중남미, 쿠바에서

트리니다드 토바고에 이르는 서인도제도의 여러 국가들, 콜롬비아에서 페루를 지나 아르헨티나에 이르는 남미가 그 네 지역이다. 이 곳들의 총칭인 '남미'가 정확한 용어는 아니나, 통용어에는 그만한 함축이 있다. 이 글에서 '남미'라 함은 위에서 말한 네 지역 전체를 말한다.

브라질은 1889년까지 포르투갈 왕족이 지배했고, 여타 남미 국가들은 스페인과의 유대가 지금도 강하다. 재미있는 것은 1800년대 초반부터 시작된 스페인령 남미 지역의 정치적 각성이 프랑스 혁명의 전파자이기도 한 나폴레옹의 스페인왕국 점령에서 촉발되었다는 사실이다. 침략자로부터 스페인 국왕과 왕조, 왕국을 구하자는 것이었다. 이때까지 브라질을 제외한 남미 전체가 스페인왕국의 통치령이었다. 이것이 반군주제(공화주의) 자치운동, 즉 스페인왕국으로부터의 독립과 각 지역 주권국가 수립 운동으로 급전직하 뒤집어졌던 것은 역사의 아이러니다.

나폴레옹이 스페인을 정복하고 자신의 형 조제프를 스페인 왕으로 앉힌 것은 1807년의 일이다. 여기에 항의하여 남미 대륙에서 발생한 스페인 왕위 옹호를 위한 대표자 선출운동이 바로 그 다음 해에 시작된다. 그러나 이 운동은 불과 5년 만인 1812년 공화주의자 시몬 볼리바르가 베네수엘라에 입성함으로써, 그 성격이 완전히 전환된다. 근왕주의 왕당파운동이 그 정반대인 공화주의 독립운동으로 바뀐 것이다. 그러나 어떤 역사적 주체가 운동을 통해 그 성격이 바뀌어가는 것, 여기에 아이러니라 부를 만큼 큰 반전이 생기곤 하는 것은, 이례적이라기보다 오히려 역사의 항구적인 문법이다.

스페인과 포르투갈의 영향만이 아니다. 영국, 프랑스, 독일 등 유럽의 강대국들은 늘 남미에 큰 관심을 두고 틈만 생기면 개입해보려고 기웃거려왔다. 그렇다보니 스페인, 포르투갈 외의 유럽 국가들에서 온 이민자들도 상당히 많다. 물론 평범한 사람들의 이민이 국가의 팽창 의지에 따라 움직이는 것은 아니다. 그러나 스페인과 포르투갈이 깔아놓은 판에, 그것도 이 두 나라가 유럽에서 기울어가는 상황에서, 다른 나라의 유럽인들이 이 대륙에서 또다른 기회의 가능성을 찾으려고 했을 것임은 쉽게 짐작할 수 있다.

여기에 더해, 결정적으로, 이웃 북미주 미국의 압도적인 영향이 있었다. 일찍이 미국은 1823년 소위 '먼로 독트린'을 발표한 이래 유럽의 남미 개입을 항상 견제-경고하고, 남미 전체가 미국의 영향권 아래 있음을 천명해왔다. 그 명분은 미국과 남미가 모두 유럽으로부터 독립을 쟁취한, 같은 아메리카 신대륙의 공동운명체, 친구라는 것이었다. 그러면서 멕시코 영토의 거의 절반을 전쟁을 통해 빼앗고, 남미 거의 모든 나라의 정권과 경제의 향방을 좌지우지해왔다. 직접 군대를 보내거나 내부 친미 세력을 동원해 쿠데타를 일으키는 식이었다. 상상을 넘는 수준의 혐오스러운 고문拷問 통치를 일삼던 수많은 남미 독재정권들이 미국의 지원을 받았다. 이렇게 미국의 영향이 절대화하다보니 유럽에 대해서는 오히려 우호적인 분위기가 생겼다. 과거의 통치자 유럽(스페인과 포르투갈)에 대한 반감은 잊고, 오늘의 보스 미국에 대한 반감이 의식을 지배하게 된 것이다. 이러한 의식의 변천을 극명하게 잘 보여주는 말이, 남미인들이 아주 즐겨 쓰는 '그링고gringo'다. 원래 이 말은 남미인들이 유럽 외래인(백인)을 가리킬 때 쓰던 스페인-포르투갈 공통어다. 그러나 오늘날에는 거의 전적으로 미국과 미국인을 뜻한다. 흔히 이런 식으로 쓰인다. "동네 개가 아파도 그링고 탓." 길가의 개 한 마리가 병들어 골골하는 것도 미국 탓인데, 하물며 나라에 생기는 큰 우환이야 어떻겠는가, 하는 뜻이겠다.

언어나 문화의 뿌리가 스페인, 포르투갈에 있기 때문에 많은 남미인들이 스스로 서구, 특히 유럽 문화의 계승자라는 의식을 가지고 있는 것은 자연스러운 일이다. 그러나 그러한 의식 밑에 깊은 피해의식이 깔려있다. 그렇다고 이것이 단순히 수동적인 피해의식인 것만은 아니다. 스페인제국의 구전통과 구질서를 넘어선 공화주의-입헌주의 혁명을 유럽이 아닌 자신들이, 그것도 유럽보다 더 빨리 이루어냈다는 자부심이 있다. 미국독립전쟁, 프랑스혁명의 정신을 대륙 차원에서 가장 먼저 확산시킨 곳은 다름아닌 19세기 초반의 라틴아메리카였다. 유럽 문명의 계승자라는 의식과 유럽과 미국의 깊은 그늘이었다는 기억, 이 두 요소는 뒤섞여 무엇을 낳았을까? 적통자가 아니라는 일종의 서자庶子 의식이다. 설움받는 서자는 한편으로 적자嫡子 신분으로의 상승을, 다른 한편으로는 또다른 질서, 새로운 세상의 도래를 꿈꾼다. 잘난 적자들보다 뭐든지 더 잘하고, 더 잘되고 싶은 욕망, 나아가 그들의 질서보다 더 차별이 없고 더 인간적인 세상, 더 나은 질서를 만들어보려는 욕망이 생긴다. 우리가 조선 후기 역사를 통해 익히 잘 알고 있는 현상이다. 최제우와 최시형의 동학東學이 그 일례다. 그렇다면 남미에서 동학과 비슷한 것은 무엇이었을까? 1960년대 이후 남미를 풍미한 종속이론과 해방신학이 그것이라고 생각한다. 동학이 유교에서 나와 유교를 넘어섰듯, 종속이론은 마르크스주의에서 나와 이를 넘어섰고, 해방신학은 가톨릭에서 나와 이를 넘어섰다. 넘어섰다는 것은 버렸다기보다 높아졌다는 뜻이다.

나는 동학이 출현한 배경의 깊숙한 곳에 조선 노비제도가 있다고 생각한다. 19세기 들어 노비 탈주와 노비 해방이 조선 사회의 대세가 되면서 유교보다 새롭고 평등한 교의 체계가 필요했다. 실제로 1894년 갑오년 동학 봉기의 충격 속에서 조선 노비제는 최종적으로 그리고 공식적으로, 참으로 뒤늦게! 사망 선고를 받았다(동년 갑오개혁). 조선 노비제를 최종적으로 종식시킨 주체는 결국 동학이었고, 동학의 이름으로 봉기한 한 서린 빈농, 소농들이었다. 그들의 많은 수가 가까운 과거, 그리고 봉기 당시 노비 신분이었다. 그렇다면 종속이론과 해방신학의 배경에는 무엇이 있는가. 유럽 체제의 철저한 피정복자, 피수탈자, 사실상의 노예였던 남미 대륙의 원주민, 그리고 아프리카에서 끌려온 흑인들(특히 브라질에 많다)이 있다. 북미 원주민들은 극히 일부 지역을 제외하고는 사실상 거의 절멸되었지만, 문명이 보다 앞서 있던 남미 원주민들은 그래도 상당히 살아남았다. 지금도 남미 인구의 거의 절반에 달하고, 여기에 아프리카 출신 남미인을 더하면 과반수를 훌쩍 웃돈다(물론 나라에 따라 편차가 있다). 그러나 이들은 오랜 세월 철저히 지워지고 잊혀진 존재, 보이되 보이지 않는, 공식적으로는 전혀 인정받지 못하는 존재였다. 따라서 남미에는 이중의 양극적 신분 구조가 있다. 유럽 혈통 남미인 내부의 양극화가 하나고(이 역시 매우 크다), 유럽 혈통인과 그 바깥 사이의 양극화가 또다른 하나다. 이 둘이 중첩되면서 남미의 양극화는 '곱빼기'가 되어 매우 심각해진다.

남미 정치문화를 이야기할 때 빠지지 않는 것이 '카우디요caudillo' 전통이다. 카우디요란 대장, 우두머리, 두목이라는 뜻이다. 스페인, 브라질 황제의 남미 정복을 위임받은 모험주의적인 무장 귀족들에서 유래한 말이다(물론 이들 중엔 뜨내기 투기꾼, 모험주의자들도 적지 않았다). 이들은 정복자요, 그에 대한 보상으로 광대한 토지를 황제로부터 하사받은 대지주요, 일종의 소小군주였다. 이들에게는 무용담이 중요하다. 이들의 자기 이미지란 이렇다. 소위 '야만'의 상황을 한판에 쓸어버리는 영웅이다. '본토' 유럽의 '문명화'된 '선진'사회의 귀족들과 같은 과도한 기름기와 세련미를 경멸한다. 민초의 상상을 뛰어넘는 결단과 담력, 용력, 그리고 신출귀몰

한 전략의 주체다. 어둠에 잠긴 민중의 진정한 영도자다. 그러나 실은 이들 유럽 정복자conquistador들이야말로 인류사에 길이 남을 잔인한 야만 행위와 대량 살육의 주체들이었다. 그럼에도 이들은 두려움과 함께 숭배의 대상이 되었고, 이러한 신화가 카우디요 전통으로 이어졌다.

모든 마초가 카우디요일 수는 없다. 그러나 수많은 마초를 이끌어가는 오직 한 사람, 그 리더는 카우디요다. 모든 전통이 그렇듯, 카우디요는 복잡하다. 19세기 초 남미 해방의 영웅이자 시인인 볼리바르도 카우디요로 분류되지만, 동세기 중반 아르헨티나를 피로 물들였던 유명한 살육자 후안 마누엘 데 로사스도 전형적인 카우디요다. 1917년 멕시코혁명의 영웅 디아스, 쿠바혁명의 카스트로, 아르헨티나의 페론, 오늘날 베네수엘라의 차베스도 카우디요형 지도자라 불린다. 그런가 하면 우익독재자 중에도 카우디요라 불리는 사람이 적지 않다. 즉 카우디요란 좌우를 막론한다. 카우디요의 기본 계급 근거는 대지주제다. 그러나 이제는 빈곤층에서도 교육, 특히 군사 엘리트 코스를 거쳐 카우디요가 탄생한다. 대체로 모든 카우디요가 민중주의적인 언사를 구사하지만, 그들의 통치 결과가 꼭 그에 부합한 것은 아니다. 몇 가지 예외를 빼면, 카우디요형의 통치는 앞서 말한 남미의 곱빼기 양극화를 완화하는 데 실패했다. 아니, 오히려 많은 경우 공범이요, 증폭자였다. 이 리더십은 기본적으로 봉건적이다. 이들은 제도보다 개인의 카리스마에 의존하며 그만큼 권위주의적이고, 또 그만큼 체제의 미래를 예측하기 어렵게 한다. 남미 바깥에도 이처럼 '권위주의적 민중주의'라 부를 만한 정치 행태는 존재하지만, 남미에서 이는 특유의 역사-문화 상황과 얽히면서 지극히 남미적인 정치 스타일의 하나로 자리잡았다.

카우디요와 뗄 수 없는 것이 남미의 후견인주의clientelism, 연줄제다. 결정권을 독점한 카우디요와, 그 한 사람에 모든 것을 의지하는 수많은 사람들의 수직적 연줄망이 존재한다. 기본적으로 대지주, 대영주와 그 지배를 받는 농노 사이의 관계다. 그러나 오늘날은 농노 대신 소작인, 소농, 소시민 들이 카우디요를 떠받치는 표밭, 지지 근거가 된다. 사실 이런 후견인주의는 일본에도 미국에도 있고, 한국에도 물론 있다. 그러나 남미의 카우디요는 그가 뒤를 봐주는, 또는 그의 뒤를 밀어주는 다중多衆에 비해 절대적인 힘과 정보의 우위를 차지한다는 점, 즉 철저한 힘의 불균형 상태에 있다는 점이 다르다. 결국 카우디요는 남미의 곱빼기 양극화 구조, 즉 극소수의 강자와 절대다수의 약자로 극단적으로 분열된 사회의 산물이었고, 따라서 이를 구제하겠다던 카우디요도 대부분 자신의 목표를 달성하는 데 실패할 수밖에 없는 운명이었다. 진보적 카우디요란 (만약 그런 것이 존재한다면) 결국 자신의 존재 근거, 통치 스타일을 철저히, 체계적으로, 일관되게 부정함을 통해서만 그 궁극적 목표를 이룰 수 있을 것이기 때문이다.

이러한 남미 특유의 곱빼기 양극화 구조를 깨는 파열구는 어디서 시작되었는가. 바로 조직화된 노동운동과 원주민(아프리카 유래 남미인 포함)운동이었다고 생각한다. 여기에 급진적 지식인과 해방신학 가톨릭 사제들이 가세했다. 남미에서 조직화된 노동운동의 역사는 깊다. 그러나 1960~70년대에 주목할 만한 성장을 했다. 이들 노동운동의 주력이었던 금속, 기계, 금융 노동자들은 조직화를 통해 그들의 지위를 중산층 하부로 끌어올리기도 했다. 원주민운동이란 대체로 땅에 대한 권리 투쟁으로 표출된다. 이들이 그 존재를 드러내기 시작한 것도 노동운동의 본격적 성장과 비슷한 시점이다. 이들 양 축과 광범한 도시빈민은 가족과 출신지, 성장 경험, 생활 경험의 공유망을 통해 감성적으로 끈끈하게 연결된다.

이제 존경하는 노교수의 질문에 답할 순서다. 오늘날 브라질 포함 남미는 분명 유럽의 정복이 낳은 사회다. 그런 의미에서 서구의 하위 파트너, 일종의 서자인 셈이다. 그러나 그것은 절반에 불과한 이야기다. 정복되었던 남미가 사라지지 않고 여전히 존재한다. 그 힘과 자의식, 인정 욕구, 영향력은 최근 수십 년간 크게 성장했다. 이런 의미에서 남미는 비서구다. 여기에 더하여 남미 정복 체제의 내부 식민지, 그 피수탈층 전체의 힘의 성장을 거론해야 한다. 여기에는 원주민, 아프리카 남미인만이 아니라 유럽에서 유래한, 그리고 그와 피가 섞인 두터운 혼혈 서민층 인구가 포함된다. 이러한 층의 상당수가 '순수' 유럽-서구 정체성에 거부감을 느끼고 있다. 이렇듯 남미는 서구와 비서구가 복잡하게 뒤섞인 사회이며, 이로써 원래의 서유럽이나 미국과는 분명히 구분된다는 의미에서 비서구 사회다.

그렇다고 여기서 필자가 '비서구'라는 말에 특별히 우월한 규범적 가치나 배타적 의미를 두는 것은 아니다. 비서구와 서구를 갈라서 결코 넘을 수 없는 벽이나 심연을 두려는 것은 오히려 서구의 세계 지배 전략이었지 않은가. 뒤집어진 반복을 하자는 뜻이 결코 아니다. 철저히 배타적으로 양극화-서열화된 서구-비서구의 분할 구조가 역사적 실제로 존속했던 시간이 도대체 얼마 동안이었던가. 19, 20세기, 딱 두 세기 아닌가. 그 이전 역사에도 그러한 압도적 양극화는 존재하지 않았고, 우리 미래의 역사에도 존재하지 않을 것이다. 그런 의미에서 이 책의 의도는 서구-비서구의 절대적 양극화 이후의 시대를 조망하는, 서구-비서구 분할을 넘어서는 미래의 가능성을 위한 것이지, 결코 그 반대가 아니다. 물론 남미만이 '서구이자 동시에 비서구' 또는 '비서구이자 동시에 서구'인 것은 아니다. 오히려 모든 세계가 그렇게 되었다. 역사적 실제로서 서구-비서구의 배타적 분할의 시대는 이미 끝났다. 그렇다면 그 이후 민주주의의 가능성에 대한 조감을 오직 구舊 비서구 사회에서만 찾을 수 있을 것이라는 생각에도 근거가 없다. 이 책의 취지는 사물의 전체를 보자는 것이다. 잊히고 지워진, 따라서 보면서도 보지 못했던 측면이 너무나 많았기 때문이다. 지금껏 '민주주의' 하면 오직 서구만, 서구 전통만 죽어라 보고, 팠던, 오직 그곳에'만'

오리지널, '진짜' 민주주의가 있다고 믿었던, 그 딱한 어리석음(오랜 시간 나 역시 그랬다)을 이제는 넘어설 때가 되었다는 뜻이다.[41]

페르난두 엔히크 카르도주

최근 20년간 브라질 민주주의는 두드러진 성장을 했다. 1970년대 말부터 브라질 군부정권은 관리된 위로부터의 유화정책('통제된 민주화')을 펴기 시작했다. 앞서 살펴본 바대로 PT는 이 기회를 놓치지 않고 1980년 창당했다. 민주화의 첫 성과는 1985년 대통령 선거에서 야당인 PMDB의 탕크레두 네베스가 군부가 후원하는 여당 후보 파울루 말루프를 누르고 승리한 일이었다. 이때가 마지막 대통령 간접선거였다. 상하 양원의 국회의원들이 대통령을 뽑는 식이었다. PMDB 정부는 갑작스러운 네베스 대통령 사망 사태로 부통령이 대통령직을 승계해 국정을 운영하는 와중에도, 1988년의 개헌 일정을 관리하는 역할을 성공적으로 완수했다. 신헌법은 대통령 직선제와 강한 지방분권제, 의료, 주택, 복지, 도시계획 등에 대한 시민의 권리와 참여를 명시했다. 신헌법 제정 당시

41. '비서구 민주주의'라는 개념 설정의 취지에 대한 보다 충분한 설명은 이 책 1장 도입 부분 참조.

에는 PT 등 진보정당들로부터 많은 비판을 받았다. 충분히 민주적이지 못하고 절충적이라는 것이었다. 그러나 결과적으로 보면 신헌법은 PT의 성장에 크게 유리하게 작용했다. 특히 PT의 대표적 업적이 된 참여행정을, 헌법에 명시된 상당한 재량권을 통해 지방 차원에서 펼쳐갈 수 있었다.

브라질 민주화의 제2기는 첫 직선 대통령인 콜로르가 부패 스캔들로 탄핵된 후, 1994년 차기 선거에서 (PMDB 좌파가 분당해서 창당한) PSDB의 카르도주가 대통령에 당선되면서 시작되었다고 할 수 있다(제3기는 PT 집권 이후). 페르난두 엔히크 카르도주는 1931년생으로 이미 1960년대부터 학계에서 명성을 얻은 비판적 사회학자였다. 그는 이 세상에 가난이 존재한다는 것을 미국 작가 존 스타인벡의 『분노의 포도』를 읽고서야 알았다고 했을 만큼 부유한 환경에서 자랐다. 그의 집안은 자유주의적인 군인-대지주 가문이었다. 군인 가문이 자유주의적이라는 게 쉽게 이해되지 않을 수 있겠다. 그러나 남미의 군사문화에는 민중을 깨우치고 이끈다는 계몽주의적 전통도 존재한다. 이러한 세력이 군부의 주류는 아니지만, 군부 지도층 내에도 이렇듯 상당한 지식인적 소양과 사명감을 가진 층이 있었고, 카르도주의 가문이 그러했다. 이러한 영향 속에서 자랐기 때문에 카르도주는 어렸을 때부터 '나는 앞으로 이 나라를 이끄는 지도자가 될 것'이라는 사명감 또는 소명감을 자연스럽게 품게 되었다고 한다.

Marcello Casal Jr. / ABr

브라질의 전 대통령, 룰라와 카르도주
2003년 대통령 이취임식장에서 나란히 선 카르도주와 룰라(어깨띠를 두른 사람). 카르도주는 자유주의적 군인-대지주 가문 출신으로, 종속이론의 주요 이론가로서 세계적으로 주목받는 비판적 지식인으로 활약한 인물이다. 야당에서 정치생활을 시작한 그는 신자유주의 노선으로 전환하며 브라질의 경제 정책을 지휘했고, 1995년부터 8년간 대통령직을 수행했다. 한편 룰라는 4년간의 초등학교 학력이 전부인 가난한 노동자 출신 대통령이다. 노동자들의 신임이 두터운 노동운동 지도자로 활약하다 노동자당을 창당해 브라질 최대의 정치 세력으로 성장시켰다. 2003년부터 8년간 대통령직을 수행하며 저소득층을 위한 강력한 복지정책을 펼치고 높은 경제성장률을 달성함으로써 국민들의 전폭적인 지지를 얻었다.

카르도주가 사회학 박사 학위를 받은 상파울루 대학은 유럽의 저명한 학자들이 직접 와서 강의를 할 정도로 명성 있는 학교였다. 특히 프랑스 학문의 영향이 강했다. 상당수 강의가 프랑스어나 영어, 독일어로 이뤄졌다고 한다. 후일 카르도주가 브라질의 외무장관이 되었을 때 빛을 발했던 그의 외국어 솜씨(모국어인 브라질 포르투갈어를 포함해 5개 언어를 자유롭게 구사했다)는 이미 학창 시절에 닦아놓은 것이다. 학창 시절 카르도주는 그 당시의 학생, 지식인 사회가 그랬듯 마르크스의 사상과 사회주의를 깊이 연구했다. 그러나 1956년 흐루쇼프의 스탈린 격하운동을 보면서 소련 등 현실사회주의 체제의 실상과 문제를 일찍이 깨닫게 되었다고 한다. 카르도주의 이력을 보면 큰 행운도 늘 따라주었음을 알게 된다. 참 운이 좋은 사람이다. 그의 첫 저서인 『브라질의 산업 기업가 정신과 경제발전』이 1964년 출판되었을 때, 이 책은 바로 학계의 주목을 받았다. 브라질 사회를 정치경제학의 시각에서 총체적으로 진단하는 연구가 꼭 필요하던 시점에 나왔기 때문이다. 이렇게 시간과 활동이 우연히 참 잘 맞아떨어졌다. 1964년 군부 쿠데타가 벌어졌을 때는, 종속이론으로 이름높은 페루 산티아고의 유엔 산하기구 '라틴아메리카 경제위원회ECLA'에서 카르도주를 초청했다. 젊은 카르도주를 일찍부터 주목하고 있었던 ECLA의 저명한 지도자 라울 프레비시가, 쿠데타가 터지자 거긴 위험하니까 이쪽으로 오라고 제안한 것이다. 카르도주가 애초부터 망명 의사가 분명했던 것이 아니라(그는 애초부터 군부 세력의 눈에 그렇게 위협적으로 보이는 급진파는 아니었다), ECLA의 초청을 받으면서 자연스럽게 망명하는 형태가 된 셈이다.

ECLA와 결합하면서 카르도주는 종속이론의 주요 이론가, 세계적으로 주목받는 국제급 학자로 부상한다. 이곳에서의 연구를 종합하여 1969년 출판한 『라틴아메리카의 종속과 발전』으로 카르도주는 단번에 톱 클래스의 국제적인 학자로 인정을 받게 되었다. 종속이론의 대표적 저작의 하나로 인정받은 것이다. 망명 기간인 1964~68년 사이 카르도주는 유럽에서도 상당한 시간을 체류하며 연구했다. 그리하여 프랑스 파리의 콜레주 드 프랑스와 같은 권위 있는 학교로부터 교수직을 제안받기도 했다. 콜레주 드 프랑스는 푸코가 재직했던 학교로 유명하다. 단 50명의, 각 학문 분야에서 프랑스를 대표하는 최고 학자들만이 이곳의 교수직을 맡게 된다. 외국인인 카르도주에게 이러한 제안이 간 것은 매우 파격적인 일이었다. 이 직을 수락하자면 프랑스 국적을 취득해야 했다. 당시 카르도주는 이 조건을 두고 심각하게 고려했다고 한다. 국제적으로 명예로운 학자의 길이냐, 아니면 브라질인으로서 자신의 소명인, 브라질을 보다 나은 사회로 이끌어갈 '참여하는 비판적 지식인'으로서의 삶이냐. 그는 결국 후자를 택해 귀국길에 오른다.

ECLA의 초청도 행운이었지만, 유럽 체류 기간 파리에서 68혁명을 겪었다는 것도 그의 지적 경로에서 행운이었다. 역사적으로 매우 의미심장한 사태를 직접 목도할 수 있었던 것이다. 68혁명은 지식사회와 깊이 연계된 일종의 문화적 변혁운동이었다. 이러한 흐름 자체가 카르도주와 같은 제3세계 출신 학자의 새로운 이론, 대안적 분석의 시각에 대한 관심을 크게 끌어올렸다. 여러 가지 점에서 그는 시대의 흐름을 탔다. 그의 망명 생활은, '망명'이라는 말이 연상시키는 바와 같이 경제적으로나 사회적으로 어렵고 외롭고 고단한 것은 아니었다. 오히려 반대였다. 유엔 산하 기구인 ECLA

는 교수직보다 높은 급여를 주었고, 남미에서나 유럽에서나 그는 항상 스타로 대접받았다.

1968년 카르도주는 상파울루 대학의 교수로 복귀한다. 군사정부는 귀국한 카르도주에게 가혹한 탄압은 가하지 않았다. 그러나 그에게 교수직을 사임할 것을 요구했다. 과거 군사정권 시절 한국에서도 적지 않았던 '강제 사직'이다. 그러나 브라질의 교수 강제 사직은 한국에 비하면 훨씬 조건이 좋았다. 강제 사직하는 대신 월급은 전과 같이 계속 받는다는 아주 후한 조건이었다. 카르도주로서는 군사정권 아래에서 매우 급진화된 학생운동 문화가 지배하는 대학에서 교수직을 맡는 것이 내심 부담스럽기도 했다. 교수직을 사임한 카르도주는 '분석과 조사를 위한 브라질 센터'라는 연구소를 만든다. 그런데 여기서 또 행운이 따른다. 미국의 포드 재단이 이 연구소에 대한 대규모 지원을 자임하고 나선 것이다. 그리하여 이 연구소는 조그만 개인 연구소가 아니라 수십 명의 뛰어난 학자들을 둔 매우 큰 연구소로 발전했다. 이 연구소 활동을 이끌면서 카르도주는 조금씩 정치활동을 시작했다. 당시 유일하게 허용된 야당인 브라질민주운동, 즉 MDB에 정치 자문을 한 것이다. 앞서 설명한 대로, 이 당은 1980년대 한국의 전두환이 허용했던 민한당과 그 성격이 비슷했다. 민한당은 전두환 신군부가 만든 민정당과 짝을 맞추기 위해 허용된 일종의 관제 야당이었다. 그래서 '민정당 2중대'라고 불렸다. 그러나 당시로서는 유일하게 허용된 합법적 야당활동 공간이었다. 브라질의 MDB도 마찬가지였다. 카르도주는 이러한 MDB의 주요 지도자들과 친분관계를 갖고, 여러 정치적 진로와 판단을 놓고 지속적인 논의 구조를 만들었다. 카르도주의 연구소는 MDB의 정책을 이론적으로 지원하는 성격의 기구가 되었다.

카르도주는 1974년 상원의원 선거 당시, 상파울루 주에서 그의 정치적 후원자라 할 MDB의 원로 지도자 몬트로에 이어 2번 시드를 받고 동반 출마했다. 각 주마다 3명을 뽑는 이 선거에서 몬트로는 1위로 당선되고 카르도주는 낙선했다. 그러나 1982년 몬트로가 상파울루 주지사로 출마, 당선되면서 그의 상원의원직을 브라질 정당법에 따라 1983년에 카르도주가 승계했다. 이후 차기 상원의원 선거에서 카르도주가 승리하고 1992년까지 상원의원직을 유지한다. 10년 동안 상원의원으로서 매우 비중 있게 중앙 정계에서 활동한 것이다. 이 기간 그의 정치활동은 주목할 만한 것이었다. 1980년대 초 민주화 초기 과정에서 MDB와 그 후신인 PMDB 좌파 그룹의 리더였고, 1988년 PMDB 좌파 그룹을 이끌고 탈당하여 새로운 정당인 PSDB의 창당을 주도했다. 1988년 신헌법의 제정위원으로서도 중요한 역할을 했다.

종속이론가 카르도주의 노선 전환은 1988년 상원 연설에서 처음 표출되었다. 종속이론은 제3세계의 자주적 경제발전을 추구하는 노선이었다. 그 자주적 발전의 내용이란 무엇인가? 이 점은 논자에 따라 다양하게 설명된다. 소련형의 사회주의경제, 소련형보다 분권적인 사회주의, 또는 보다 민족적인 자본주의 노선 등등. 어쨌거나 공통점은 당시 미소 냉전 체제 아래서 미국 주도의 세계 자본주의에의 종속을 탈피하고 보다 자주적인 발전 노선을 취하자는 것이었다. 그러나 카르도주는 상원 연설에서 대담하게도 세계화의 추세를 인정해야 브라질의 발전이 있을 것이라고 말했다. 분명 기존 종속이론의 틀과는 양립하기 어려운 주장이었다. 카르도주는 세계사의 흐름을 앞서 읽고 있었다. 불과 몇 년 후 닥쳐올 동구권의 붕괴를 미리 예측했던 것까지는 아니었지만, 사회주의권의 내부 상태가 매우 좋지 않으며, 서구 좌파 역시 위기 상태에 있음을 알고 있었다. 이후 그의 행보를 놓고 많은 좌파 이론가들은 그가 자신의 입장을 배신했다고 맹렬히 비난했다. 그들은 과거 카르도주의 학문적 동지들이기도 했다. 그러나 이제 그들의 다수는 신생 정당인 PT로 결집해 있었다. 이후 PT와 카르도주, 그리고 그가 이끄는 PSDB는 가장 날카로운 경쟁관계가 되었다.

PSDB는 1988년 당시 여당인 PMDB에서 탈당한 정치인들이 만든 정당이다. 이들은 자신들이 탈당한 게 1985년 PMDB의 대선 승리 이후 군사정부 편에 섰던 구 정치인들이 대거 입당함으로써 반독재를 표방했던 당의 성격이 혼탁해졌기 때문이라 주장했다. PSDB는 당명에서부터 사회민주주의를 표방했다. 당 강령도 서구 사회민주주의의 복지 노선을 분명히 했다. 그러나 애초부터 모순이 있었다. 노동 없는 사민당이었다. 카르도주가 염두에 두었던 유럽 사민당들과 다른 점이 바로 이것이었다. 유럽의 사민당들은 모두 노동운동 속에서 탄생했다. 당시 브라질의 노동운동은 CUT로 결집되어 있었고, CUT는 PT와 태생부터 일체관계였다. 이런 이유에서만은 아니지만, PSDB의 시작은 미미했다. 그러나 1993~94년 카르도주가 재무장관으로 기용되어 악명 높은 브라질의 초인플레를 잡는 데 성공함으로써 그가 이끄는 PSDB의 주가는 갑자기 치솟기 시작했다.

브라질에는 30여 개의 정당이 있어서 어느 정당도 단독으로 절대다수를 이룰 수 없기에 정치 연합과 이합집산이 많다. 카르도주는 첫 직선제 대통령 콜로르가 부패 스캔들로 탄핵된 이후, 잔여 임기를 채우고 있던 (콜로르 정부 당시 부통령이었던) 이타마르 프랑쿠 대통령의 러브콜을 받고 외무장관, 그리고 이어 재무장관이 되었다. 카르도주의 인플레 잡기는 그의 세계화 노선 구상과 연결되어 있었다. 재정긴축과 고금리, 그리고 민영화로 국제자본을 유치하여 안정적인 성장 기반을 만들겠다는 구상이었다. 당시는 동구권이 붕괴한 이후이고, 소위 신자유주의, 워싱턴 컨센서스의 힘이 절정에 올라 있을 때였다. 콜로르 역시 미국 주도의 워싱턴 컨센서스를 주창했다. 그러나 콜로르 정부는 너무 약하고 부패했다. 반면 카르도주는 학자적 양심과 자존심을 가진 청렴한 인물이었다. PSDB에도 반독재운동을 통해 성장한 양식 있는 정치인들이 있었다. 그가 가진 학문적 명성과 안목은 국가정책 입안에 유능한 학자들을 적재적소에 기용하는 데도 도움이 되었다.

운명은 카르도주가 1994년의 대선에서 PT의 룰라와 겨뤄 압승을 거두는 쪽으로 기울었다. 30여 개의 정당에, 결선투표제도가 있는 브라질 대선에서, 1차 투표에서 과반을 얻는 당선자가 나오기는 매우 어렵다. 그러나 카르도주는 득표율 54퍼센트를 얻었다. 카르도주 재임중 대통령 연임이 가능하도록 하는 개헌이 이루어졌고, 그 신설 조항에 따라 연임에 도전한 1998년의 선거에서도 카르도주는 1차 선거에서 룰라를 압도적으로 눌렀다.

PT와 '노동 있는 사민주의'

PT는 카르도주 정부의 모든 정책에 대한 가장 강력한 비판자였다. 국제금융자본에 나라의 안방을 내주고 노동자 서민에게 고통과 희생만 강요하는 정부라 했다. 복지정책에 대해서도 너무나 미미하고 형식적이라 비판했다. 자본이 국제 경쟁에 개방되고 그 압박이 강해지면서 노동운동은 위기에 처했다. 소위 '노동유연화'의 결과 실업에 대한 노조의 저항력이 약해지고, 1980년대 획득했던 권리들도 하나둘 잃어갔다. 노동운동의 성격 자체도 변화해갔다. 1980년대 브라질 노동운동이 주로 금속노조 중심의 전투적 연대

파업운동이었다면, 1990년대 CUT의 중심은 각종 사무직 공공노련으로 이동했다. 카르도주의 신자유주의정책에 노동권을 약화시키고 양극화를 심화하는 경향이 있었음은 분명하다. 그러나 초인플레를 잡은 것 하나만으로도 서민생활에 매우 긍정적인 영향을 주었다. 누구도 부인할 수 없는 명백한 사실이었다. 문제는 배가 뜨기 위해서는 물이 차야 한다는 점이었다. 초인플레와 같은 극단적인 현상은 도대체 물이 차 있지 않은 상태에서 비롯된 여러 문제의 하나일 뿐이었다. 그렇다면 물이 차게 하는 것, 즉 세계경제의 흐름 속에 브라질이 들어가고, 세계경제의 물길을 브라질 안으로 끌어들이는 것은 꼭 필요한 일이 아닌가? 문제는 방법론이지, 그 방향은 맞는 것이 아닌가? PT 내부에 이런 방식으로 생각하는 전략가들이 하나둘 늘어갔다. 뒤에 언급할 안토니우 팔루치 같은 사람들이 그 선두 주자였다. 또한 때는 '이념 이후의 시대'였다. 동구권 붕괴 이후 냉전이 종식되고 세계는 싫거나 좋거나 평평해졌다. 이 흐름에서 고립되거나 배제된 측, 예를 들어 브라질의 이웃인 쿠바와 같은 나라는 소련으로부터 지원이 끊기면서 극심한 어려움을 겪고 있었다. 새로운 사고, 현실적 개혁주의가 PT 안에서도 커가고 있었다.

PT 내부의 현실적 개혁주의 세력의 성장은 PT의 지방정부 운영 경험 축적과도 연관이 깊다. 전투적 운동가들이 자치단체장과 주요 행정가가 되었다. 포르투알레그리의 참여예산제가 그렇다.

그 핵심 주역인 세 사람이 모두 그렇다. 1989년 1월부터 4년간 시장으로 재임하면서 참여예산제의 초석을 놓은 올리비우 두트라는 1970년대 말에서 1980년대 초반 룰라와 함께 신노동운동을 이끌었던 노동조합 지도자 11인 중 한 사람이다(은행노조). 다른 두 주역, 차랴오와 피델은 포르투알레그리의 풀뿌리 지역운동가, 빈민운동가였다. 이들이 힘을 합쳐 이 지역의 지역운동조직을 참여예산제도와 합체해냄으로써 지방행정의 훌륭한 대안적 모델 하나가 탄생했다. 이 제도는 1992년 13개 자치단체에서, 1996년 53개, 2000년 112개, 2004년 190개, 2008년 201개 자치단체로 확산 실시되었다. 거의 대부분 PT가 집권한 곳이다. 현실과 이상은 늘 괴리가 있다. 가장 모범적으로 시행되었다고 할 수 있는 포르투알레그리의 사례 자체도 완벽했다고 말할 수는 없을 것이다. 그런데 그만큼 높은 수준에서 제도가 운영되었던 곳은 오히려 드물다. 지역운동이 약하거나, 보수정당이 강하거나, 당내 갈등, 또는 좌파정당들 간의 갈등이 심한 곳에서의 참여예산제는 큰 어려움을 겪었다. PT의 작품은 참여예산제만이 아니다. 각 지역 건강위원회, 교육위원회, 주택위원회, 도시계획위원회의 활성화에는 집권한 PT의 공헌이 컸다. 이러한 각종 주민위원회는 신헌법에 명시된 권리로, PT는 이 조항들을 적극적으로 활용했다. 이 행정 경험을 통해 현실의 조건 안에서 현실을 변화시켜나가는 노하우가 축적되기 시작했다. 이와 같은 현실적 개혁주의 세력이 PT 내의 주류 세력으로 점차 자리잡아갔다. PT는 다양한 좌파 세력이 모인 연합정당이고, 초기부터 당내 논쟁을 공개해왔다. 당규로 정파 공개제를 규정하고 있다. 최대 정파는 '아르치쿨라치옹articulation'으로, '분명히 발언한다'는 뜻이다. 중앙파요 다수파로 보면 되겠다. 룰라가 이 정파에 속해 있다.

2002년 룰라의 대통령 당선으로 시작된 PT의 브라질호 항해는, 말하자면 카르도주가 열어놓은 방향을 '노동 있는 사민주의'의 방법으로 시행한 것이라 할 수 있다. 앞서 브라질의 문제는 곱빼기 양극화 구조라고 했다. 카르도주 이래 근 20여 년, 브라질은 남미 일반, 그리고 브라질에서 더욱 강고했던 곱빼기 양극화 구조의 단단한 각피에 커다란 구멍을 냈다. 이 구멍으로 나쁜 독기가 많이 빠졌고, 계속 빠지고 있다. 문제의 핵심에 제대로 손을 쓴 것이다. 그렇다고 브라질이 당장 일류 나라가 되었다는 것은 아니다. 앞으로도 많은 문제가 기다리고 있다. '당장 일류' 같은 것은 오히려 중요하지 않을 것이다. 속임수와 겉치레로 빠르고 손쉽게 그런 목표를 달성했다고 치자. 오래 못 간다. 장기적으로 놓고 볼 때, 그 결과는 안 하느니만 못한 것일 수 있다. 브라질이 걸어온 지난 20~30년은 그렇게 보이지 않는다. 힘들었으나 정도를 걸어 진짜 문제의 맥에 침을 제대로 꽂았다는 느낌이다. 남은 문제는 많다. 특히 무토지 농민 문제가 당분간 브라질이 내적으로 풀어야 할 가장 어려운 숙제가 될 것이다.

카르도주 집권기에 대한 필자의 긍정적인 평가에 독자들의 이견이 많을 것 같다. 그러나 크게 보면 실제가 그렇지 않은가 생각된다. 카르도주가 없었으면 룰라도 지금과 같이 성공할 수 없었을 것이다. 이 두 사람은 아주 팽팽한 경쟁관계에 있다. 카르도주는 룰라에게 노동자와 빈민의 열렬한 지지가 있다는 점, 카르도주 자신의 출신지이기도 한 좌파 지식계가 (자신이 아니라) 그를 애호한다는 점이 뼈저릴 만큼 부러울 것이다. 룰라에게는 카르도주의 높은 학식, 우아하고 당당한 풍모, 유창한 외국어 실력, 이런 것이 부럽지 않을 수 없을 것이다. 보기 좋은 라이벌이다. 두 사람 모두 야비한 점이 없다. 인격을 느낄 수 있다. 정치를 하면서 진흙탕에 발을 넣지 않을 수 없다. 두 사람 모두 그렇게 진흙을 묻혔다. 그러나 사람들은 이들이 원래 그렇게 진흙을 밟아온 자들이라고는 생각하지 않는다. 카르도주는 집권을 위해 때묻은 구태 정치인들과 수없이 손을 잡았다. 그래도 브라질 사람들은 카르도주가 부패한 인물이라고 생각하지 않는다. 룰라는 이제 티셔츠와 청바지를 벗고, 고급 양복에 넥타이를 매고 다닌다(2002년 선거운동 때부터다). 대통령 첫 임기 때 대형 부패 스캔들에 휘말린 적도 있다. 룰라가 승리했지만 PT는 국회 의석의 불과 18퍼센트만을 점하고 있었다. 다른 세력들과 연합하지 않을 수 없었다(지금도 그렇다). 대가를 요구하는 세력들이 왜 없었겠는가. PT는 그들에게 일정액의 현금을 비밀리에 지급했다. 룰라의 양팔이라고 할 수 있는 조제 지르세우와 안토니우 팔루치의 작품이었다. 지르세우는 군사독재 시절 급진파 혁명가 출신으로, 쿠바로 망명하여 성형수술까지 받고 돌아와 지하활동을 했다. 안토니우 팔루치는 의사 출신 트로츠키주의자다. 지르세우는 조직의 귀재, 팔루치는 지극히 영리한 전략가로 알려졌다. 이들이 궂은 일을 도맡아 했다. PT 적대자들은 지르세우를 '스탈린주의자', 팔루치를 '어둠의 황태자'라 부른다. 다른 당 의원들 상당수에게 정기적으로 현금을 지급했기 때문에 '월급 스캔들'로도 불리는 이 사건으로 룰라는 위 두 사람을 포함, 그가 가장 믿는 측근 상당수를 공직에서 잘라내야 했다. 그래도 많은 사람들은 룰라가 결백하다 믿어주었다. 바로 다음해 치러진 선거에서 이러한 대형 악재에도 불구하고 예상을 뒤집고 쉽게 재선에 성공했다.

카르도주와 룰라의 대비는 재미있다. 카르도주는 지극히 서구적인, 특히 유럽적인 풍모의 세련된 지식인이다. 남미의 유럽적 기원을 상징한다고 할 수 있다. 반면 룰라는 남미의 또다른 모습인 피정복자-피억압자로서의 얼굴을 상징한다. 곱빼기 양극화 구조의 양극에서 온 사람들이다. 어차피 그 구조에서 나온, 그 구조에 대해 문제의식을 가진 좋은 사람들이 그 구조를 좋은 방향으로 한 걸음 한 걸음 바꿔갈 수밖에 없다. 그 구조의 한계를 안고 가는 것이기도 하다. 필자가 보기에는 카르도주도 룰라도 얼마간은 앞서 말한 '카우디요'형의 지도자였다. 남미를 잘 아는 분들에게는 아마도 매우 문제적인 주장으로 여겨지리라. 정 맞기 싫으니, 조금 빠지기로 한다. 얼마만큼 카우디요였는가? 아르헨티나의 로사스가 100퍼센트 카우디요라면, 같은 나라의 페론과 베네수엘라의 차베스는 8할이 카우디요일 것이다. 그럼 카르도주와 룰라는? 최소한, 아주 최소한, 2할은 카우디요다. 아주 저평가(혹은 고평가?)한 것이다. 그런데 이들은 아주 특이한 유형의 카우디요다. 카르도주는 학자 카우디요고, 룰라는 노동자 카우디요다. 둘 다 거의 형용모순에 가깝다. 그러나 카르도주와 같은 특A급 지식인도, 룰라와 같은 순정-정통 노동운동 지도자도, 브라질-남미라는 태생적 정치환경, 정치문화는 단번에 넘어설 수가 없었다. 그 안에서 새로운 것을 창조해갔다.

07

라틴아메리카, 500년 자본주의를 종식시킬 것인가?

이매뉴얼 월러스틴과 세 개의 사건

서울에 태풍 산바가 휘몰아쳤던 2012년 9월 17일, 경희대학교 평화의전당에 또하나의 태풍이 당도했다. 나는 그것을 '지적知的 태풍'이라고 불렀다. 그 태풍의 중심은 이매뉴얼 월러스틴Immanuel Wallerstein, 저 유명한 '세계체제론'을 거의 혼자 힘으로 세워낸 바로 그였다. 자연의 태풍은 아무리 거세도 며칠이면 지나간다. 그러나 세계체제론이라는 지적 태풍은 1974년 『근대세계체제 1 *The Modern World-System I*』이라는 책 한 권으로 시작해서 그 세력을 문자 그대로 전 지구적으로 확장해왔고, 그 세력은 지금도 계속 강해지고 있다. 학계만이 아니다. 세계 유수 언론 지면에서 그의 세계체제 현황 분석을 거의 매주 볼 수 있다. 그러니 그 자리에서 내가 월러스틴 선생을 청중에게 소개하면서 '지적 태풍'이라 했다 하여 사실을 과장한 것은 아무것도 없었다.

월러스틴의 세계체제론은 자본주의 세계체제론이다. 그는 자본주의 세계체제가 500년 되었다고 말한다. 서유럽 몇 나라가 아시아와 아메리카로 진출했던 시점(15세기 말~16세기 초)을 자본주의 세계체제의 성립 시기로 보는 것이다. 이 500년 된 자본주의가 이제 해체기에 접어들었다고 그는 말한다. 그 해체의 징후로 그가 들고 있는 상징적인 사건은 세 가지다. 1994년 멕시코 남부 치아파스에서의 사파티스타Zapatista 농민봉기, 1999년 미국 서부 워싱턴주 시애틀에서의 WTO 반대 시위, 그리고 2001년 브라질 포르투알레그리에서 시작된 세계사회포럼World Social Forum이 그것이다.

셋 중 둘이 남미에서 벌어진 사건이다. 이것은 결코 우연한 일이 아니다. 남미는 한때 미국 중심의 경제 재편 논리인 워싱턴 컨센서스, 또는 신자유주의 경제의 가장 충실한 추종 지역에서 그 정반대, 즉 신자유주의 경제 논리에 대한 가장 강한 반대 지역으로 뒤바뀌었다. 불과 10년 동안의 변화다. 남미 연구자인 박구병 교수는 이를 "신자유주의 세계화의 모범생에서 세계화에 대한 저항 거점으로의 변모"라 요약하고, 이 기간의 변화를 아래와 같이 정리한다.

(이 기간 라틴아메리카—인용자) 여러 국가의 정치무대에서는 좌파의 귀환이 이루어졌다. 반대파에게 '좌파 포퓰리스트'의 대명사가 된 베네수엘라의 우고 차베스는 1998년 대통령에 선출된 뒤 현재까지 3선에 성공했다(2012년 10월 선거로 4선에 성공—인용자). 2003년 대통령에 선출되고 연임에 성공한 뒤 2010년 말 기록적인 지지율 속에서 퇴임에 성공한 브라질 노동자당의 루이스 이나시우 '룰라' 다 씨우바, 2003년 국제통화기금의 정책을 비판하고 외채상환 계획의 재조정을 요구한 아르헨띠나 정의당의 중도좌파 네스또르 끼르츠네르Nestor Kirchner, 2005년 12월 볼리비아 사회주의운동당 소속으로 최초의 원주민 출신 대통령이 된 에보 모랄레스Evo Morales, 2005년 3월 우루과이 역사상 최초의 중도좌파 대통령이 된 따바레 바스께스Tabare Vazques, 2006년 3월 칠레 역사상 최초의 여성 대통령이 된 사회당의 베로니까 미첼레 바첼레뜨Michelle Bachelet, 니까라과 혁명의 주역으로 권좌에서 물러난 지 17년 만인 2007년에 다시 대통령에 선출된 싼디니스따 민족해방전선FSLN의 다니엘 오르떼가Daniel Ortega, 가톨릭 주교 출신으로 61년에 걸친 (지주정당—인용자) 꼴로라도 당 장기집권을 끝내고 2008년 8월 빠라과이 대통령에 취임한 페르난도 루고Fernando Lugo, 그리고 2011년 6월 전임 대통령 알베르또 후지모리의 딸 게이꼬 후지모리를 대통령 선거에서 물리친 뻬루의 중도좌파 오얀따 우말라Ollanta Humala 등이 21세기 초 라틴아메리카의 '좌파 바람'을 이어갔다. 이들은 신자유주의 노선을 대폭 수정하거나 폐기하고, 빈곤 퇴치를 위한

자원과 부의 공평 분배, 의료 혜택의 확대, 주거 문제 해결과 같은 사회정책을 강화하며, 민주주의적 원칙과 사회정의를 우선시함으로써 라틴아메리카를 신자유주의 세계화에 대한 저항의 진원지로 탈바꿈시켰다.[42]

앞서 월러스틴이 든 세 가지 사건, 치아파스(1994년)-시애틀(1999년)-포르투알레그리(2001년)는 박구병 교수가 말한 "신자유주의 세계화"에 대한 대항명제, 그중에서도 가장 선도적이며, 상징적인 대항명제였다는 공통점이 있다. 이들 사건이 벌어졌던 시기(1994~2001년)는 신자유주의 세계화의 전성기였다. 동구 사회주의권이 붕괴하고, 미국 중심의 일극주의 세계화 전략이 막힘없이 거침없이 관철되는 듯해 보이던 시기다. 이러한 시기에 터진 세 개의 구멍이, 바로 그 세 가지 사건이었다.

먼저 왜 치아파스인가? 1994년은 멕시코가 미국과 북미자유무역협정NAFTA을 맺었던 해다. 그 협정이 발효되는 해 1월 1일, 치아파스의 '사파티스타 민족해방군'이 봉기했다. 멕시코는 남미 여러 나라 중에서도 미국에 가장 가까운 곳이며, 1980년대 이래 미국발 신자유주의 경제교리의 가장 대표적인 실험장이 되어 있었다. 흥

42. 박구병, 「옮긴이의 말: 라틴아메리카의 최근 변화와 새로운 출발」, 로버트 N. 그윈·끄리스또발 까이 엮음, 『변화하는 라틴아메리카』, 박구병 옮김, 창비, 2012.

(Jose Villa) at VillaPhotography

Hajor

멕시코 치아파스 지역과 사파티스타 민족해방군

반세계화운동의 상징적 존재인 마르코스 부사령관(왼쪽)을 비롯한 사파티스타 세력은, 초기의 무장투쟁을 넘어서서 현재 치아파스 지역의 자치 및 자립운동을 이끌고 있다. 이들은 온라인을 기반으로 하여 지리적, 정치적으로 고립되고 소외된 치아파스 지역민의 목소리를 바깥세상에 전파함으로써 전 세계 진보 세력의 지지와 연대를 이끌어내며 지속적인 운동의 동력을 얻고 있다. 치아파스 주의 도로변 안내판(오른쪽)에 적힌 "민중이 이끌고 정부는 따른다"라는 사파티스타의 구호는 이들이 추구하는 저항과 자치의 이념을 잘 나타낸다.

미롭게도 그들은 오늘날의 신자유주의 세계화가 콜럼버스의 아메리카 도래 이후 500년간 계속되어온 서구의 비서구에 대한 침탈적 세계화의 연장일 뿐이라고 했다. 남미, 북미 그리고 호주 등 비非유라시아 문명권에는 정확히 들어맞는 말이다. 월러스틴이 '자본주의 500년'이라 했던 것과 묘하게 일치한다. 치아파스 봉기에서 또 주목할 점은 그 주체가 남미 원주민 농민들이라는 것, 국가 차원의 집권이 아니라 지역의 자치와 자립autonomy을 목표로 한다는 사실이다. 이들에 대한 국제적 연대가 강하다. 해외의 많은 진보적 공동체와 조직들이 SNS 등 각종 온라인망을 통해 치아파스 사파티스타 공동체와 교류하고, 상당한 수의 사람들이 이곳을 직접 방문하여 연대를 표시하고 있다. 세계적 연대망 속에 있는 지역적 자치. 21세기의 새로운 진보적 자치 형태를 구현하고 있는 셈이다.

1999년 시애틀 봉기는 세계를 신자유주의적 의미에서 '평평하게' 만들려고 하는 WTO, IMF, 세계은행World Bank의 다자간 국가 회담을 무산시켰다. 어떤 거대 조직도 이 시위를 주도하지 않았다. 마치 땅에서 솟아난 것처럼 수많은 소단위 집단들이 땅벌처럼 회담장 주위를 장악하고 기민하게 움직이며 메시지를 '쏘았다sting'. 이들은 주로 인터넷과 휴대전화 통신으로 일사불란하게 메시지(주장, 구호, 행동 방침)를 응집시키고 이동했다. 이 새로운 군중을 사회학자들은 '벌떼swarm' 또는 '영리한 군중smart mobs'이라 불렀다. 벌들은 한 마리 한 마리가 각각 무질서하게 움직이는 것으로 보이지만, 벌떼 전체로 보면 매우 질서정연하게 행동한다. 미리 정해진 각본이나 목표에 따라 움직이는 것이 아니라, 상황의 흐름에 따라 재빠르게 진용을 변용하고 방향을 변화해 움직인다. 2008년 한국의 촛불 군중의 모습이 여기서 첫선을 보인 셈이다.

세계사회포럼WSF은, 매년 스위스 다보스에서 열리는 워싱턴 컨센서스의 국제 포럼인 세계경제포럼WEF에 대항하여 시작된 반反신자유주의 세계화, 또는 대안 세계화를 지향하는 세계 사회운동 포럼이다. WEF의 모토가 영국의 전 수상 마거릿 대처가 주장해서 유명해진 "대안은 없다There is no alternative"라고 한다면, WSF의 모토는 "새 세상은 가능하다Another world is possible" 또는 "대안은 많다There are many alternatives"이다. 그런데 지구상 하고많은 곳 중에서 왜 브라질의 포르투알레그리였는가? 이 도시야말로 주민참여예산, 주민참여행정의 모범을 일찍이, 제대로 보여옴으로써, 새로운 사회, 대안적 살아가기가 현실에서 가능함을 입증했기 때문이다. PT의 창립 멤버인 올리비우 두트라가 1989년 이곳 시장에 당선된 이후의 일이었다. PT는 시작부터 지금까지 WSF의 든든한 후원 세력이다. WSF는 2001년부터 매년 개최되고 있다. 참여 인원은 매년 5만에서 10만 정도이고, 매우 다양한 단체와 개인들이 참여한다. 룰라, 차베스와 같은 국가수반들, 촘스키, 월러스틴, 스티글리츠와 같은 저명한 학자들, 그 외 노벨상 수상자나 저명한 언론인도 다수 참여해왔다. 그간의 개최지 또한 다양하다. 포르투알레그리에서 가장 자주 개최되었고, 인도 뭄바이(2004년), 베네수엘라 카라카스-파키스탄 카라치-말리 바마코(2006년, 공동 개최), 케냐 나이로비(2007년), 브라질 벨렝(2009년), 세네갈 다카르(2011년)에서도 WSF가 열렸다. 2013년 13차 WSF의 개최지는 이슬람 민주화운동의 진원지인 튀니지 수도 튀니스였다.

등잔 밑이 가장 어둡다. 1970년대 오일쇼크 이후 시작된 자본주의의 신자유주의적 개편의 중심은 미국이었다. 그 미국의 등잔 밑은 바로 남미다. 특히 1980년대와 1990년대 신자유주의 교리의 결정판인 워싱턴 컨센서스 경제 재편의 '모범적' 실험장이 남미였다. 워싱턴 컨센서스 자체가 원래 중남미 경제에 대한 처방전에 따라 제조된 것이었다.[43] 신자유주의란 1970년대 이래—월러스틴이 콘트라티에프 경기 순환 주기의 B국면이라고 부르는—자본운동의 (약 50~60년 단위의) 장기 하강 국면의 공세적인 탈출-반격 이념이다. 그 경제 논리를 대표하는 것은 워싱턴 컨센서스였고, 그 이념적 대표자는 미국의 네오콘(신보수주의)이었다. 2009년 영국 수상 고든 브라운이 '워싱턴 컨센서스의 종언'을 선언했지만, 사실 이 선언은 2008년 세계금융위기 이후 나온 뒷북 치기에 불과했다. 그 이전에 이미 죽어 있었었다. 지극히 공격적이던 네오콘은 조지 부시의 추락과 함께 이라크, 아프가니스탄, 파키스탄에서 붕괴했다. 워싱턴 컨센서스는 이미 2000년대 남미의 대대적 유턴(혹은 좌턴?) 속에서 무너졌다. 목마른 자가 우물을 파듯, 가장 짙은 그늘 속에 있는 자가 먼저 길을 찾아나서게 되어 있다. 그것이 남미였고, 그래서 월러스틴이 든 세 가지 사건 중 두 가지가 이곳 남미에서 벌어졌다는 사실이 결코 우연이 아닌 것이다.

---

43. 그 정책 처방의 10대 항목은 긴축재정, 사회 인프라에 대한 공공지출 삭감, 외환시장 개방, 시장자율금리, 변동환율제, 무역 자유화, 외국인 직접투자 자유화, 탈규제, 국가기간산업 민영화, 재산권 보호다. 워싱턴 컨센서스는 IMF와 미국 재무부, 세계은행 등 워싱턴에 본부를 둔 3대 기관의 입장을 대변했다. 물론 이들 기관의 배경에는 월가가 있다. 이 입장의 이론적 배경으로는 시카고 대학의 경제학자인 밀턴 프리드먼의 시장전일專一주의, 시장근본주의market fundamentalism를 들 수 있다.

500년 자본주의의 종언?

정말 월러스틴의 주장대로 500년 자본주의가 종언을 고하고 있는 것일까? 자본주의가 주기적으로 불황과 호황의 롤러코스터(앞서 말한 콘트라티에프 경기 순환 주기)를 타왔던 것 아닌가? 그렇다면 지금 봉착하고 있는 위기(불황)도 과거 해온 것처럼 또 극복해 나갈 수 있는 것 아닌가? 월러스틴이 이번 위기는 그와 질적으로 다르다 말하는 이유는 무엇인가?

월러스틴은 자본주의의 핵심 특징을 '자본의 무한한 축적—더 많은 자본을 축적하기 위한 자본의 축적'으로 집약한다. 실로 괴이한 욕구 체계를 가진 시스템이다. 모든 욕구에는 충족점이 있다. 식욕도, 성욕도, 수면욕도 마찬가지다. 그러나 자본주의사회의 자본 축적 욕구는 만족을 모른다. 무한히 달리고 무한히 축적해야 한다. 사람으로 따지면 병이다. 중독 중에서도 아주 치명적인 중독이다. 무한한 축적이란 자본 대 자본의 전쟁이기도 하다. 삼성 대 애플의 전쟁. 자본주의 고유의, 아주 전형적인 현상이다. 그런데 삼성, 애플 밑에 깔린 그보다 작은 수많은 자본들(기업들)의 처지는 어떠한가? 거인들에 깔리고 끼어 수없이 무너지고 사라져갔다. 그래서 자본의 축적 과정이란 각 산업 분야, 업종마다 몇 개의 슈퍼헤비급과 수십 개의 미들급, 그리고 수천 개의 플라이급이 벌이는 불균등 전쟁이기도 하다. 이 생사의 불균등 게임은 국내와 세계 리

그가 동시에 맞물려 돌아간다.

자본 간 경쟁의 핵심은 코스트 낮추기(원가 절감)에 있다. 월러스틴은 코스트 낮추기에 세 가지 핵심 축이 있다고 말한다. 인건비 절감, 투입비용 절감, 세금 절감. 이 세 가지 절감을 잘해가는 한, 자본주의는 죽었다가도 또 살아난다. 즉 불황 후 회복 그리고 다시 호황의 롤러코스터는 계속된다. 그러나 이 세 가지 절감이 한계에 부딪칠 때, 이때가 자본주의가 막장에 다다르는 시기다. 월러스틴은 지금이 그렇다고 한다. 자본주의가 수백 년 동안 인건비 절감이라는 고비를 넘겨온 핵심은 농촌의 해소, 즉 도시화에 있었다. 세계 차원의 이야기다. 지금 세계의 농촌은 거의 다 사라졌다. 값싼 노동력이 쏟아져나올 큰 구멍은 이제 거의 사라졌다고 보는 것이다. 하긴 중국, 인도, 남미, 아프리카까지 그렇다. 경제에 어느 정도 물이 차면 노동자들의 임금이 올라가는 것은 필연적이다. 그리고 일단 그렇게 올라간 임금 수준은 좀처럼 내려가지 않는 소위 '하방 경직성'을 가진다. 중국, 인도, 브라질 노동자의 임금이 오르고 그들 상당수가 중산층이 되면 어떻게 될 것인가? 슈퍼헤비급 초국적 기업들이 인건비를 절감할 폭이 대폭 줄어든다. 인구의 중산층화에 따라 권리의식이 신장되면 복지에 투여될 잉여비율이 늘 수밖에 없다. 자본의 초과축적의 양은 역시 그만큼 또 줄 수밖에 없다.

투입비용 절감이란 뭔가? 월러스틴은 여기서도 세 가지를 말한다. 유해 폐기물 방출, 원자재 가격 절감, 생산 경비를 절감해주는 사회 인프라를 거저 내지 초저가로 이용하여 얻는 이득이 그것이다. 그리고 이 세 가지 절감이 모두 어려워지고 있다고 말한다. 환경오염과 자연고갈에 대한 위기감은 이미 대중적이다. 이제 기업들은 여러 방식으로 그 값을 치러야 한다. 즉 환경오염과 자연 사용에 대한 비용이 높아지고 있다. 거대해진 사회 인프라 투자에 대한 청구서도 이제 기업에게 날아온다. 오직 국민에게 책임을 전가하던 시대는 지났다. 많이 이익 보는 쪽이 더 내라는 것이다.

세금은 갈수록 늘어왔다. 사실 자본주의는 국가 체제를 동반자로 삼아 성장해왔다. 서구 자본주의 패권이 그들 국가의 대포와 함선 없이 가능했겠는가? 자본은 항상 강한 정부를 좋아한다. 꼭 필요하다. 자신을 위해 주먹을 휘둘러주는 정부. 이 힘을 먹여살리기 위해 세금을 내야 한다. 뇌물도 세금의 일종이다. 그렇다고 자본에만 국가가 필요한 것은 아니다. 국민생활 일반의 안전과 질서를 위해서도 국가는 필요하다. 사실 국가는 누구에게나 필요하다. 그러나 그 세금은 누가 내는가? 자본주의 500년의 상당 기간 서구 선도 국가들은 그것을 외국과 자국의 빈민들에게 떠넘길 수 있었다. 최고의 세금은 강탈과 점령이다.[44] 그러나 이제 점점 그 몫의 많은 부분이 자본에 부과되고 있다. 더구나 거스를 수 없는 민주주의의

44. 전쟁에서도 최고로 이익을 남기는 최선(?)의 방법은, 바로 식민지 민중을 병사로, 총알받이로 써먹으면서 하는 것이다.

시대다. 이제 어느 정부든 교육, 건강, 주택, 노후 등 기본 복지를 제공하지 않을 수 없다. 그 돈을 누가 내는가? 민주화된, 민주주의로 단련된 국민들은 더이상 내라는 대로 빼가는 대로 가만 놓아두지 않는다. 이젠 약한 나라라고 해서 얌전히 뺏기고 당하고만 있지는 않는다. 그리하여 세금 절감, 이 분야도 무한 축적을 원하는 자본의 뜻대로 돌아가줄 공산이 점점 희박해져간다.

불황 탈출이란 자본의 무한 축적의 또다른 길이 열린다는 뜻이다. 그런데 그 세 가지 통로가 모두 닫혀가고 있다. 이것이 월러스틴이 이 시대의 위기가 과거의 것과 질적으로 다르다고 보는 이유다. 그는 열역학 용어를 빌려, 이 상태를 특정 분자운동이 평형상태에서 점점 멀어지다가 어느 임계점에 이르면 분자의 운동 형식이 완전히 바뀌어버리는 현상, 즉 가지치기bifurcation 현상이라고 부른다. 재미있는 것은 이때 그 분자운동 형식이 어떤 방식으로 바뀔지 전혀 예측할 수 없다는 점이다. A가 이 지점에서 분명히 바뀌는데, 그것이 B가 될지, C가 될지 예측 불가하다는 것이다(이처럼 A에서 B 또는 C로 가는 길이 열린다는 점에서, 이것이 나무가 가지 치는 모습과 흡사하다 하여 가지치기라 부른다). 이과 학도들은 벨루소프-자보틴스키 반응을 기억할 것이다. 원래 상태로 돌아가곤 하는 열적 균형 상태에서 멀어지면 어느 순간, 잔잔하던 회색 용액이 갑자기 전혀 새로운 무늬를 그리고 그 무늬가 계속 바뀌어간다. 용액의 색도 함께 확확 바뀐다. 그러니까 월러스틴의 예측에 따르면, 이제

머지않은 미래에 자본주의는 더이상 옛날 500년 동안의 방식으로 자신을 되풀이하지, 즉 지속하지 못하게 된다는 것이다. 전혀 새로운 무엇인가가 대신 나타난다. 그것이 무엇일 것인가? 알 수 없다. 미지未知다. 다만 분명한 것은 지금 이 상태에서의 움직임들이 그 결과에 확실한 영향을 미친다는 것이다. 즉 지금 우리의 의식적인 노력이 지금처럼 미래의 변화를, 그것도 큰 변화를, 분명하게 일으킬 수 있는 시대는 결코 흔치 않다는 뜻이기도 하다. 500년 만에 오는 변화! 이 변화에 분명한 임팩트를 주는 움직임들!

이러한 순간에, 앞서 살펴본 남미의 거대한 유턴 또는 좌턴은 어떤 의미를 가지고 있는 것일까? 이 움직임은 이 500년 된 자본주의 세계체제에 어떤 변화를 일으킬까? 이 문제를 다루기 이전에 한 가지 꼭 짚어볼 문제가 있다.

서구와 비서구의 동시성

과연 월러스틴 주장의 전제는 모두 타당한 것인가? 무엇보다 과연 자본주의가 500년 된 것이 맞는가? 과연 오늘의 우리 세계가 오직 하나, 자본주의 세계체제가 맞는가? 이런 질문이 중요한 것은, 무엇이 끝나간다고 했을 때, 과연 끝나가는 것이 무엇인지를 정확히 알아야, 그다음 이어지는 국면에 대한 이해도 보다 정확해질 것이기 때문이다. 월러스틴 세계체제론의 핵심은 자본주의 세계경제world-economy를 하나의 단위로 본다는 데 있다. 즉 '500년 된 하나의 단위'다. 이 하나의 단위가 종점에 이르렀다, 변한다는 것은, 그 하나인 전체가 동일한 양상으로 또다른 하나의 단위로 변한다는 뜻이 된다. 간단히 말해 '500년 된 A 전체'가 'B(또는 C)라는 또다른 하나'로 변한다는 것이다. 과연 그럴까? 나는 이 그림이 좀 단순하지 않은가 생각한다. 실제는 훨씬 더 울퉁불퉁하다.

우선 '500년 자본주의'에 대해. 필자는 자본주의가 19세기 초엽 서유럽 일각에서 시작되었다고 보고 있다. 물론 필자 혼자만의 견해는 아니다. 점점 많은 역사학자들이 이 견해에 동의하고 있다. 그보다 빨리 잡더라도 18세기 말이다. 그렇다면 200년 조금 넘은 셈이다. 그 이전에는 서유럽도 물론 비자본주의사회였다. 물론 자본주의의 싹은 있었다. 그러나 그런 식의 싹은 유럽 밖에도 아주 많았다. 18세기까지만 해도 중국이 영국보다 강했다. 유라시아문명권 단위로 보면, 300년 전만 하더라도 비서구 문명권이 유럽 문명권보다 강했다. 오스만튀르크의 이슬람권, 무굴의 인도권, 그리고 중국을 위시한 동아시아권이 그랬다. 한 사회 단위를 지배한 경제 양식으로서의 자본주의란 200년 전, 그것도 지구상 지극히 일부 지역에서 시작되었던 것뿐이다.[45] 압도적으로 광대한 다른 지표

---

45. 이 문제에 대한 자세한 논의는 김상준, 『맹자의 땀 성왕의 피: 중층근대와 동아시아

면의 경제는 비자본주의적이었다. 대략 12세기에서 18세기에 이르는 이 시기는 문명 간 접촉이 상당히 활발하면서 비교적 동등한 관계가 형성되어 있었다. 이 시기를 역사학자들은 초기근대the early modern age라고 부른다. 근대가 서서히 시작되지만, 아직 완전한 근대는 아닌 시대다. 이 시대에 폴라니적 의미의 자본주의는 없었다. 역사를 길게 보면 자본주의가 지배한 시대는 매우 짧음을 알 수 있다. 그 자본주의라는 것도 생각만큼 매끈한 하나가 아니다.

그로부터 200여 년이 지난 오늘날의 세계경제world economy[46]도 자본주의와 비자본주의가 뒤섞여 있다. 오직 자본주의 하나로 묶이지 않는다. 내가 염두에 두고 있는 자본주의란 헝가리 출신의 빼어난 사회이론가 칼 폴라니Karl Polanyi가 생각했던 것과 비슷하다. 폴라니는 오랜 인류의 생활사에서 경제는 크게 호혜경제, 재분배경제, 교환경제, 이렇게 셋으로 구분해볼 수 있다고 했다. 이 셋이 어느 정도의 비율로, 어떤 방식으로 섞여 있는가가 경제체제의 성격을 규정한다. 호혜경제란 공동체경제고, 재분배경제는 국가경제, 교환경제는 시장경제로 보면 된다. 이 셋은 언제나 섞여 있었고, 지금도 그렇다. 자본주의란 시장경제가 다른 두 경제 영역을

유교문명』 1장과 7, 8, 9장 참조. 특히 1장에 이 문제에 관한 전체적 정리를 해두었다.

46. 월러스틴의 세계경제와 다른 의미다. 월러스틴의 세계경제는 단일 단위이지만, 여기서 필자가 말하는 세계경제란 성격이 약간씩 또는 크게 다른 여러 경제 단위들의 복합체다.

완전히 포섭하고 압도하고 있는 사회를 말한다. 그럴 수 있기 위해서는 시장경제를 강력한 독점자본들이 배타적으로 지배하고 있어야 한다.

오늘의 세계를 보더라도, 독점자본의 시장 지배력 정도가 나라와 지역에 따라 매우 다름을 알 수 있다. 그래서 '다양한 자본주의varieties of capitalism'라는 말이 나온다. 비자본주의 영역도 생각보다 넓다. 마냥 독점자본의 노리개가 된 국가가 아니라면, 그런 국가의 예산 집행을 단순히 그리고 순전히 자본주의적이라고 말하기 어렵다. 폴라니적 의미에서 그렇다. 예를 들어 복지가 강한 북구 국가들은 국가 GDP의 절반 가까이를 국가가 집행한다. 이런 경제를 단순히 그리고 순전히 자본주의적이라고 말할 수 있을까? 재분배경제가 시장경제와 거의 대등한 상태인데도 말이다. 또 호혜경제, 즉 공동체경제는 오늘날 완전히 소멸했는가? 우선 가정, 가족이 있다. 이곳은 결코 언제나 완전한 자본주의가 될 수 없다. 또 수많은 의식적, 자연적 공동체들이 지구 여러 곳에 존재하고 있다. 그런가 하면 쿠바나 북한과 같이 고립된 채, 사회 전체가 비자본주의적으로 살아가고 있는 나라들도 있다. 따라서 오늘날의 세계경제는 '강한 자본주의-약한 자본주의-약한 비자본주의-강한 비자본주의'가 연동되어 있는 전체로 보아야 실물에 가깝다. 이 스펙트럼을 꼭 국가 단위로 볼 필요는 없다. 한 나라 안에서도 얼마든지 그럴 수 있다. 실제가 그렇다.

필자는 오늘날의 경제를 국가경제와 기업경제(또는 시장경제)라는 두 거대경제two super economies와 그 사이에 다양한 형태와 수준의 공동체경제가 공존하고 있는 복합체라고 보고, 그 두 거대경제 사이의 경제를 '중간경제middle economy'라고 부른다. 이 역시 폴라니적 발상의 연장이다. 그 중간경제의 형태는 매우 다양하다. 가정경제만이 아니다. 필자가 다른 곳에서 쓴 대로 "다양한 민간복지경제, 지역 통화 시스템, 생산-소비 협동조합, 대안 무역 네트워크, 지역복지-사회기여활동을 하는 NGO들과 노동조합, 그리고 종교조직, 이를 지원하는 각종 재단 등"이 있다. 이 영역을 우리는 그동안 "연대경제, 자원경제voluntary economy, 협동경제, 제3섹터경제, 비영리경제, 내포경제inclusive economy" 등 다양한 이름으로 불러왔다. 이 영역은 21세기 들어 오히려 성장하고 있는 추세다.[47] 필자는 이 '중간경제'의 성장이 월러스틴이 말하는 '자본주의 이후의 경제체제'의 방향에 매우 큰 역할을 할 것이라고 생각한다. 국가경제와 시장경제 모두를 변화시킬 잠재력을 품고 있다. 그동안은 그 사이에 끼어 존재가 미미했지만, 이후로는 오히려 그 양자를 보다 바람직한 방향으로 변화시켜나가는 매개적 추동체가 될 수 있다.

이러한 문제 제기가 어떤 의미를 갖는다는 것인가? 지금 논하

---

47. 김상준, 『미지의 민주주의: 신자유주의 이후의 사회를 구상하다』 184쪽, 특히 5장과 5장 보론, 그리고 13장 결론에서 이 문제를 집중적으로 논의했다.

고 있는 남미 문제를 생각해보자. 월러스틴의 단일 단위의 자본주의 세계체제(또는 세계경제)라는 관점에서 보면, 예를 들어 브라질의 성장은 이 자본주의 세계경제를 오히려 강화-완성시키고 있는 것이 된다. 중국이나 인도의 성장도 마찬가지다. 그 전체를 자본주의적 성장으로만 보는 것이다. 물론 자본주의 자체의 성장, 팽창이 '자본주의적 성장의 한계'를 앞당기고 있다는 함의도 있다. 그러나 이러한 생각은 너무 단순하다는 느낌이다. 중국, 인도, 브라질의 성장은 자본주의적 성장인 동시에 비자본주의적 성장인 면도 있다. 왜냐면 역사적으로 비자본주의적 요소가 강했던 경제체들이 그런 많은 요소를 가지고 자본주의로 진행하고 있기 때문이다.

어떤 의미에서 그러한가? 비서구는 오직 서구가 걸어왔던 성장과 발전의 길을, 동일한 형태로, 다만 시간적으로 뒤떨어져 밟아가고 있다고 보는 시각이 있다. 원본은 하나, 그리고 다른 모두는 카피(복사)라는 것이다. 이 점에서는 월러스틴도 크게 다르지 않다. 그러나 서구가 밟아온 자본주의적 발전의 경로와 지금 비서구가 밟아가고 있는 진행의 경로는 결코 이전에 있었던 것의 되풀이일 수가 없다. 서구의 자본주의적 발전이란 광범한 비서구의 희생 위에서만 가능했다. 우선 아메리카와 아프리카가, 그리고 점차 이슬람과 인도-동남아시아권이, 그리고 최후에 동아시아권이 그 제물이 되었다. 그러한 역사가 이제는 반대 방향으로 되풀이될 것인가? 역사에 그런 것, 즉 같은 것의 되풀이는 없다. 불가능하다. 선행조건이 다르기 때문이다.

월러스틴의 '세계체제'와 같은 '어떤 하나'가 있다면, 그것은 여러 다른 경로들의 복합체로서의 하나일 뿐이다. 그 각각의 경로들은 모두 고유하다. 그래서 같은 자본주의라도 미국의 자본주의와 남미의 자본주의는 다를 수밖에 없다. 미국 또는 유럽이 했던 것을 남미가 뒤늦게 꼭 같이 따라가고 있다고 흔히들 말하지만, 조금만 더 생각해보면 이는 완전한 난센스다. 월러스틴이 말하는 '가지치기'도, 그런 것이 실제 발생하고 있다면, 나라와 지역에 따라 각각 고유한 방식으로 진행중이라고 보아야 한다. 모든 사건은 동일한 시간대에 벌어진다. 그리고 그 각각이 고유하다. 유럽에서의 진행은 더 앞선 것이고, 유럽 밖에서의 진행은 그보다 뒤처진 것이라는 식의 생각은 이제 더이상 설 곳이 없다. 가지치기란 각각 고유한 동시성들의 전체 효과로서 발생하는 무엇일 것이다.

남미가 우리에게 선사한 것들

이제 정리해보자. 최근 10년간, 길게는 20년간 남미의 변화를 어떻게 이해해야 할 것인가? 불황기 자본의 공세적 이념인 신자유주의의 최대 피해자가 남미였고, 그러나 그 기억과 자취를 이제 남미가 가장 앞장서 뒤집고 있다고 할 수 있다. 최소한 '무정한 자본주의'(의 피해자)에서 '인간의 얼굴을 한 자본주의'(의 주체)로 이동하고 있다. 그 모습과 정도는 매우 다양하다. 그러나 앞 장에서 언급한 남미 특유의 '곱빼기 양극화'가 이제 서서히 역전되고 있다는 점에서 공통적이다. 남미호의 진수장에 서서히 물이 차오르면서 배가 뜨고 있는 형국이다. 이 남미호가 예전 호황기의 선진 자본주의국가들이 그랬던 것처럼 '샴페인을 마구 터트리고' '흥청망청 써대는' 상태로 나갈 가능성은 거의 없다. 축적의 근본 조건이 세계적 차원에서 제약받고 있다는 월러스틴의 진단은 기본적으로 옳다. 미래는 저성장의 시대가 될 수밖에 없다. 다른 대륙, 또는 남미 내 어떤 나라가 이웃나라의 밥이 되어 엄청난 초과이윤을 갖다바치게 될 가능성도 매우 희박하다. 물론 불균등한 국가관계가 당장 사라질 것도 아니다. 남미 내에서도 국가의 격차가 있고 그들 간의 미묘한 경쟁관계는 상당히 날카롭다. 그렇지만 과거 식민지 시대 서구의 비서구 지배와 같은 식의 일방적이고 압도적인 침탈은 외부로부터든 남미 내부로부터든 더이상 가능하지 않다는 것이다. 그런 조건 속에서 남미는 최근 10년간 그런대로 좋은 성적을 거두었다. 성장도 이루고 불평등도 줄였다. 무엇보다 많은 남미인들이 더욱 행복해지고 스스로를 더 자랑스러워하게 되었다.

그 성적표는 단순히 양적인 데 그치지 않는다. 지독했던 군사독재의 상처를 감동적으로 감싸안은 칠레의 민주화 과정은 단순한 경제성장-불평등 완화 이상의 것을 인류 앞에 선사했다. '진실과

화해'가 그것이다. 인간의 탈을 쓴 야만의 상처를, 고통을 녹여 승화하는 감동으로 바꾸어냈다. 남미의 거의 모든 나라가 혹독한 군사독재의 상처를 가지고 있다. 군사독재의 잔재, 기억, 재도래 가능성을 근절하기 위해 반군사독재 진영이 분열하지 않고 단결했다는 것도 남미 민주화 과정의 훌륭한 점이다. 칠레의 감동도 이 위에서 가능했다. 그런가 하면, 고립된 채 극단적 결핍을 강요받았던 쿠바는 검소와 나눔을 통해 이르게 되는 '탈성장의 행복'이라는 예상치 못했던 지혜를 우리에게 선물해주었다. 탈성장의 가능성을 예비해야 하는 인류에게 쿠바가 주는 교훈은 적지 않다. 일찍이 군대 없는 나라를 헌법으로 채택한 코스타리카가 이룬 수준 높은 자유와 평화 그리고 행복감도 눈여겨볼 대목이다. 멕시코 치아파스의 농민들은, 앞서 언급한 대로, 지속가능한 자율과 자치의 실체를 예시해주었다. 여기에 국제적 연대를 더해보아야 한다. 치아파스만의 현상이 아니다. 여러 나라로 확산되고 있는 남미 원주민 자치운동-토지운동의 향배를 주목해볼 만하다. 볼리비아에서 최초로 원주민 대통령이 나왔는데, 이는 결코 일회적 현상이 아닐 것이고, 볼리비아에 국한되지만도 않을 것이다. 머지않은 미래에 브라질에서도 원주민 출신, 흑인 출신 대통령이 나올 가능성이 있다. 역시 마찬가지로 여러 나라로 확산되고 있는 브라질형 참여행정, 참여복지 현상도 깊이 연구할 가치가 있다. 그런가 하면 1990년대 신자유주의정책의 대량 실업 사태에 맞선 대중적인 피케테로스(피켓)운동처럼 사회운동, 대중운동의 새로운 범형을 보여준 아르헨티나의 사례도 있다(2011년 미국의 '월가를 점령하라' 운동의 원조는 여기라 할 것이다). 비단 아르헨티나만이 아니다. 대중운동, 시민조직의 새롭고 창조적인 범형을 남미 여러 나라의 시민사회가 보여주었다. 베네수엘라의 사례도 이 점에서 주목할 가치가 있다. 포르투알레그리에서 시작되어 전 세계로 확산되고 있는 세계사회포럼은 남미 시민사회운동이 이룬 창조적 성과들의 총화를 상징하고 있다.

여기에 더하여 남미 원주민의 전통적 삶의 가치인 '부엔 비비르 Buen Vivir'의 권리를 헌법 조항에 포함해 강조하고 있는 에콰도르와 볼리비아를 주목할 필요가 있다.[48] '부엔 비비르'란 좋은 삶이란 뜻인데, 이것은 '더 많은 소유'를 목표로 하지 않는다. 이 지역 원주민의 토착 전통이자 우주관인 '수막 카우사이', 즉 자연과 인간의 균형 상태를 중시한다. 에콰도르 '헌법작성회의'의 의장인 알베르토 아코스타는 다음과 같이 말한다.

> '부엔 비비르'는 토착사회들의 삶의 철학이다. 그것은 서구 합리주의와 그 메시지에 의한 영향 때문에 존립 터전을 상실해왔다. 그러나

48. 이하 내용은 토마스 파토이어, 「부엔 비비르—'좋은 삶'과 자연의 권리」, 『녹색평론』 134(2014년 1·2월) 참조.

> 우리가 그릇되게 그것을 이상화하지 않는다면, 그것은 서구적 방식이 아닌 실천과 지혜를 받아들이도록 하는 길잡이로서 중요한 공헌을 한다. (중략) '부엔 비비르' 철학에 따른다면, 전통적인 발전 개념들에 의문을 제기하는 게 필요하다. 이 관점에서 볼 때, 이른바 '지속가능한 개발'이라는 것은 새로운 패러다임으로 가는 길의 중간 목표로 받아들여져야 한다. 새로운 패러다임은 궁극적으로 지속가능성뿐만 아니라 평등성과 자유와 평등한 권리라는 차원을 포괄한다.

같은 남미의 진보적 정부들인 브라질과 베네수엘라 정부가 사회적 권리의 신장과 함께 경제성장에 주목하고 있는 반면, 에콰도르와 볼리비아 정부는 성장보다는 환경의 보전과 자연과의 조화를 강조한다. 인간의 권리와 함께 자연의 권리 역시 중시하고자 한다. 에콰도르가 국립공원인 열대우림 지역에서 발견된 매장 석유의 개발을 포기하고 숲의 보호를 선택한 것이나, 볼리비아 정부가 여러 국제 환경, 기후 회의에서 매우 급진적인 모습을 보이는 것은 이러한 대안적 삶에 대한 그들의 합의가 있기 때문이다. 자원 남용과 고갈이 지구촌의 보편적인 문제인 만큼, '부엔 비비르'의 지향은 우리 모두에게 큰 호소력을 발휘한다.

3부

이슬람권의 민주주의

THE EVOLUTION OF DEMOCRACY

IN ASIA, LATIN AMERICA, AND ISLAM WORLD

08

타흐리르:
거대한 뿌리와 지구적 동시성

이슬람 민주화의 바람

2010년 12월 17일, 26세의 한 튀니지 청년이 경찰의 생존권 위협에 항의하며 분신자살했다. 이름은 부아지지Mohamed Bouazizi, 노점상이었고, 전자공학을 공부한 대졸자로 알려졌다. 부아지지와 같은 처지의 교육받은 실업 청년들, 그리고 저임금에 허덕이던 젊은 노동자들이 길거리로 쏟아져나와 부아지지의 분노에 공명했다. 24년간 집권한 벤 알리와 그 일가가 독차지하고 빼돌린 막대한 부에 대한 위키리크스WikiLeaks의 폭로는 청년들의 분노에 휘발유를 뿌렸다. 부아지지의 죽음으로부터 한 달이 채 못 된 2011년 1월 14일, 대통령 벤 알리와 그 일가는 사우디아라비아로 쫓기듯 망명했다. 바로 재스민혁명이다. 재스민은 튀니지의 나라꽃이다.

벤 알리가 물러난 지 약 열흘이 지난 1월 25일. 이번에는 같은 북아프리카 국가인 이집트의 수도 카이로에 있는 타흐리르Tahrir 광장에 수만 명의 군중이 모였다. 튀니지의 폭풍과 같은 기세를 잇고 있었다. 그러나 튀니지에 비해 이집트는 훨씬 큰 나라고, 대통령 무라바크의 감시와 통제, 그로 인한 공포 분위기는 튀니지와는 비교할 수 없을 만큼 강했다. 광장에 모인 사람들은 스스로 놀랐다. 대부분 젊은이인 그들에게는 그렇게 많은 사람들과 한자리에 모여 본 경험이 없었기 때문이다. 수십 년간 이집트인들의 마음을 짓누르고 있던 공포와 침묵의 주술이 어느 순간 풀려버렸다. 이로부터 일주일 만인 2월 1일, 수십만 인파가 타흐리르 광장을 출발하여 대통령궁이 있는 헬리오폴리스를 향해 행진했다. "무바라크 퇴진!"을 외쳤다. 언론은 이를 '백만 행진'이라고 썼다. 행동에 나선 인파가 전국적으로 100만에 육박했기 때문이다. 2월 2일, 무바라크의 아들이 조직한 대규모 폭력단이 타흐리르 광장을 덮쳤다. 밤샘 격투, 아니 총성까지 난무하는 싸움 끝에 반정부 시위대가 폭력단을 몰아내고 승리했다. 2월 11일, 1981년부터 장장 30년간 철권통치를 해 온 호스니 무바라크가 대통령직을 사임하고 나라를 떠났다.

세계가 놀랐다. 수십 년간 군림해온 터라 철옹성 같을 줄만 알았던 두 나라의 독재자가 불과 10여 일의 분노의 파도 앞에 허망하게 무너졌다. 이어 이 불꽃은 예멘, 시리아, 리비아, 알제리, 바레

이집트 민주화의 성지, 타흐리르 광장의 인파
이집트의 독재자 무바라크의 퇴임 소식이 전해지자 카이로 시민들이 타흐리르 광장에 모여 환호하고 있다. 장기 집권하던 대통령을 몰아낸 이웃나라 튀니지의 혁명에 자극받은 이집트 국민들은, 2011년 1월 25일부터 타흐리르 광장을 거점으로 무바라크의 퇴진을 요구하는 시위를 벌였다. 무바라크 정권은 군경을 동원해 이들을 무력으로 제압하고 백색테러를 기획하는 등 시위대의 결집력을 약화하려 애썼다. 그러나 시위는 계속 격화되어갔고, 결국 18일 만인 2월 11일에 무바라크가 퇴진함으로써 30년간의 철권통치는 무너졌다. 시민혁명의 시작과 끝을 함께한 카이로 한복판 타흐리르 광장은 이집트 민주화의 성지가 되었다.

인, 그리고 이란으로 순식간에 퍼져나갔다. 이중 현재까지 정권 퇴진에 성공한 곳은 예멘(2011년 11월)과 리비아(2011년 10월)다. 리비아 카다피 정권의 붕괴는 나토의 노골적인 군사개입 때문에 가능했다. 반면 바레인의 반정부 시위는 친서방 왕정국가인 사우디아라비아가 중심이 된 걸프협력회의GCC의 군사개입에 의해 질식당했다. 시리아에서는 여전히 수많은 희생자를 낳으며 일진일퇴의 공방이 진행중이다. 이란은 어떠한가? 이란 민주운동 전통은 깊다. 친미 샤Shah(이란 황제) 체제 아래서도 그러했지만, 1978~79년의 혁명 이후 수립된 이란이슬람공화국 아래서 그 전통은 오히려 더욱 활발해졌다. 여전히 진행중이다. 2011~12년의 '아랍의 봄'이 오히려 이란 민주화 바람의 영향을 받았다고 볼 수도 있다. 시간적으로 그렇다. 2009~10년에 이란에서는 이미 '녹색운동Green Movement'이 격렬하게 분출했기 때문이다. 물론 2011년 이래 아랍의 봄이 이란의 민주화 동력을 재점화한 것도 사실이다. 그러니 이란과 이슬람세계가 민주화의 동력을 서로 주거니 받거니 상호추동하고 있다고 말할 수 있다.

여기서 잠깐, 이 책에서 '아랍'이란 표현 대신 '이슬람'을 쓰는 이유를 밝혀둔다. 아랍 지역이란 아랍어를 주 언어로 사용하는 서아시아와 북아프리카 일대를 말한다. 이슬람은 그보다 범위가 훨씬 넓다. 흔히 '세네갈에서 인도네시아까지'라고 한다. 인도네시아 너머 필리핀 민다나오 섬에도 이슬람 신자가 다수다. 아울러 이 글은 재스민혁명에서 시작된 후 주로 2011년에 집중된 현상에만 국한하지 않을 것이다. 공간적으로나 시간적으로나 아랍보다 더 넓고 깊은 차원의 이슬람권이 이 글의 논의 대상이다.

질문들

타흐리르 광장의 놀라운 사태는 이어지는 질문을 낳았다. 첫번째 질문은 이렇다. 도대체 과연 아랍-이슬람 세계에서 민주주의가 가능한 것인가? 이슬람은 코란-샤리아 체제, 즉 신정-교권 체제 아닌가? 오직 알라와, 그가 예언자 마호메트를 통해 전한 계시만이 절대적인 가치를 갖는 곳 아닌가? 반면 민주주의란 국민이 의사 결정의 주인이 되는 체제 아닌가?

두번째 질문은 이렇다. 그럼에도 분명히 현실 속에서 진행되고 있는 재스민혁명, 아랍의 봄, 이슬람권의 민주화 현상을 가능하게 하는 것은 무엇인가? 이제야 비로소 이슬람권에서도 제대로 된 서구화의 바람이 불고 있는 것인가? 지구화란 결국 서구화의 전 지구화가 아닌가? 따라서 그만큼 평평해진 세계 안으로 이슬람권이 들어온 것이고, 그 결과 이곳에서도 민주화가 진행되고 있는 것 아닌가? 이제야 아랍-이슬람권도 비로소 유럽-서구의 길을 걷게 되는 것이라고 볼 수 있는가?

세번째 질문은 이렇다. 과연 현재 진행중인 이슬람권 민주화 바람의 귀결, 또는 방향은 어떻게 될 것인가? 결국은 반짝하고 마는 것 아닌가? 시발점인 튀니지나 이집트도 다시 지지부진한 수렁으로 들어가고 있는 것 아닌가? 카다피를 제거한 리비아는 어떤가? 여긴 오히려 옛 식민지배권 안으로 되돌아가고 있는 것 아닌가? 안팎으로 물고 물리는 어지러운 내전 상태가 장기화하고 있는 시리아는 어떤가? 여기서 어떤 세력이 진정한 민주적 정당성을 가지고 있다고 말할 수 있겠는가? 이란 전 대통령 아마디네자드는 반미 구호와 핵개발을 내세워 신정神政독재를 잘도 정당화해내지 않았는가? 그러면서 민주화 세력을 효과적으로 압살해내지 않았는가? 이러한 회의론 내지 냉소론은 곧 첫째 질문으로 되돌아가게 한다. 이슬람권의 문화는 결국 생래적으로, 근본적으로 민주주의와 잘 맞지 않는다. 가부장적 족장들이나 그들의 두목인 군부독재자들이 통치해온 곳이 아랍-이슬람권 아닌가? 그런 것이 아니면 이란형 신정독재국가 혹은 탈레반 국가다. 언제나 어디서나 여성을 억누르고 시민의 자유를 교살한다. 그것이 이슬람의 역사고 문화 전통이 아니던가?

이상 질문들은 서로 꼬리를 문 채 제자리를 뱅뱅 돌고 있다. 그 '제자리'란 이슬람을 영원히 타자화하는 순환논법의 고리다. 이러한 질문들은 대체로 '서방세계의 관점'에서 문제를 바라보고 있다. 이런 관점에서는 이슬람이란 그 자체가 민주주의의 영원한 밖이다. '체질적으로 맞지 않는 민주주의가 이슬람 안으로 들어오게 되면 오히려 문제가 더 복잡해질 뿐이다. 내부 갈등과 대립이 심화될 뿐만 아니라, 외부 세계와의 관계도 더욱 힘들어지기만 한다.' 결국 이런 오래된 편견이 순환, 재순환될 뿐이다. 이러한 편견의 깊은 속마음 한 자락은 어느 '서방인'의 다음과 같은 말에서 잘 드러난다. "우리 좋은 주님the good Lord께서는 석유와 가스를 민주적인 정부가 존재하는 땅에 저장하는 것이 적절치 않다고 보셨다." 이라크를 침공했던 미국 대통령 조지 부시의 스승급 부통령이자 석유

산업체 핼리버튼의 CEO였던 딕 체니의 발언이다. 그는 부통령이 되기 전, 핼리버튼 CEO로서 1996년 에너지 컨퍼런스에서 이런 발언을 남겼다. 어쨌거나 이렇듯 좀처럼 빠져나오기 어려워 보이는 '타자화의 영원한 순환고리'를 빠져나가는 방법은 과연 있을까? 있다면 그것은 무엇일까?

우선 제대로 된 질문이 필요할 것이다. 질문이 바르면 그것만으로 답에 절반쯤 다가서게 된다. 반면 질문이 틀려 있으면 영영 바른 답을 찾지 못한다. 위 질문들을 완전히 다른 무엇으로 바꿀 필요는 없다. 나름대로 사태를 보고 하는 말들이니까. 그러나 편견을 지워 질문을 약간 변형할 필요가 있다.

그렇다면 무엇보다 첫째 질문이 중요하다. 우선, 이슬람과 민주주의를 미리 대립시켜놓고 그 병립 가능성을 묻는 방식이어서는 안 될 것이다. 현실에서 시작해야 한다. 타흐리르 광장의 거대한 열기, 에너지, 역동성을 있는 그대로 보고 느끼는 사람의 마음에 떠오르는 게 뭘까? '아! 민주주의란 정말 대단한 것이구나!'라는 강렬하고 압도적인 느낌일 것이다. 그러나 유력 저널과 언론에 표명된 반응의 다수는 그렇지 않았다. 그들에게는 이슬람과 민주주의란 애초부터 물과 기름처럼 어울리지 않는다는 모종의 전제, 편견이 있다. 그래서 일단 의심하고 불신한다. '이것이 정말 민주주의일까?'라고. 물론 이들의 마음속에는 '민주주의란 자고로 이런 것이야' 하는, 미리 전제된 어떤 정답이 있다.

그렇다면 첫째 질문은 민주주의란 과연 무엇인지를 다시 묻는 것이 되어야 하겠다. 우리가 알게 모르게 붙들고 있는 고정관념을 버리고 넘어서는 것이 우선이다. 우리가 당연하다고, 너무나 잘 알고 있다고 생각하는 민주주의 자체가 도대체 무엇인지 다시 묻고, 다시 생각해보는 것이 첫번째 단계다. 이 안에 카이로의 백만 행진, 테헤란의 녹색운동이 자연스럽게 녹아들어간다. 이렇게 해야, 미리 자명한 정답으로 고정되어 있는 어떤 민주주의와, 또 미리 자명하게 비민주주의적이라고 설정되어 있는 이슬람에 대한 모종의 관념을 대비시키는, 너무나 단순하고 빤한 순환논법을 벗어날 수 있을 것이다.

이러한 준비가 어느 정도 된다면, 이어지는 둘째 질문은 무엇이 되어야 할까? 그렇게 다시 풀어본 민주주의와 이슬람 세계의 역사적 경험의 공통 부분을 추출해보는 것이 되겠다. 이를 통해 이슬람 민주주의의 고유성, 특징을 민주주의의 일반성 위에서 포착할 수 있을 것이다. 마지막 질문은 그러한 특징을 가진 '이슬람 민주주의의 미래 방향은 어떻게 될까?'가 되겠다. 마지막 질문에 대한 답은 이슬람권 민주주의에 대한 보다 세분화된 유형화 작업을 전제한다. 이슬람권이란 매우 방대하고 다양하기 때문에, 한 가지로 전체를 말할 수 없다.

제한된 지면에 비해 너무 큰 숙제일지도 모른다. 그러나 피해갈 수 없다. 어릴 적 한 노 화백畵伯께 배운 교훈이 있다. "그림 그리기의 매력이란 아무리 작은 종이 위에도 우주 전체를 그려넣을 수 있다는 거야!" 종이가 작다고 탓하지 말라는 가르침이었다. 그렇다면 지금 내 앞의 이 숙제가 꼭 불가능한 것만은 아니리라. 자, 이제 질문들에 대한 답을 차근차근 생각해보기로 한다.

민주주의의 거대한 뿌리

몇 년 전 부산에서 열린 한 국제학회 연회장에서 있었던 일이다. 회의를 주재하던 어느 외국 학자가 "여기 이 자리에 아프리카 빼고는 육대주 모든 곳에서 오셨다"고 인사말을 하기에, 필자가 "아니죠, 우리 모두가 아프리카에서 왔지요"라고 한마디 보탰다. 그랬더니 좌중 모두가 웃었다. 최근 놀랍게 발전한 DNA 연구가 가르쳐준 사실이다. 1980~90년대 이루어진 인류 유전자 분석 결과에 따르면, 현재의 모든 인류는 단일 조상에서 비롯되었다. 그들은 대략 15만 년 전쯤 지금의 아프리카 케냐 일대에서 살고 있었다. 이들의 후손이 6만 년 전쯤 아라비아반도와 가장 가까운 아프리카의 뾰족한 뿔 부분(바브엘만데브 해협)을 건넜다. 소위 '아프리카 엑소더스'다. 3~4만 년 전쯤에 이르러서는 그 후손이 아시아, 유럽, 호주에 당도했다. 신대륙으로의 이주가 가장 늦어서, 1만 5000년 전이다. 그러니 우리 모두 아프리카에서 온 것이 분명하다. 우리 공통 조상이 살았다는 그곳은 오늘날 이집트 타흐리르에서 그리 멀지 않다.

이 놀라운 사실이 알려진 것은 불과 20여 년 전이다. 인류 모두가 촌수로 따져도 그다지 멀지 않은, 이렇게 가까운 한 뿌리, 한 가족이었음을 그 이전에는 꿈에도 몰랐다. 그저 막연히 까마득히 멀고 다르다고만 생각했다. 그러다보니 과거 많은 인간들이 자신들(자기 종족, 친족, 또는 고향민 등)만이 진짜 사람다운 사람이고, 그 밖의 다른 사람들은 진짜가 아니라고까지 생각했다. 심지어 칸트와 같이 생각이 깊고 빼어났던 철학자도 '니그로'(흑인)와 백인 간에는 본질적인 인종적 차이가 있다고 생각했다. 불과 200년 전의 이야기다. 그러나 이젠 부인하기 어려운 여러 증거들이 이러한 생각이 터무니없는 편견에 불과했음을 가르쳐주고 있다. 그럼에도 수만 년 걸쳐 두껍게 쌓인 편견은 결코 쉽게 사라지지 않는다.

이 이야기는 민주주의에 관한 최근 연구에도 그대로 적용된다. 우리는 오랫동안 민주주의란 오직 서양의 특산품이고 독점재라고 생각했다. 고대 그리스 아테네 민주주의-중세 말 이탈리아 도시국가-영국혁명과 프랑스혁명으로 이어지는 단선 경로만이 유일한 민주주의의 역사라고 배웠다. 이 단선 경로의 밖에는 민주주의가 없었다. 그래서 그동안 민주주의를 공부하면 항상 플라톤, 아리스토텔레스에서 시작해서 마르실리우스, 마키아벨리, 홉스, 로크, 몽테스키외, 루소로 이어지는 서양 정치사상사만 열심히, '원전'을 가져다놓고 한줄 한줄 금과옥조처럼 깊이 팠다. 이 단 하나의 선 밖의 일들은 어디까지나 열외이고, 잘해봐야 사이비 유사품, 가짜, 짝퉁에 불과했다.

그러나 이제 더이상은 아니다. 1장에서 언급했던 존 킨의 『민주주의의 삶과 죽음』으로 돌아가보자. 이 책은 민주주의를 유라시아 대륙의 역사 전체 차원에서 생각한다. 진화론과 DNA 연구가 인류의 기원을 밝혀준 것처럼, 그도 역시 민주주의를 보다 긴 역사의 차원에서, 인류 전체의 차원에서 진화해온 것으로 생각했다. 그는 이것을 크게 회합민주주의Assembly Democracy, 대의민주주의Representative Democracy, 그리고 모니터민주주의Monitory Democracy, 세 단계로 나누어 보았다.

존 킨은 회합민주주의의 원형이 기원전 3000년경 시리아-메소포타미아에서 시작되었다고 본다. 고대 수메르어로 우킨ukkin, 고대 아카드어로 푸룸puhrum이라고 부른 다중의 회합 또는 의회가 그것이다. 공동체의 주요 의사 결정에 성인 남성들이 다수 참여하는 방식이다. 1940년대에 관련 증거를 처음 발굴한 고고학자 야콥센은 이를 시원민주주의primitive democracy라고 불렀다. 존 킨은 이후 여러 문명권에서 회합민주주의가 다양한 방식으로 오랜 시간 존속해왔다고 주장한다.

생각해보자. 조선 시대 천인소, 만인소라는 것이 있다. 나라 정사에 중대한 논쟁이 생겼을 때 지방 유학자들이 중앙정치에 개입하는 방식의 하나다. 조정의 왕에게 올리는 상소문에 수백 명, 수천 명, 심지어 만 명이 넘는 사람이 서명을 한다. 그러다보니 상소문 두루마리를 펼쳐놓으면 길이가 무려 100미터에 달하기도 했다. 이런 상소문을 작성할 때는 지역에서 글줄이나 한다는 사람들이 넓은 마당과 대청마루 가득히, 많게는 동네가 꽉 차도록 모인다. 모여서 소의 주요 내용, 초를 잡을 사람, 소를 대표하는 자, 즉 소두疏頭 등을 두루 결정한다. 이것을 소회疎會라고 한다. 이 역시 존 킨이 말하는 회합민주주의임에 틀림없다. 중지를 모은다는 의미에서 '중지민주주의'라고 불러도 무방하겠다. "에이, 무슨 소리. 그런 게 무슨 민주주의야. 조선 시대 상소운동에 무슨 민주주의가 있어. 말장난이지. 솔직히 말해서, 민주주의는 영국이나 미국 같은 서양에서 들어온 것이지." 당장 우리 주변에서 흔히 마주치게 되는 이런 통념을 '서양인(영국인)'인 존 킨이 근본에서부터 깨고 있다. 우리 낯이 조금 뜨거워지는 순간 아닌가?

이어 존 킨은 대의민주주의란 초기근대 서유럽에서 주로 발전해왔고, 이어 모니터민주주의는 주로 2차대전 이후 여러 나라에서 동시에 발전해왔다고 한다. 여기서 그는 흥미롭게도 모니터민주주의의 발전에 1949년 독립 이후의 인도 민주주의가 큰 역할을 해왔다고 주장한다.[49] 모니터민주주의란 시민사회의 정치 투명성-책임성

49. 특히 1975년 인디라 간디의 계엄령 선포 이후 오늘날까지 인도 시민사회의 역동

감시가 강화된 민주주의를 말한다. 과연 인도는 NGO나 시민단체의 정치, 정책 모니터링 활동이 매우 활발한 곳이다.

민주주의의 기원을 보다 멀리 거슬러올라 찾는 연구들도 있다. 역시 1장에서 언급했던 고고인류학자 크리스토퍼 뵘의 구석기 수렵-채집 부족 연구도 그중 하나다.[50] 뵘은 여기서 평등주의egalitarianism의 기원을 찾았다. 그들은 모든 일상을 함께하고 그 속에서 서로 배운다. 함께하는 노래와 춤, 놀이가 그들의 기도요 종교다. 이 속에서 절대 강자의 출현이 구조적으로, 조직적으로 억제되고 있다고 뵘은 말한다. 그는 이것을 '뒤집어진 지배 위계reverse dominance hierarchy'라 불렀다. 내부에 폭력이 출현할 가능성을 예방하는 시스템이기도 하다. 그러니 이 사회에는 침팬지 등 일부 동물사회에서 보이는, 모든 것을 독점하는 '왕초'('알파 수컷')가 존재할 수 없었다. 남녀, 노장청의 역할 구분은 있었으나 신분적, 계급적 차별의 형태가 아니었다. 자연스러운 합의가 집단 운영 원리였다. 진화론은 현대인의 몸과 마음이 여전히 구석기시대 상태와 크게 다르지 않다고 말한다. 이를 좀더 생각해보면, 현대사회의 밑바탕에도 평등주의가 흐르고 있다는 뜻이기도 하다. 거의 자연발생적인 공감, 소통, 협동의 능력이다. 인간이 수백만 년의 진화 과정에

적인 움직임이 그러했다. 이 책 2장 참조.

50. Christopher Boehm, *Hierarchy in the Forest: The Evolution of Egalitarian Behavior,* Cambridge, Harvard University Press, 2001.

서 획득하게 된 능력이요, 기본 체질이다. 구석기 인류에 대한 이해의 심화는 평등주의가 인간 집단의 근원적 속성에 속함을, 그리고 민주주의란 이러한 인간의 근원적 조건에 뿌리를 두고 있음을 말해준다. 고대 수메르나 아카드 사회에 존재했던 다중의회, 그리고 그로부터 2000여 년 뒤 붓다의 시대 인도 북동부에 존재했던 도시공화국들에서 우리는 뵘이 말한 '숲속의 평등주의'가 여전히 지속중임을 알 수 있다. 비슷한 시기 그리스 민주주의도 그러하다.

그러나 이미 이 시기의 지배적인 국가 형태는 왕국이었다. 인류사는 이때부터 '왕의 역사'가 된 것이다. 이러한 압도적인 '왕의 시대'에 민주주의는 왕권과의 투쟁을 통해서 서서히 성장해왔다. 헤겔의 말을 빌리면, '주인과 노예의 변증법'이 되겠다.

이슬람 전통과 민주주의

좋다. 민주주의가 그렇듯 인류 역사 깊숙이 뿌리를 내리고 있었다고 하자. 그러나 그것이 이슬람과 무슨 상관이 있다는 말인가? 이슬람에 무슨 '주인과 노예의 변증법'이 있었는가? 이슬람에도 왕권에 맞서 키워낸 민주주의 전통이 있었다는 것인가? 이제 이러한 의문에 답해볼 차례다.

이슬람에 대해 잘 알지 못하는 사람들도 이슬람이 '코란이 아니면 칼'을 주장한다는 말을 한 번쯤은 들었을 것이다. 그렇다보니 이슬람 사회를 종교와 무력이 분리되어 있지 않은 곳으로 생각하곤 한다. 교조 마호메트 자신부터 칼을 들고 싸우지 않았던가? 그러나 여기에는 큰 오해가 있다. 이슬람 신앙은 무력을 장악한 지배자와 늘 강한 긴장과 갈등관계에 있었다. 마호메트 이야기에도 오해가 있다. 이슬람 원년인 622년에 마호메트는 핍박을 받아 메카에서 메디나로 도피했다. 그후에도 메카의 핍박은 계속된다. 마호메트는 메카에 맞서 일종의 자위권적 전쟁을 했고 여기서 승리했다. 이후 632년 그는 죽는다. 그의 성품이 원래 호전적이었다거나, 무력으로 신앙을 강요했다는 증거는 없다. 그의 사후 불과 30년이 못 되어 이슬람의 세력은 북아프리카에서 지금의 아프가니스탄에까지 이르렀다. 마호메트의 직계 후계자들, '정통 칼리프'라고 불리는 네 후계자에 의해서다. 이들은 모두 존 킨이 말한 회합민주주의 방식으로 중지를 모아 합의에 따라 후계자로 결정되었다.

그러나 4대 후계자인 알리 때부터 문제가 생긴다. 회합민주주의에서 중지를 모으는 과정에서 파열이 생긴 것이다. 더구나 알리는 마호메트의 외손자였다. 그에 앞선 3명의 후계자들보다 교조와의 관계가 순혈적인 후계자였다 할 수 있다. 그럼에도 강한 세력을 가지고 있던 시리아 총독 무아위야가 알리에 반대하여 반란을 일으킨다. 이어진 내전 과정에서 알리는 암살되고 무아위야는 후계자 자리를 힘으로 찬탈한다. 이후 그는 이 자리를 그의 아들에게 넘겨 왕조를 개창한다. 우마이야왕조다.

이로써 믿음의 공동체 내에서 합의에 의해 후계자를 정하던 규칙이 깨진다. 여기서 이슬람에는 중대한 교리적 균열이 생긴다. 교권과 왕권의 이상적-시원적 결합이 깨진 것이다. 이슬람에서는 이를 피트나Fitnah라 한다. 시련trial 또는 시험temptation이라는 뜻이다. 이제 왕권은 칼을 잡은 강자에게 돌아가고, 진정한 신앙은 신성한 경전과 이를 품은 개개 인간들의 마음 안으로 들어간다. 궁정과 모스크가 분열한다. 이 점은 이슬람의 양대 교파인 수니파와 시아파 모두 마찬가지다. 먼저 소수파인 시아파의 경우는 그 분열이 더욱 분명하다. 이들은 알리 이후의 군주권 전체를 인정하지 않는다. 이들은 알리의 적통을 이은 계승자를 이맘imām이라 부른다. 이맘은 세속 군주들에 의해 늘 박해받아왔고(거의 모두가 군주들에게 피살되었다), 9세기에 출현한 12대 이맘은 아예 세상에서 숨어버렸다고 주장한다. 시아파는 바로 이 '숨은 이맘(12대 이맘)'의 재림을 기다린다. 시아파가 압도적 다수인 국가는 이란이다. 일부 시아파 신봉자들은 이란 종교지도자 호메이니를 사라진 지 1000년 만에 재림한 12대 이맘이라고 부른다. 이라크도 인구상으로는 시아파가 다수다. 그러나 통치 세력은 늘 수니파였다. 반면 현재의 시리아는 소수인 시아파가 집권하고 있다.

반면 다수파인 수니파는 현실의 군주를 칼리프로 인정한다. 그러나 교조 마호메트와 이후 4명의 정통 칼리프가 갖는 정통성과는 분명한 차별을 둔다. 유교식으로 말하면 요순과 삼대三代[51]를, 그 이후의 시대인 춘추전국과 분명히 구분하는 것과 마찬가지 논리다. 요순임금은 순수했고, 삼대는 왕조를 개창하여 왕위를 세습함으로써 순수함이 약간 훼손되었으며, 춘추전국은 왕권의 순수성이 크게 오염된 시대, 골육상잔의 시대로 본다. 수니파든 시아파든 자기 당대의 군주권이 폭력과 자의로 심각하게 오염되어 있다고 생각했던 것은 동일하다. 이제 종교적 정통성은 권력의 정통성과 일치하지 않는다. 둘 사이에 날카로운 긴장과 대립이 생겼다. 더욱이 이슬람권은 너무나도 다양하고 광범한 지역과 부족과 문화권들을 포괄했다. 이슬람권 전체를 통괄하는 최고 군주인 칼리프 외에도 수없이 많은 지역 군주(술탄, 아미르), 지방 귀족-족장들이 할거했다. 이슬람 교리와 화합되지 않는 수없이 많은 세속권력과 이슬람 신앙은 일면 공존하고 일면 투쟁하지 않을 수 없었다.

종교와 권력의 일면 갈등, 일면 타협은 이슬람만이 아니라 기독교, 불교, 유교, 힌두교에서도 모두 볼 수 있는 현상이다. 20세기 초 독일의 사회학자 막스 베버 이래 세계의 종교-사회학자들은 이 다섯 종교를 세계윤리종교world ethical religions라 부른다. 이들 종교에

51. 순임금을 이은 우禹왕이 창건한 하夏왕조, 그 이후 탕湯왕이 개창한 상商왕조, 끝으로 무武왕이 건국한 주周왕조, 즉 하-은(상)-주 세 왕조를 삼대라고 한다.

'세계'와 '윤리'라는 수식을 붙이는 이유가 무엇인가? 우선 이들 종교의 교리가 현세-속세의 권력과 근본적인 갈등관계에 있다는 것이다. 이 점에서 윤리성, 비판성을 찾는다. 둘째, 이들 교리는 특정 종족이나 지역에 국한되지 않는다. 따라서 세계성, 보편성을 갖는다는 것이다.

이슬람권의 '주인과 노예의 변증법'은 우선 강력해진 군주권의 신성화 시도에서부터 시작한다. 이슬람 세력이 강해질수록 무슬림 군주는 자신의 권력이 신이 부여한 것임을 강조했다. 교주 마호메트의 어록에는 그런 말이 많다. 그 자신이 교조요 군주였으므로. 그러나 울라마ulama, 즉 이슬람 율법학자들은 여기에 강력히 반발했다. 후대의 타락한 군주들이 마호메트를 참칭하고 있다고 했다. 울라마의 거점은 모스크다. 그곳은 모든 자, 심지어 무슬림이 아닌 자들에게도 열린 곳이었다. 현대 이전의 시대에 여러 종교가 자유롭게 공존할 수 있었던 제국은 이슬람과 몽골, 둘뿐이었다. 그만큼 광범한 문화권, 종교권, 언어권을 포괄하고 있었기 때문이다. 모스크에 모인 많은 이슬람 학자들은 군주를 '선출'하자고 주장했다. 이슬람 전통에서 회합민주주의란 마슈라Mashurah(혹은 슈라Shurah), 즉 중지를 모으는 회의와, 이즈마Ijmah, 즉 합의 전통이 결합한 형태를 띠고 있었다. 초기 정통 칼리프들을 그렇게 뽑았듯, 후대의 칼리프도 선출해야 마땅하다는 것이다. 주인의 지배의지가 노예의 자유의지를 오히려 자극했다.

이슬람 울라마들의 주장은 조선의 다산 정약용이 「원목」과 「탕론」에서 펼쳤던 내용과 아주 닮았다. 앞서 4장에서 언급한 대로 다산은 "먼 옛적太古에는 고을에서 분쟁이 생길 때 현명한 사람에게 물어 해결하였고, 이러한 이를 추대推하여 고을의 대표로 삼았으며, 이러한 사람들이 모여 더 점점 넓은 지역을 대표하는 사람을 뽑아 올라가다가, 마지막 단계에 그들 중에서 임금을 뽑았다選"라고 썼다. 실제로 요임금은 순임금에게, 그리고 순임금은 우임금에게 왕위를 세습이 아닌 선양禪讓 형식으로 전했다. 다른 곳이 아니라 유교의 '경전 중의 경전'이라고 하는 『서경』에 분명히 기록되어 있는 내용이다.

이슬람 세계에는 시민사회가 없고 시장질서도 없다는 오늘날의 편견은 역사적 사실을 뒤집어놓고 있다. 이슬람은 도시와 상업을 배경으로 탄생했다. 마호메트 자신이 도시의 상인 출신이다. 많은 역사가들이 시장, 상업, 시민사회, 예술, 과학, 그리고 민주주의까지 이슬람권에서 유럽으로 전파된 것이라고 알려준다. 무슬림 개개인을 하나로 묶어 움마ummah라고 부른다. 이슬람의 움마 사상을 신분제를 벗어난 최초의 근대적 개인관의 출현으로 보는 학자들도 적지 않다. 실제 모스크는 신분 제약 없이 누구에게나 열려 있는 모든 움마의 집이었다. 종교적 차별도 없었다. 기도하고, 억울함을 호소하고, 배우고, 사람을 사귀고, 쉬는 곳이다. 이슬람에는 와크프waqf라 불리는 활발한 민간 부조扶助의 조직 전통이 있다. 도시-시장사회이되, 가난한 자와 노약자를 보살펴야 한다는 취지였다. 와크프는 오늘날에도 이슬람 NGO, 시민사회조직의 범형으로 작용한다. 이슬람 시민사회 또는 민간의 자율적인 활동조직을 우루바uruba라고도 불렀다. 그중 하나가 마드라사madrasah, 즉 민간대학 또는 사립대학이다. 972년 건립된 카이로의 알아자르Al-Azhar 대학은 방대한 장서 규모로 널리 알려졌고, 이후 중세 유럽의 대학 설립 움직임에 결정적인 아이디어를 주었다. 이들 마드라사는 와크프의 재정으로 운영되었다.

타흐리르: 전 지구적 동시성의 불꽃

짧게 살펴보았지만, 이상으로도 이슬람 세계에 민주적인 제도와 전통이 나름의 방식으로 존속해왔음을 알 수 있다. 그럼에도 여전히 의심과 반론은 존재할 수 있다. 그렇다 하더라도 뭐가 달라지는가? 그래봐야 이 모두가 흘러간 옛이야기 아닌가? 과거의 모스크니 와크프, 마드라사가 오늘날의 재스민혁명, 타흐리르 광장과 무슨 관련이 있는가? 또 재스민혁명이니 타흐리르 광장이니 하며 요란하게 환호하지만, 실은 아주 낙후된 나라에서 벌어지는 현상들 아닌가? 그런 일들이 미래의 민주주의에 무슨 의미를 가지겠는가? 이제 끝으로, 이러한 의심들에 답해보자.

2011년의 재스민혁명과 타흐리르 광장의 이집트혁명은 결코 고립된 후진국 현상이 아니었다. 이슬람 세계만이 아니라, 지중해 건너 '선진' 유럽을 강타했다. 무바라크가 물러난 지 불과 한 달 후, 포르투갈의 젊은이 20만 명이 리스본 해방로를 행진하며 '아랍의 봄'에 공명했다. 이어 5월 15일에는 스페인 마드리드의 푸에르타 델솔 광장에 스스로를 '분노한 사람들Los Indignados'이라 부르는 젊은이들이 집결하기 시작했다. 이후 3주간 계속된 점거의 시작이었다. 이들은 마드리드에서 파리, 브뤼셀까지 1700킬로미터를 걸었고, 이를 '분노의 행진'이라 했다. 1월 25일 타흐리르 광장에 모인 젊은이들이 이 날을 '분노의 날'이라 부른 데 공명한 것이다. 이들은 모두 교육은 받았으나 일자리는 없고, 임금은 제자리이나 물가는 올라가는 현상에 분노하고 있었다는 점에서 같았다. 이슬람과 유럽의 젊은이들은 같은 시간, 같은 상황 속에서, 같은 분노를 느끼고 있었다. 유럽의 청년봉기는 그리스 아테네의 신타그마 광장 점거로 이어졌고(5~8월), 프랑스에서도 스스로 '분노한 사람들'이라고 부른 청년들이 바스티유 광장 점거 투쟁을 벌였다(6월). 유럽 젊은이들의 분노는 8월 영국으로 번져갔다.

아프리카에서 유럽으로 건너간 이 불꽃은 9월 17일, 이번에는 세계 금융 체제의 심장, 뉴욕으로 옮겨붙었다. 바로 '월가를 점령하라' 운동이다. 이 운동은 10월 15일, 전 세계 81개국 951개 도시에서 동시에 벌어지는 점거 항의운동으로 확산되었다. 이날 한국에서도 전국에서 모인 3000여 명이 여의도와 서울광장 등에 운집해 이 운동에 동참했다. 이로써 아프리카에서 시작된 재스민혁명과 타흐리르 광장 혁명은 문자 그대로 '전 지구적 동시성의 불꽃'이 되었다.

사태가 이만큼 진행되기 이전인 동년 2월 24일, 즉 무바라크가 물러선 지 불과 사흘 후, 우리에게 『제국』으로 잘 알려진 네그리와 하트는 영국 일간지 가디언에 다음과 같은 내용의 기사를 올렸다고 한다. 네그리 사상을 깊이 연구하고 있는 평론가 조정환의 해설이다.

> (이들은—인용자) 아랍 혁명이, 수십 년 뒤처진 상태에서, 유럽이 이미 밟아온 길을 뒤따르며 반복하고 있다는 유럽주의적 시각에 반대하면서, 아랍의 봉기들은 현 시기의 억압적이고 약탈적인 질서에 맞서는 새로운 민주주의를 개척하는 선봉에 있다는 주장을 펼친다. 아랍의 봉기들의 배후에는, 유럽과 마찬가지로, 청년실업, 종속과 빈곤이 놓여 있음을 강조하면서 이들의 풀려난 욕망이 자신의 표현을 찾아나가는 과정이 봉기로 나타나고 있다는 것이다. 네그리와 하트는, 아랍의 풍부한 천연자원과 사회적 생산을 관리할 공통도면을 담은 새로운 민주주의 헌법의 제정 필요성을 설명하면서, 2001년 이후 10년 동안 세계의 진보지도를 그려온 라틴아메리카의 역할을 이제 아랍이 이어나갈 수 있을 것이라고 전망한다. (중략) 심지어 이들은 아랍의 봉기들을

'혁명'으로 규정하는 것조차, 새로운 사태를 1789년(프랑스혁명—인용자)이나 1917년(러시아혁명—인용자)과 같은 과거 혁명형태의 반복으로 보게 만들 우려가 있기 때문에 조심스러울 필요가 있다고 말한다.[52]

탁견이다. 글이 쓰인 시점을 생각하면 통찰이 더욱 빛나 보인다. 그렇다. 시간은 오직 하나다. 이들의 말대로 타흐리르는 타흐리르고, 이것은 그 자체로 완전히 새로운 사건이요 새로운 민주주의이지, 그것이 과거 다른 곳에 이미 출현했던 것의 '뒤처진 반복'이라는 생각은 우습다. 그런데 한 가지 아쉬운 점이 남는다. 네그리와 하트의 글에서 사건들의 '동시성과 공통성'에 관한 통찰은 날카롭지만, 타흐리르가 타흐리르인 그 고유성에 대한 설명은 약해 보인다. 이제 물어야 할 것은 2011년이라고 하는 매우 이례적인 분출과 역동의 순간, 그 이후의 아랍-이슬람 민주주의이기 때문에 더욱 그렇다. 그 방향과 내용은 어떻게 되는 것일까?

다음 장에서 이러한 문제를 고민해볼 것이다. 그전에 미리 밝혀둘 점이 있다. 앞서 언급한 모스크, 와크프, 마드라사 등 이슬람 사회의 문화적 지형이 현재의 이슬람 민주주의에도 여전히 매우 중

52. 조정환, 「해제: 공통적인 것의 헌법과 공통인의 사건」, 안또니오 네그리 · 마이클 하트, 『선언』, 조정환 옮김, 갈무리, 2012, 17쪽.

요한 역할을 하고 있고, 미래에도 그럴 것이라는 점이다. 세계체제의 한가운데에 휘말려들어와 있으면서, 동시에 이슬람 고유의 문화적 지형 위에서 사태는 진행되어왔고, 진행되어갈 것이다. 물론 과거의 형태가 고스란히 반복되는 것은 아니다. 오히려 반대, 즉 과거의 집을 완전히 개조하는 일에 가까울 것이다. 가장 깊은 변화는 과거와 현재, 미래가 그 개조에 함께할 때 가능하다. 또한 (세계적) 공통성과 (국지적) 고유성이란 짝으로 이해해야 포착될 수 있는 개념이다. 짝패가 갈라지면, 둘 다 얼굴을 잃는다.

구체적인 사례를 살펴봐야 한다. 그러나 이슬람 세계는 다시 말하지만 "세네갈에서 인도네시아까지"다. 그만큼 광대하고 다양하다. 그렇다면 과연 어떤 사례를 보아야 할까? 적절한 사례를 추출하기 위해서는 광대하고 다양한 이슬람권의 대표성을 집약해줄 유형화 작업이 필요하다. 이를 위해 두 개의 축을 생각해본다. 하나는 수니파와 시아파라는 두 개의 이슬람 유형이다. 또하나는 산유국과 비산유국이라는 두 개의 유형이다. 이를 대산유국과 저산유국이라 해도 무방하다. 중동-이슬람권의 대산유국으로는 매장량 순서로 사우디아라비아, 이란, 이라크, 쿠웨이트, 아랍에미리트, 리비아, 카타르, 알제리를 든다. 반면 이집트, 튀니지, 요르단, 시리아, 모로코, 터키 등은 상대적으로 산유량이 크게 떨어지는 저산유국이다. 이 두 개의 구분선은 이슬람권 여러 나라에 매우 커다란 차이를 주고 있다.

앞서 수니파와 시아파의 차이에 대해서는 간단히 설명한 바 있다. 이 차이는 현재의 정치 행태에도 큰 영향을 주고 있다. 먼저 시아파는 1979년 '이란이슬람공화국'이라는 신정국가를 세웠다. 신정국가란 정치권력과 종교권력이 하나로 융합한 것이다. 18세기 제네바의 칼뱅주의 공화국도 그러했다. '숨은 이맘'의 교리가 현실의 권력과 만나 신정국가가 된 셈이다. 그러나 그러한 신정 체제가 얼마나 지속될 수 있을까? 그 미래는 무엇일까? 칼뱅주의 신정공화국도 그리 오래가지 못했다. 역사적으로 존재했던 신정국가들은 모두 단명했다는 특징이 있다. 이란에서 현재 진행되고 있는 사태는 여기에 매우 흥미진진한 시사점을 준다. 반면 수니파 국가들은 정치와 종교가 병립하는 수니파적 형태를 여전히 유지한다. 여기에는 터키와 같이 이슬람 세력이 정당政黨화하여 다른 정당과 경쟁하는 정당경쟁형, 사우디아라비아와 같은 왕정형, 그리고 구 이집트나 이라크와 같은 군사독재형이 있다. 이 유형 모두가 정치권력과 종교 세력, 그리고 시민 세력 간의 날카로운 긴장을 공유한다.

그렇다면 산유-비(저)산유의 구분선은 어떤 의미를 갖는가? 이는 결코 축복과 비축복의 구분선이 아니다. '신의 뜻'이란 늘 오묘하다. 민주주의에 관한 한 오히려 반대가 진실에 가깝다. 이 분야를 연구하는 학자들은 이를 '석유의 저주the oil curse'라 부른다. 세계 최고 최대의 압도적인 석유 매장량과 산유량을 자랑하는 사우디아라비아 왕국이 어쩌면 현재로서는 민주화가 가장 요원한 나라라고 할 수 있다. 반발이나 불만이 생기면 권력자들이 대대적인 감세와 선물 공세로 이를 무마해버리곤 한다. 대산유국이 모두 그렇다. 전체주의화하는 이란의 보수파가 강력한 개혁파의 대두 속에서 쉽게 무너지지 않는 배경에도 엄청난 석유 수익이 있다. 반면 '아랍의 봄'의 상징이 되었던 튀니지와 이집트는 모두 저산유국이라는 공통점을 가지고 있다. 그들에게는 국민을 매수할 자원의 한계가 분명하다. 저산유국들은 '석유 팔기'라는 손쉬운 방법을 쓸 수 없다. 국민의 동의를 구슬땀 흘리며 획득해야 하는 구조적 조건 속에 놓여 있는 것이다. 터키가 그렇고 동남아시아권 이슬람 국가인 인도네시아, 말레이시아가 그렇다. 정치만이 아니라, 경제도 유정油井이 아닌 국민을 바라봐야 한다. 석유가 아니라 국민이 먹여살리는 나라, 국가가 돼야 한다. 민주주의 밖에 답이 없다. 결국 장기적으로 보면 축복은 오히려 저산유국 쪽에 있는지도 모른다.

강남이 영원히 불패의 운명일 수 없듯, 석유도 영원히 불패일 수 없다. 석유 자원의 고갈만이 아니라, 갈수록 큰 비중을 차지하고 있는 대체에너지 개발 동향은, 유정만 깔고 앉아 있으면 권력은 영원할 것이라는 환상에 심각한 경고를 보내고 있다. 석유 소비 절정기는 곧 지나간다. 그렇다면 그 이후는? 석유 소비량과 가격이 동시에 하락한다면? '유정권력'의 뿌리가 흔들리게 된다. 더욱이 산유국의 급속한 인구 증가, 특히 교육받은 젊은층의 인구 증가세는 이들 국가의 권력층을 매우 불안하게 하고 있다. 이들의 체제에 대한 불만은 심각하게 고조되고 있다. 미래는 이들 젊은층의 것이지, 왕좌에 앉아 있는 소수 권력자들, 억만장자들의 것이 아니다. 산유-비산유 구분선은 이처럼 여러 차원에서 매우 중요한 의미를 가지고 있다.

이제 위 두 개의 축(수니파-시아파, 산유-비산유)을 겹치면, 네 개의 유형이 나온다. 이어지는 글에서 네 유형을 다 살필 필요는 없을 것이다. 이 유형 구분을 대표하면서, 이슬람권에서 큰 비중을 가지고 있는, 그리고 이 지역 민주화에 중요한 역할을 하고 있는 나라를 선택하려고 한다. 이집트와 이란 정도가 되겠다. 이집트는 수니파 이슬람-저산유국, 이란은 시아파 이슬람-대산유국이고, 이들은 각각 아랍권과 페르시아권 이슬람을 대표하는 중요한 국가들이기 때문이다.

09

이란: 포스트 이슬람에 주목하라

앞 장은 2011년 타흐리르 광장의 이집트혁명으로부터 이야기를 시작했다. 그만큼 임팩트가 컸고, 세계의 주목을 받았다. 여전히 진행중인 사건이기도 하다. 그런데 그보다 덜 알려졌지만 이슬람 민주주의와 관련하여 어쩌면 그보다 더욱 중요하다고 봐야 할 일이 있다. 그것은 1990년에서 2001년경까지 진행된 이란이슬람공화국 내부에서의 '포스트 이슬람' 민주화운동이다. 그 바탕이 있었기에 2009년 이란의 녹색운동도 가능했다. 또 이란의 녹색운동은 2011년 이슬람권의 재스민-타흐리르 연속 혁명에 중요한 임팩트를 주었다. 그리고 2013년 6월, 녹색운동의 지지를 받은 로하니를 대통령으로 당선시켰다. 따라서 이슬람 민주주의의 전체 흐름을 이해하기 위해서 먼저 이란 민주화운동의 동향을 알아둘 필요가 있다. 이슬람 민주주의운동 전반에 대한 우리의 궁금증을 풀어가는 데 중요한 단서를 제공해줄 것이다. 물론 이 흥미진진한 이야기는, 많은 이들이 '호메이니혁명'이라고 부르는 1979년 이란의 이슬람혁명에서 시작한다.

이슬람공화국인가 이란공화국인가

늦은 밤, 어둠 속에서 수많은 이란인들이 지붕에 올라가 외쳤다.

"신은 위대하다!"

"좀후리예 에슬라미(이슬람공화국)!"

1978년과 1979년, 폭풍과 같았던 봉기와 혁명 와중의 이란 풍경이다. 팔레비, 즉 당시의 이란 황제 무함마드 레자 샤가 1979년 1월 16일 테헤란을 황망히 떠나자 이란인들은 감사와 기쁨의 기도를 올렸다. 그들이 외치던 '이슬람공화국'은 이해 12월, 이슬람공화국 헌법이 국민투표에서 98퍼센트의 압도적인 지지를 얻음으로써 현실의 정치체제가 되었다.

그로부터 30년 후인 2009년 6월. 보수 강경파 아마디네자드의 대통령 재선이 발표되자, 그에 맞섰던 개혁파 후보인 무사비의 지지자들이 이에 항의하며 다시 거리로 쏟아져나왔다. 1978~79년 혁명 이후 최대 인파였다. "부정선거!" "우리 표는 어디로 갔나?"를 외쳤다. 늦은 밤, 어둠 속의 이란인들은 다시 지붕에 올라가 외쳤다.

"신은 위대하다!"

"좀후리예 이라니(이란공화국)!"

늦은 밤 지붕 위에 올라가 "신은 위대하다!"라고 부르짖는 것은 이란인들, 그리고 그 이전 페르시아인들의 오랜 저항의 풍습이다. 세상이 정의를 잃고 부당한 억압이 횡행하고 있다고 느낄 때, 그들은 그런 방식으로 그들의 항의를 표현해왔다. 이슬람혁명 후 30년, 수많은 이란인들이 어두운 밤, 다시 지붕 위로 올라가 외치고 있다. "신은 위대하다!"는 같다. 그러나 달라진 것이 있다. 이제 그들은 '이슬람공화국' 대신 '이란공화국'을 외친다. 이 변화의 의미는 무엇일까?

이를 파악하기 위해서는 이란혁명의 시간을 크게 넷으로 나누어 살펴볼 필요가 있다. 첫 시기는 '이슬람공화국의 아버지'라 불리는 호메이니가 16년간의 고난의 망명 끝에 귀국한 1979년 2월부터 그가 사망한 1989년 6월까지의 시간이다. 이 시간은 '호메이니의 시간'이며 '이슬람혁명의 시간'이다. 둘째는 호메니이 사후, 자유주의적-개혁적 정부를 이끌었던 라프산자니(재임 1989~97년)와 하타미(재임 1997~2005년) 대통령 재임기다. 이 시기는 호메이니 사후인 1989년에 시작되어 미-영 연합군이 이라크를 침공한 2003년에 종료된다. '포스트post 호메이니의 시간'이자 '포스트 이슬람운동이 개시된 시간'이라 할 수 있다.

미국과 영국의 이라크 침공은 이란에서 성장하고 있던 포스트 이슬람운동, 또는 이란이슬람공화국의 민주화운동에 찬물을 끼얹었다. 반개혁 보수 세력의 역공세가 크게 강해지면서 이후 하타미 정부의 개혁정책은 힘을 잃었다. 세번째 시간은 그 이후 현재까지의 시간이다. 이 시간은 두번째 시간의 연장이자, 이란 민주화운동이 복류伏流한 시간이다. 지표에서 사라졌지만 증발한 것이 아니다. 땅속 깊이 들어가 도도히 흐르고 있다. 복류하는 이 흐름은 여건만 허용하면 뚫고 올라온다. 그중 가장 거세게 뚫고 올라왔던 것이 2009년의 대통령 선거였다. 이때 이란 민주화운동은 '녹색운동'이라는 이름으로 그 모습을 드러냈다. 개혁파 대통령 후보 무사비 진영의 상징색이 녹색이었기 때문이다. 2011년 봄, 복류하던 녹색운동은 재스민혁명과 타흐리르 광장의 이집트혁명의 파장을 타고 다시 한번 지표 위로 뚫고 올라온 바 있다. 마지막, 2013년 로하니의 대통령 당선으로 녹색운동은 복권되었다. 이 제4기는 현재 진행형의 역사다. 이제 이 시간의 흐름을 차례로 따라가보자.

혁명의 시간

1978~79년의 이란혁명에 대한 오해가 있다. 이 사태가 오직 이슬람 세력에 의해 발생했고, 오직 이슬람 세력에 의해 완성되었

다는 생각이다. 이에 따르면 혁명 전 이란 사회, 이란 민심은 이미 완전히 이슬람화되어 있었고, 이란 국민은 모두 이미 호메이니의 편이었으며, 따라서 호메이니는 테헤란에 도착한 순간 바로 절대 권력을 잡았고, 그날로 이미 이슬람혁명은 완성되었다는 이야기가 된다. 이것은 신화에 불과하다.

혁명 이전 팔레비의 비밀경찰, 즉 사바크SAVAK 체제는 일체의 비판 세력을 매우 가혹하게 감시하고 탄압했다. 이슬람 사제들(울라마 또는 물라) 역시 예외가 아니었다. 물론 호메이니는 이미 1960년대부터 이슬람 사제들 가운데 팔레비에 가장 분명하게 맞선 인물로 기억되고 있었다. 그러나 1963년 이후 오랜 시간 국외(이라크)로 추방중이었기에 점차 잊혀가고 있었다. 호메이니 자신 절망하기도 했다. 이란에서 왕정이 사라지려면 앞으로도 200년의 시간이 더 걸릴 것이라고까지 했다. 1970년의 발언이다.

이슬람 세력이 커져서 이란혁명이 시작된 것이 아니었다. 팔레비 치하 이란 사회의 극심한 구조적 분열, 양극화 때문이었다. 석유 수출을 중심으로 한 '현대적' 국영 대기업 부문과 전통적 소생산 상업망인 바자르bazar 부문 간의 괴리와 격차가 갈수록 커졌다. 이란이 외형상 고성장을 지속했던 1970년대 들어와 이 현상은 더욱 두드러졌다. 농촌에서 더이상 버티지 못한 빈농, 소농들이 대규모로 도시로 유입되어 들어왔다. 사회가 부글부글 끓고 있었다. 이 시기 반정부운동은 이슬람 세력이 아니라 지식인, 학생들이 주도하고 있었다. 산업노동자층이 증가하면서 파업운동이 시작되었는데, 여기에 영향력을 미치고 있었던 쪽도 이슬람 사제 세력이 아니라 학생운동, 지식인운동에서 자라나온 노동운동 세력이었다.

여기저기서 터져나오는 불만과 항의에 대해 팔레비는 극히 오만하게 대응했다. 철저히 무시하고 강경 일변도로 탄압했다. 이에 대한 반발이 증폭되기 시작한 것이 1978년 초다. 항의 시위가 커지고 빈번해지면서 군경과의 충돌이 잦아졌다. 산업지대에도 파업의 물결이 이어지기 시작했다. 충돌 과정에서 사상자가 늘어갔다. 1978년 9월 계엄령이 선포됐다. 이에 맞서는 대규모 시위 와중에 테헤란에서만 2000여 명이 학살되는 참사가 벌어졌다. 10월에는 이란 수출의 주축인 석유산업 노동자가 총파업에 돌입했다. 여기에 군경 내부에서의 혁명적 선동활동이 활발해지기 시작했다. 이러한 급진적 활동의 핵심은 소수지만 강하게 결집된 좌파 세력들이었다. 사회주의 좌파 게릴라 집단인 인민피다얀Fida'iyan-i Khalq, 그리고 좌파 이슬람 게릴라 그룹인 인민무자히딘Mujahidin-i Khalq이 대표적이다. 인민무자히딘은 테헤란 대학 이공계 학생 출신이, 인민피다얀은 같은 대학 인문사회계 학생 출신이 주축이었다고 한다. 1979년 2월 초 이들은 군내 내 폭동과 반란을 조직해냈고, 이 사태는 결정적으로 권력의 향배를 혁명 쪽으로 향하게 했다.

이러한 격심한 요동 속에서 이슬람 사제 세력도 활발하게 움직이기 시작했다. 이들 중 가장 적극적인 부분이 호메이니의 영향력

아래 있었다. 사태가 심각해질수록 온건 사제 세력은 힘을 잃어갔다. 저항이 심해지자 팔레비는 이라크에 체류중인 호메이니가 이란에 너무 가깝게 있다고 생각했다. 더 멀리 쫓아보내 영향력을 없애려 했다. 우여곡절 끝에 1978년 10월 호메이니는 파리에 도착했다. 그런데 그가 원한 적 없었던 곳, 서방의 파리가 뜻밖에도 호메이니를 세계적인 명사로 만들었다. 새옹지마. 세계 유수 언론이 호메이니를 취재하려 그의 거처로 몰려들었다. 그의 복장, 언어, 일거수일투족이 관심의 대상이 되었다. 이란에서 높아지는 항거의 불길의 높이에 비례하여 호메이니는 더욱 빈번하게 세계 언론에 등장했다. 이로써 막상 이란 내부에서는 잊혀가고 있던 호메이니가 이란인들 사이에서 다시 유명해지게 되었다.

여기에 더해 파리는 그에게 또하나의 큰 행운을 주었다. 파리에서 망명중이던 이란의 여러 반체제 인사들과 연결망을 갖게 된 것이다. 자유주의, 좌파, 민족주의 등 다양한 세력의 인사들이 조국의 혁명적 상황에 임하여, 여론의 초점으로 부상하고 있는 호메이니 주위로 모여들기 시작했다. 파리의 그의 거처는 임시혁명정부의 사랑방과 같은 곳이 되었다. 이란의 정세를 면밀히 관찰하던 호메이니는 1979년 1월 10일 파리에서 공식적으로 '이란혁명위원회'를 구성한다. 그로부터 불과 6일 후, 팔레비가 이란을 떠난다. 2월 1일 호메이니는 환호 속에 테헤란 공항에 내린다.

이 혁명에 충분히 준비되어 있는 세력은 어디에도 존재하지 않

1979년 2월 1일, 테헤란 공항에 도착한 호메이니
이란혁명을 상징하는 결정적인 장면이다. 이란혁명 하면 대개 팔레비 왕조를 몰아내고 이슬람혁명을 '완수'한 주역으로 알려진 종교지도자 호메이니를 떠올리곤 한다. 이로 인해 이란혁명을 이슬람 세력에 의해서만 이루어진 것으로 오해하기 쉽지만, 사실은 1978~79년에 걸쳐 지식인, 학생, 노동운동 세력이 팔레비 왕조의 탄압과 사회 구조의 극심한 분열에 저항해 벌인 정권 반대 시위가 중요한 기폭제가 되었다. 이 시기 파리에서 체류중이던 호메이니를 중심으로 다양한 스펙트럼의 이란 반체제 인사들이 모여들었고, 이들은 본국에 정치적 압력을 가한 끝에 팔레비 왕조를 축출하는 데 성공했다. 혁명 직후 호메이니는 혁명에 함께한 좌파, 자유주의, 온건 이슬람 세력을 차례로 제거하며 보수적인 이슬람 국가를 건설했다.

았다. 자유주의 세력은 정부, 언론, 대학 등에 뿔뿔이 흩어져 있었고, 급진 세력은 지하 학생운동과 게릴라운동과 같은 소수 전위조직만이 살아남아 있었다. 팔레비의 통치가 그만큼 반대 세력에 잔인하고 억압적이었다는 뜻이기도 하다. 이러한 세력과 비교해볼 때, 이슬람 종교조직이 상대적으로 가장 잘 보존되어 있었다. 어느 독재자든 종교 세력을 자신의 정당화를 위해 이용하려고 한다. 인구 절대다수가 무슬림인 이상 팔레비도 이슬람 자체를 공격할 수는 없었다. 적당히 길들여 끌어들였다. 반면 정치적으로 적극적인 세력은 강한 탄압을 받아 크게 위축되어 있었다. 그렇지만 아무리 폭정이라 해도 종교의 일상활동까지 막을 수는 없었다. 이 일상 종교 활동조직들이 혁명적 상황 속에서 동원되기 시작했다. 전국에 산재한 1만여 개의 모스크, 후사이니야husayniyya로 불리는 주제별-이슈별 이슬람 모임들, 호제hawzeh라 불리는 시아파 종교 세미나들, 수많은 금요기도회들, 신학교들, 그리고 일상생활 깊숙이 뿌리를 내린 다양한 이슬람 신도조직들이 그 축이었다. 느슨하나 전국적 연결망을 가진 이슬람 사제조직은 다른 세력에 비해 두드러진 결집력을 보였다.

큰 구도에서 볼 때 이란의 이슬람혁명을 가능하게 만든 것은 팔레비와 미국이었다. 이들이 한때 중동 지역에서 가장 강력했던 이란의 세속 민족주의·사회주의 세력을 철저히 박멸했기 때문이다. 이란의 대표적인 세속 진보정권은 1951~53년 집권한 모사데크

mosaddeq 정부다. 이집트 나세르의 집권에 앞선다. 미국은 이란 왕당파, 군부 세력과 결탁하여 모사데크 정권을 붕괴시켰다. 이후 팔레비는 세속 비판 세력을 무자비하게 탄압했다. 이 정치적 공백을 이슬람 근본주의가 채웠다. 그럼에도 1978년, 그리고 1979년 중반까지 혁명의 방향은 아직 결정되지 않고 있었다. 팔레비가 떠난 자리에 급진 이슬람, 온건 이슬람, 자유주의 세력, 새롭게 조금씩 성장중이던 좌파 세력이 경합하고 있었다. 따라서 이슬람혁명은 호메이니의 도착과 함께 종료된 것이 아니라 비로소 시작된 것이었다. 1978년 2월 1일 테헤란 공항에 내린 호메이니의 위치는 1917년 4월 독일이 제공한 '밀봉 기차'로 페트로그라드에 도착한 레닌, 또는 1945년 10월 미군이 제공한 항공편으로 김포공항에 내린 이승만과 비슷했다. 아직 무엇도 결정되어 있지 않은 격변의 회오리가 그를 기다리고 있었다.

호메이니는 강력한 카리스마를 가진 종교지도자임과 동시에 뛰어난 전략가였다. 그가 테헤란에 도착한 후 취한 첫 정치행동은 팔레비가 남기고 간 임시정부의 바크티아르 수상과의 대화를 일체 거부한 것이었다. 팔레비가 남긴 모든 것에 대한 철저하고 단호한 거부의 표현이었다. 동시에 혁명정부의 수상으로 반팔레비 자유주의운동의 기수인 바자르간을 임명했다. 이 조치는 잠시 양다리를 걸치면서 사태를 관망하려고 하던 군 지도부를 혼란스럽게 만들었다. 당시 군부는 밑으로부터 혁명 지지 세력이 치솟아오르고 있었다. 곤경에 빠진 최고군사위원회가 2월 11일 중립을 선언했다. 바로 그날 호메이니는 임시 이슬람혁명정부 출범을 선언했다. 바크티아르 체제는 순식간에 무력화되었다. 전광석화와 같은 행마였다.

호메이니의 다음 전략은 바자르간의 자유주의 세력과 손잡고 좌파 세력의 근거를 무너뜨리는 것이었다. 1978년의 전국적 파업 운동을 잇는 수많은 공장 슈라Shurah, 이슬람 전통의 합의회의를 뜻하는데, 이 경우는 공장평의회가 된다들, 대학의 좌파 학생조직들, 진보적 여성단체들이 공격 대상이었다. 이슬람에는 계급 대립이 없다고 했다. 좌파 사상은 서방적인 가치라 했다. 여성의 차도르 착용을 의무화했다. 정치적, 사법적 공직에 여성 진출을 금지했다. 여성자유, 여성해방은 타락한 제국주의 사상이라 했다. 이러한 조치들에 바자르간 임시정부의 자유주의 세력은 침묵으로 방조했다. 국가기구와 대학에 자기 세력을 강화하는 데 치중했다. 좌파 세력을 경쟁 상대로 보고 있었기 때문이다.

임시혁명정부의 축은 이슬람공화당, 이슬람혁명위원회, 그리고 이슬람혁명재판소였다. 이들 기구의 행동력은 팔레비 치하에서 가장 소외되었던 중산층 이하 계층의 민중들이었다. 교육 기회도, 번듯한 일자리도 주어지지 않았던 거대한 군중이 대대적으로 사회에 진출했다. 이들 중 젊은 남성들은 이슬람의 민간 무장단militia인 히즈불라hizbulla, 이슬람 청년조직인 바시즈basij, 그리고 정규군에 맞먹는 무장조직인 이슬람혁명수비대pasdaran로 결집했다. 호메이니에 맞서는 모든 비판 세력, 저항 세력에 무차별 폭력을 행사했다. 여성들은 검은 차도르를 입고 이슬람혁명 지지 시위에 나섰다. 이 시위의 규모와 기세는 이슬람 권력의 보수적 여성정책에 반대하여 나선 진보적 여성 세력의 항의 시위를 압도했다. 차도르와 히잡을 쓰지 않은 여성들에 대한 공공연한 테러가 이어졌다. 이들에게는 투쟁만이 아니라 이슬람 전통의 다양한 풀뿌리 부조와 구호활동의 역할도 주어졌다. 이슬람혁명은 이들에게 열정과 자부심, 그리고 일자리를 주었다. 혁명을 피해 떠나간 자들이 남겨놓은 의식주의 잉여가 이들에게 나누어졌다.

이런 의미에서 호메이니의 이슬람혁명은 집권자들만을 교체하는 정치혁명을 넘어선 것이었다. 사회 밑바닥 민중의 힘을 불러일으켜 권력 구조 자체를 바꾼 또하나의 분명한 사회혁명이었다. '또하나의'라는 단서를 붙인 이유는 무엇일까? 이란의 이슬람혁명은 기존 혁명론 교과서가 가르치는 것과는 아주 달랐다. 세속(비종교) 좌파가 철저히 무력화되면서 근본주의적 종교 세력이 그 사회혁명의 주체가 되었기 때문이다. 이것을 그람시가 말하는 보수적 수동혁명이라고 말할 수도 없다. 수동혁명이란 일상적 시기에 서서히 진행되는 보수화운동이다. 이러한 유형의 수동혁명이 전개되었던 곳은 타흐리르 이전의 이집트다. 그 주도체는 이집트 무슬림형제단이다. 이 문제는 다음 장에서 상세히 살펴보기로 한다. 1978~80년의 이란혁명에는 사회적 급진주의와 이슬람 근본주의가 뒤섞여 있었다. 사태의 진행 양상은 지극히 전형적인 사회혁명의 그것이었다. 여러 가지 점에서 이란이슬람혁명은 특이하다.

일단 좌파 세가 꺾이자, 호메이니의 다음 목표는 자유주의 세력과 온건 이슬람 세력이었다. 이 두 세력은 상당 부분 중첩된다. 이번 공세에는 적극적으로 반발하지 않고 있던 좌파 세력을 동맹군으로 삼았다. 그 정점은 1979년 11월의 미국 대사관 점거였다. 이 사건은 한국에서도 개봉된 영화 〈아르고〉의 소재이기도 하다. 팔레비가 '신병 치료'를 이유로 미국에 간 것이 도화선이었다(1979년 10월). 팔레비는 이전에도 한 번 이란 민중들에 의해 쫓겨났다가 미국의 지원을 받아 왕좌에 복귀한 전력이 있다. 모든 이란인들이 너무나 잘 기억하는 1953년의 모사데크 정부 붕괴 쿠데타 사건이다. 모사데크는 석유산업 국유화를 단행했던 좌파 성향의 진보적 정치인이었다. 미국이 팔레비를 끌어들여 또다시 같은 일을 다시 벌이려 하는 것 아니냐는 공포감과 분노가 민중들 사이에 퍼져나갔다. 이때 호메이니를 추종하는 청년 행동대원들이 테헤란의 미국 대사관을 기습적으로 점거했다. 미국에 정면으로 맞서겠다는 초강경 투쟁 방법이었다. 미국의 반혁명 음모설에 대한 대중의 심리적 불안을 절묘하게 이용했다. 점거 학생, 청년들은 단숨에 국민적 영웅이 되었다. 이들은 기존 좌파 세력보다 더 급진적인 반미 주장을 열정적으로 펼쳤다.

지금까지 파트너였던 임시정부의 자유주의 세력과 온건 이슬람 세력은 미온적이거나 반대하는 태도를 보였다. 대사관 점거는 국제 관례를 뛰어넘는 반칙이요, 무리수라 했다. 호메이니는 점거를 확고히 지지하면서 여기에 반대하는 세력들을 숙청해나갔다. 반면 인민무자히딘이나 인민피다얀과 같은 좌파 세력은 그저 대사관 점거를 지지하는 것 말고는 다른 어떤 행동도 취할 수 없었다. 이런 분위기 속에서 이슬람공화국 헌법안에 대한 국민투표가 실시되었다(1979년 12월). 절대다수의 압도적인 찬성이었다. 이로써 호메이니는 정국에 대한 확고한 주도권을 확보하게 되었다.

1980년 봄 호메이니는 그가 좌파와 자유주의 세력의 공동 온상이라고 생각한 대학 대개편에 들어갔다. 이를 '문화혁명'이라 했다. 대학 문을 1980년부터 3년간 닫았다. 그 기간 기존 교수와 학생들을 대거 추방했다. 호메이니의 이슬람공화국을 지지하는 교수와 학생들로 대거 물갈이가 이루어졌다. 교과목과 학과 체계, 커리큘럼, 입학정책이 이슬람적 가치에 맞게 대폭 개편되었다. 질주, 이슬람혁명의 질주였다. 이 질주의 최종적이고 결정적인 모멘텀은 1980년 9월 이라크의 이란 침공이 제공했다. 이 침공은 '미국의 사주를 받은 공격'으로 규정되었다. 여기에 맞서는 무력은 바로 혁명무력이 아닐 수 없었다. 정규군과 혁명수비대, 이 두 축으로 이루어진 군부는 이제 이슬람공화국의 온전한 무력 기반이 되었다.

근거지인 대학에서 치명적인 공격을 받은 자유주의 세력과 좌파가 뒤늦게 손을 잡고 저항을 시도했다. 이슬람공화국의 초대 대통령 바니사드르와 인민무자히딘의 반호메이니 연합이 그렇다. 그러나 너무 늦었다. 이들은 이미 거인 앞의 난장이와 같았다. 방법 역시 무모했다. 인민무자히딘은 1981년 6월 호메이니의 이슬람공화당 본부를 폭파하여 당 의장 및 주요 간부들을 살해했다. 그러나 이는 거대한 역공세, 즉 이슬람 성직자 집단(울라마)의 대대적인 테러 통치의 길을 열어주었을 뿐이다. 패퇴한 바니사드르와 인민무자히딘의 지도자 라자비에게 남은 길은 이란 탈출뿐이었다. 이들이 패퇴한 후, 호메이니는 마지막으로 그동안 묵묵히 협조해왔던 잔존 좌파, 즉 인민피다얀과 투데당(이란공산당)을 공격하여 무력화했다.

포스트 이슬람

3년간(1978~80년)의 혁명과 8년간(1980~88년)의 전쟁은 이란의 풍경을 바꾸어놓았다. 젊은 남녀가 어울리던 이란 고유의 골목길 문화(사리쿠치)는 사라졌다. 화려했던 번화가, 호텔가는 이슬람 행동대의 본부요 거점이 되었다. 거리의 벽은 이슬람혁명 구호로, 거리 사이의 공간은 정치 현수막으로 뒤덮였다. 사리쿠치가 사라진 자리에 여러 단체 소속의 이슬람 행동대원들이 곤봉과 소총을 들고 누볐다. 그들은 혁명무력이자 도덕경찰이었다. 거리의 이름들은 혁명과 전쟁에서 산화한 여러 샤히드(순교자)들의 숭고한 이름들로 바뀌었다. 어떤 공간도 이슬람 계율의 감시의 눈을 벗어날 수 없었다. 병영화, 규율화, 여성 배타성, 분리성이 지배하는 공간이었다. 군대 막사의 내무반과 같은 배치 원리였다. 도시의 색 자체가 바뀌었다. 페르시아의 색, 화려하고 밝은 색깔이 사라졌다. 온통 우중충한 잿빛이 되었다. 여자들의 검은 차도르와 남자들의 너무나 빨리 세어버린 흰 수염의 조합이었다. 계율 앞의 엄숙, 전사자들에 대한 추도, 혁명의 적들에 대한 분노의 조합이기도 했다.

하지만 아무리 무서운 화마가 훑고 간 잿더미 야산에도 새 생명은 움튼다. 이렇듯 죽음 속에서 생명이 움트는 모습은 언제나 경이롭다. 생명의 영원한 신비다. 포스트 이슬람의 싹은 테헤란의 공간의 변화, 색조의 변화에서부터 움트기 시작했다. 1990년부터 4년 동안에만 138개의 개방적 문화 공간과 27개의 스포츠센터가 세워졌다. 1만 3000여 곳의 공터가 레크리에이션 공간으로 바뀌었다. 공원에 나무와 잔디가, 거리엔 화사한 꽃들이 배치되었다. 가게들과 사무실, 건물과 거리의 벽들이 화사한 색으로 다시 칠해졌다.

억눌린 것은 반드시 돌아온다. 그 귀환의 첫 신호는 젊은이들로부터 왔다. 유럽의 사회학자 칼 만하임은 10대 후반에서 20대 초반이 생애사에서 결정적인 의미를 갖는다고 했다. 또한 이 시기에 겪은 사회적 사건이 그 세대의 특징을 결정짓는다고 했다. 사회학적 세대론에서 중요한 언급이다. 1990년경부터 열리기 시작한 화사한 새 문화 공간들을 채운 주인공이 바로 이 연령대의 이란 청소년들이었다. 엄격하게 규율된 공간과 시간의 배치에서 벗어나기 시작했다. 더 나아가 그 배치를 흔들어놓기 시작했다. 역설적인 것은 바로 이들이야말로 이슬람혁명의 가장 순정純正한 아이들이라는 점이다. 이슬람혁명은 모든 학제와 커리큘럼을 철저히 이슬람화했다. 중고등, 대학 과정에 혁명 전보다 훨씬 많은 학생들이 진학했다. 그렇듯 이슬람혁명이 만들어낸 새 세대 청년층 속에서 '포스트 이슬람'의 싹이 자라나고 있었다.

공식 학생조직이 교조화하는 만큼 일반 학생들과의 괴리는 커져갔다. 이슬람혁명 청년조직이 주관하는 공식 행사가 아닌, 비공식informal의 시간과 공간에 대한 희구가 커갔다. 자유로운 뒤섞임의 시간, 동원이 아니라 스스로 출현할 수 있는 공간을 그들은 원했다. 이것이 1990년대 초부터 주어지기 시작했다. 동시에 젊은이들 스스로 찾아나서기 시작했다. 이 공간에 출현한 젊은이들은 공식 세계의 규율을 그들이 비공식 공간을 향유하는 수단으로 변용시켰다. 예를 들어 젊은 여성들은 그들에게 의무로 주어진 검은 히잡 착용을, 남녀가 섞이는 '불온한' 공간에 그들이 '출현'할 수 있게 그들을 숨겨주는 익명성invisibility의 가리개로 활용했다.[53] 공식 학생조

53. 그러나 동시에 이러한 히잡 쓴 여성의 빈번한 공공장소 출현은, 도덕적 보수파들로부터 '못된 히잡녀bad hijabi' 소동을 불러일으켰다. 1990년 이란의 한 언론은 그해의 4개월 동안에만 테헤란에서 607명의 '못된 히잡녀'가 체포되고, 6589명이 법을 지키겠

직이 고형화시킨 교조적 토론회, 문화 모임을 교조의 저변, 규율의 저변을 탐색하는 자유 토론의 자리로 변용해갔다. 이 과정에서 학생조직의 주도권도 서서히 포스트 이슬람 청년 세력 쪽으로 옮겨가고 있었다. 그렇다고 이들이 반이슬람인 것은 결코 아니었다. 그들의 감성 역시 시아파적 종교성 안에 있다. 그러나 자유로운 변주와 편곡이 시작된 셈이다.

이러한 변화는 상징적이게도 호메이니 사망(1989년 6월) 이후에 시작되었다. 성직자로서는 처음으로 이란이슬람공화국의 대통령이 되었던 하메네이가 호메이니의 후계자로서 최고지도자 자리를 이어받고, 역시 성직자인 라프산자니가 새 대통령에 선출되었다. 라프산자니는 호메이니의 동지였으나 비교적 자유주의적인 경향의 성직자로 분류된다. 앞서 말한 테헤란의 공간과 색조의 변화는 대통령 라프산자니가 1989년 임명한 테헤란 시장 카르바시의 주도하에 이루어졌다. 훗날 그는 보수 세력의 격렬한 공격의 대상이 된다. 흥미로운 것은 카르바시나 라프산자니, 그리고 하메네이 같은 이들 모두가 이슬람혁명의 진정한 주역들이었다는 사실이다. 8년 후 라프산자니를 이어 대통령에 당선된 '개혁파' 하타미 역시

다는 서약서를 썼으며, 4만 6000명이 경고를 받았다고 보도했다. 그 법률이란 여성이 일정 길이의 머리카락을 히잡 바깥으로 노출하면 구류 처분할 수 있는 것이었다. Asef Bayat, *Making Islam Democratic,* Stanford, Stanford University Press, 2007, p.75 참조.

마찬가지다. 호메이니가 혁명 시기 세속 좌파와 자유주의 세력을 상대로 격렬한 권력투쟁을 벌였지만, 호메이니 세력 내부에도 다양한 입장의 차이가 있었다. 자유주의, 좌파 세력을 무력화하고 이슬람혁명이 확고히 승리하자, 이제 승리를 거둔 세력 내부에서 미묘한 분화가 시작되었다.

이러한 차이와 분별의 근거는 매우 다양하다. 이 모두를 여기서 분석할 순 없다. 다만 여러 차이를 낳는 가장 중요하고 핵심적인 부분이라고 생각되는, 또는 모든 다양한 차이가 이 문제에 관한 의견 차이로 귀결되는 것으로 보이는 점에 관해 언급해두기로 한다. 그것은 이란어로 '빌라야티 파키Vilayat-i Faqih'라고 부르는, 이슬람공화국 최고지도자Faqih 또는 Rahbar의 절대적 권한에 관한 의견 차이다. 파키faqih란 이슬람법학자를 뜻한다. 이 이론은 호메이니가 이라크에 망명중이던 1970년대 초에 구상하여 발표했던 것이다. 현대 이란 전공자인 유달승 교수는 이렇게 설명한다.

> 호메이니의 이슬람법학자통치론('빌라야티 파키'를 뜻한다—인용자)은 "이슬람법을 올바르게 해석할 수 있는 이슬람법학자에 의한 통치"를 의미한다. 호메이니는 이맘의 은폐기 동안 이슬람법학자를 이맘의 대리인으로 보았다. 그는 진정한 이슬람 국가를 건설하기 전까지 이슬람법학자통치를 과도기 형태로 주장했다. 이슬람법학자통치론은 이란 이슬람 공화국 헌법에 명시된 최고지도자의 지위와 역할을 통해

규정되어 있다. 최고지도자는 국가최고정책의 결정 및 집행 감독, 헌법수호위원회 이슬람법학자 임명권, 대통령 인준권 및 해임권, 군통수권, 군사령관 임명권 등이 있다. (법원의 법관 임명권, 텔레비전 및 라디오 방송국 책임자 임명권, 전국 각지의 금요기도회 지도자 임명권이 포함된다.—인용자)[54]

문제는 이렇듯 절대적인 권한을 부여받는 최고지도자가 어떻게 결정되는가이다. 초대 파키The Faqih는 물론 호메이니였다. 규정되어 있는 어떤 공식적인 선출 과정도 없었다. 혁명을 이끌어가면서 생긴 그의 절대적 위치, 정치적 종교적 카리스마 또는 지도력(이란어로 marja'iyyat라고 한다)에 의해 자동적으로 결정된 셈이다. 호메이니가 사망하자 바로 문제가 드러났다. 파키 선출에 관한 조항이 다급하게 헌법에 삽입되었다. 그 권한은 대부분 종교계 대표들로 이루어진 '전문가의회Assembly of Experts'에 주어졌다. 전문가의회는 물론 호메이니가 이미 낙점해둔 하메네이를 2대 파키로 결정했다. 형식은 결정이지만 사실은 승인에 불과했다. 전문가의회는 국민선거에 의해 선출되는 기구이지만, 헌법수호위원회Council of Guardians가 입후보자와 당선자들의 자격을 심사하고 감독하도록 되어 있다. 그런데 헌법수호위원회를 구성하는 12명의 고위 성직자

54. 유달승, 『이슬람 혁명의 아버지 호메이니』, 한겨레출판, 2009, 141~142쪽.

와 법률가의 임명권을 바로 파키가 쥐고 있다. 다리 하나를 걸쳤을 뿐, 결국 파키를 임명한다는 전문가의회 자체가 파키의 통제 아래 있는 셈이다. 조문상으로는 전문가의회가 파키의 선출만이 아니라 해임 권한까지 가지고 있지만, 이는 그저 형식에 불과하다.

이 문제는 한편으로 선출된 권력인 국회Majlis, 지방의회, 대통령과, 다른 한편으로 선출되지 않은 권력인 파키, 그리고 파키가 임명하는 헌법수호위원회, 법원과의 관계에서 날카롭게 돌출된다. 호메이니의 파키 통치론의 핵심은 파키의 권한이 인간에 의해서가 아니라 신에 의해 주어졌다고 보는 데 있다. 이란의 이슬람 신정 체제의 안으로부터 민주와 개방의 바람이 불기 이전까지는 이 점이 문제로 부각되지 않았다. 그러나 이 바람이 불기 시작하자 두 권력 사이의 파열선이 서서히 그리고 종국에는 거대하게 드러났다. 민주와 개방의 바람이 선출된 권력의 통로를 통해 불었기 때문이다. 이 바람은 라프산자니 대통령 재임 기간 태동하여, 하타미 대통령 재임 기간에 거대하게 성장했다. 라프산자니가 시장자유주의에 친화성을 가진 인물인 반면, 하타미는 사회민주주의적 성향을 가지고 있다. 이 두 사람 모두 이슬람 고위 성직자라는 점이 흥미롭다. 이들은 모두 승리한 이슬람혁명의 주역들이다. 이들은 혁명의 주변 세력이 아니라 오히려 중심 그룹에 속해왔다. 결국 이슬람 성직자 세계 내부에도 상당히 넓은 정치적 스펙트럼이 존재하는 것이다. 이러한 다양성이 이란에서 이슬람 다원주의가 가능하게 된 바탕이다.

1997년의 대통령 선거에서 하타미는 '개혁islahat'을 구호로 내걸고 출마했고, 보수파는 저명한 고위 성직자인 아야톨라 누리를 후보로 내세웠다. 결과는 놀랍게도 하타미의 압승(하타미 69.6퍼센트, 누리 25퍼센트)이었다. 보수파는 이 결과를 심각한 위협으로 받아들였다. 반면 라프산자니 재임 기간 서서히 힘을 키워온 온 시민사회의 개혁 세력은 환호했다. '제2의 혁명'이 시작되었다고 했다. 개혁 세력의 주축은 학생층, 지식인, 언론인, 예술가, 그리고 여성이었다. 주요 학생조직들이 개혁 지향으로 변화해갔고, 변화를 요구하는 신문, 잡지, 각종 정치조직들이 우후죽순처럼 늘어갔다. 놀랍게도 여성들이 하타미 정부의 강력한 지지 세력으로 부상했다. 이들은 히잡 의무화 같은 민감한 문제를 거론하지는 않았다. 그러나 가정과 사회에서의 여성권리 신장을 요구했다. 이란의 여성들은 혁명과 전쟁 과정에서 보다 많은 사회적 역할을 수행했다. 그속에서 권리의식이 깨었다. 이슬람 여성운동, 또는 포스트 이슬람 페미니즘이 탄생한 셈이다. 이슬람 율법주의 자체에 맞섰던 급진적 페미니즘 세력은 혁명 과정에서 거의 퇴조했고, 이 운동을 이끌던 여성 리더 대부분은 해외 망명의 길을 택할 수밖에 없었다. 혁명 과정에서는 오히려 수많은 평범한 여성들이 히잡을 쓰고 나와 이슬람혁명을 지지했다. 그러나 역설적이게도 이슬람혁명 과정, 그리고 이슬람공화국에서의 사회적 참여의 삶을 통해서 여성의 평등의식이 넓게 성장했다. 이란이슬람혁명을 직접 체험하고 영국으로 망명한 사회주의 페미니스트 마르얌 포야는 이슬람 이란에서의 '종교적 여성'의 사회의식 성장 과정을 다음과 같이 썼다. 좀 길지만 중요한 내용이니 인용해둔다.

팔레비 통치하에서 종교적 여성들은 그들이 신봉한 이슬람 가치관 때문에 굴욕감만 느꼈다. (중략) 국가는 이 여성들이 종교적 가치관과 규범을 포기하지 않는 경우에 이들을 후진적이라고 취급했고, 친족 남성들은 그와 같은 포기를 요구하는 변화에 여성들이 참여하지 못하도록 막았다. 그래서 종교적 여성은, 변화의 수혜를 입고 서구적 생활양식을 받아들인 사람들을 시기하고 미워했다. 이슬람 정권은 이런 태도를 이용해 종교적 여성을 자기편으로 포섭했다. 종교적 여성은 이슬람 정권의 충실한 지지자가 됐다. 정권은 이 여성들을 이슬람 사회의 수호자이고 새로운 도덕과 가치관의 버팀목이라고 천명했다. (중략) 이슬람 국가와 국가의 지배 이데올로기 덕분에 이런 여성들은 물질적·이데올로기적 자원에 접근할 수 있게 됐고 힘을 사용해볼 여지가 생겼다. (중략) 1980년대에 많은 여성들이 이슬람 단체들에서 자원 활동을 했다. 이러한 활동을 통해 이들의 위신이 높아졌다. (중략) 이슬람 단체들에서 일해도 임금이 지불되지는 않았지만 국가에서 보조를 받았다. 예를 들어 여기서 일하는 여성들은 국외로 달아난 사람들에게서 몰수한 주택을 무상으로 지급받고 추가 배급도 받았다. (중략) 혁명기에 여성들이 정치적 활동에 참여하고 1980년대에 유급 노동과 무보수

노동을 경험하고 나자 여성의 구실을 가정에만 한정하는 것에 반발하는 집단적 자각이 생겨났다. (중략) 여성들은 활동에 참여하고 노동을 하면서 성 의식이 고양됐고 국가의 성 이데올로기가 지닌 한계에 의문을 품기 시작했다. (중략) 1980년대에 종교적 여성과 세속적 여성은 분열돼 있지만, 1990년대에는 서로 단결하기 시작했다.[55]

인간들이 만든 인민권력과 신이 부여해주었다고 하는 신정권력 사이의 투쟁은 하타미 정부 제2기에 절정에 이르렀다. 하타미는 2001년 대통령에 재선되었다. 이미 그 이전 하타미의 대통령 제1기 재임 기간인 1999년 지방의회 선거에서 개혁파가 압승을 거뒀고, 이어 2000년에는 국회 선거에서도 개혁파가 크게 승리했다. 이로써 하타미는 모든 선출된 권력기구에서의 압도적 다수 지지 위에서 개혁 대통령 제2기를 시작하게 되었다.

개혁권력 대 신정권력

1997년 출범한 하타미 개혁정부의 진로는 결코 순탄하지 않았

55. 마르얌 포야, 『이란의 여성, 노동자, 이슬람주의』, 정종수·차승일 옮김, 책갈피, 2009, 205~208쪽.

다. 출범 직후부터 이미 보수 세력의 조직적인 저항이 시작되었다. 초법적 보호를 받는 보수적 이슬람 청년행동대들은 학생운동과 언론 등의 개혁 그룹들에 막무가내 폭력을 휘둘렀다. 1998년 가을에는 1950년대 모사데크 정부 시기 장관을 지냈던 진보적 원로 지식인 푸루하와 그의 부인, 그리고 저명한 개혁적 언론인 무하타리와 푸얀디가 납치·살해되는 끔찍한 사건이 벌어졌다. 개혁 언론과 정부 조사단의 조사 결과 그 배후는 놀랍게도 군과 정부의 정보기관인 것으로 드러났다. 그해 봄에는 1990년대 초부터 테헤란의 봄을 주도했던 카르바시 시장이 법원의 무고로 구속되어 재판정에 섰다. 또한 법원은 새로 창간된 개혁 언론들을 폐간시키는 판결을 무더기로 냈다.

그러나 개혁정부 초기에 이루어진 이러한 저항은 오히려 더 큰 대중적 역풍을 맞았다. 그 결과가 1999, 2000, 2001년에 이루어진 개혁파의 연이은 선거 압승이었다. 자신감을 얻은 하타미는 '이슬람 민주주의'를 내걸고 서방 진영과의 관계 정상화에 나서 성과를 거뒀다. 여러 국제회의 석상에서 문명충돌이 아닌 문명대화 담론을 주도적으로 설파했다. 반면 중동의 인근 독재국가들은 뜻밖의 이란발 민주주의 바람을 경계하기 시작했다.

개혁파의 연이은 선거 승리는 이란 보수파의 경각심을 극도로 고조시켰다. 선출되지 않은 권력이 본격적으로 움직이기 시작했다. 법원은 1997년에서 2002년 사이 108개의 주요 일간지와 잡지

World Economic Forum

2004년 다보스포럼에서 연설하는 하타미 당시 이란 대통령
포스트 이슬람운동의 기수인 그는 이란에 대한 국제 사회의 편견을 깨기 위해 매우 적극적인 활동을 했다. 여러 국제회의에서 성평등·종교 화해·문명 화합을 강조했고, 경제 개방과 협력을 위해 서구 중심의 경제 회의인 다보스포럼에 참석하는 것도 주저하지 않았다.

를 폐간시켰다. 여기에는 하타미의 친동생을 비롯한 대통령의 최측근들이 직접 개입하고 있던 유력 언론들이 포함되어 있었다. 혁명수호위원회는 개혁파가 압승한 선거 결과를 한동안 인정하지 않았다. 사소한 일들에 트집을 잡아 선거의 적법성을 문제삼았다. 하타미의 전략가인 하자리얀이 암살자들의 총격을 받아 쓰러졌다. 암살자들은 잠시 사라졌다가 다시 청년행동대원으로 버젓이 활개를 치고 다녔다. 이슬람특별법원은 다수의 저명한 신학자·지식인과 언론인들을 '이슬람공화국에 위해를 가했다'는 모호한 혐의로 구속하여 법정에 세웠다. 그중 역사학자 하셈 아가자리에 대한

2002년의 사형 선고는 여론의 격렬한 반발을 샀다. 상황이 너무 심각해지자 최고지도자 하메네이가 나서 재심을 주문했고, 다음해 5년으로 감형했다.

오직 이슬람 성직자들로만 이루어진 이 재판들은 마녀사냥이 이루어졌던 유럽 중세의 종교재판에 비유되었다. 2000년에서 2003년 사이 혁명수호위원회는 국회에서 통과된 50개 이상의 법안에 대해 거부권을 행사했다. 의회나 정부에서 무엇을 결정하든 이 선출되지 않은 권력들은 그것을 어느 때나 거부하고 무효화할 수 있었다. 게다가 개혁과 보수 사이의 중립 내지 조정자의 역할을 취하는 듯했던 하메네이의 발언이 점차 반개혁의 색조를 띠기 시작했다. 개혁정부의 정책이 사사건건 가로막히고 거부되었다. 이렇게 되자 '법치rule of law', 즉 헌법 체제 내에서의 점진적 개혁을 내세웠던 하타미 정부의 실행력, 정책의 실효성에 대한 대중적 회의와 냉소가 꿈틀대기 시작했다. '도대체 이런 상태에서 개혁이 가능하기나 한 것인가?' '도대체 이 정부가 무엇을 할 수 있기는 한 것인가?'

9·11 사태와 신정 쿠데타

이러한 와중에 2001년 미국에서 터진 9·11 사태는 하타미 개혁정부에 매우 불리하게 작용했다. 하타미 정부는 즉각 이 사건을 '비인도적 테러 행위'로 규정하여 규탄하고, 뉴욕의 희생자들을 추모하는 대규모 집회를 열었다. 이렇듯 신속하게 표명된 이란 정부의 '성의'에 대한 미국 부시 정부의 응답은 놀라웠다. 그 유명한 '악의 축' 선언의 첫자리에 이란을 올려놓는 것이었다. 이어진 미-영의 아프가니스탄 침공, 그리고 특히 2003년 3월의 이라크 침공은 이란의 개혁 세력에게 매우 뼈아픈 타격이 되었다. 역사적으로 많은 경험을 통해 이란인들은 영국과 미국의 개입에 대해 커다란 경계심과 적대감을 가지고 있었다. 이 양국의 군대가 이란의 바로 인접 국가인 아프간과 이라크를 차례로 침공한 것이다. 더구나 이란을 '악의 축'의 첫머리에 올려놓았으니, 이는 곧 다음 차례는 이란이라고 공개 협박한 것과 다를 바 없었다.

개혁파가 성장함에 따라 서방과의 관계 정상화 쪽으로 서서히 움직이고 있던 이란의 민심이 급격하게 강경 반미, 반서방으로 되돌아서기 시작했다. 그럴수록 보수파는 위기의식을 고조시키면서 개혁파가 친미, 친서방 세력과 내통하고 있는 반혁명 세력이라고 모략 공세를 폈다. 극과 극이 상통한다는 것이 바로 이런 경우다. 미국의 신제국주의 네오콘과 이란의 이슬람 네오콘이 이심전심(?) 합작하여 이제 막 절정에 이르려고 하는 '포스트 이슬람' 개혁 세력을 벼랑으로 몰아붙인 셈이다.

신정권력의 거센 반격 앞에 개혁 진영은 최후의 카드를 꺼냈다.

애초에 선출되지 않은 권력이 선출된 권력의 모든 권한과 결정을 얼마든지 무력화할 수 있는 헌법 자체가 문제이므로, 이것을 바꾸지 않으면 아무것도 이룰 수 없다고 생각했다. 이에 2002년 10월 하타미는 두 개의 법안을 발의한다. 1)헌법수호위원회가 일체의 선출 권력기관의 후보 자격을 심사하는 권한을 폐지한다. 2)대통령은 법원을 비롯한 비선출 권력기관의 결정이 비헌법적일 경우 그 효력을 정지시킬 권한을 갖는다. 여기에 더해 하타미는 만일 이 두 법안이 받아들여지지 않으면 대통령직을 사임할 수밖에 없다는 의지를 표명했다. 11월 국회는 하타미의 제안을 압도적 찬성으로 통과시켰다. 그러나 헌법수호위원회가 비토하면 끝이다. 신정권력 측은 시간을 끌면서 격렬한 반대 캠페인을 벌였다. 최고지도자 하메네이는 공개적으로 하타미 법안에 대한 반대 의사를 표명했다.

불행하게도 외적 상황이 개혁파측에 극히 좋지 않았다. 2003년 3월 미국-영국 연합군이 이라크를 침공했다. 위기감이 고조됐다. 보수파는 이러한 국가적 위기 상황에 대통령이 직책을 걸고 자신의 권한 강화를 고집하는 것은 독재의 사심이요 이슬람공화국에 대한 위협이라고 역공세를 폈다. 동시에 개혁 언론과 개혁 인사를 무더기로 폐간하고 구속했다. 이러한 공세 앞에 개혁파는 무기력했다. 불안감과 위기의식, 그리고 개혁파의 무력함에 대한 회의감이 민심 속에 퍼져갔다. 그 결과는 2003년 초 지방의회 선거에서 개혁파의 패배로 나타났다. 민중의 표심에 의지하고 있던 개혁파의 기를 꺾어놓는 사건이었다.

선거 결과가 나오자마자 헌법수호위원회는 기다렸다는 듯 그간 미루어왔던 하타미의 두 법안에 대한 거부권을 행사했다. 대통령과 국회의 강력한 항의가 있었지만 그전과 같은 대중적 반향이 없었다. 선출권력에 대한 비선출권력의 결정타는 2004년 1월에 나왔다. 헌법수호위원회가 그해 있을 국회의원 선거의 출마자 자격 심사에서 80여 명의 현역 의원을 포함한 전체 출마자의 절반에 대해 출마 자격을 박탈한 것이다. 물론 그 대부분이 개혁파 후보자들이었다. 신정권력의 싹쓸이 쿠데타였다.

2004년 총선 결과 개혁파가 쏙 빠진 보수 일색으로 국회가 구성되었음은 두말할 필요가 없다. 이 기조는 2005년 대통령 선거로 이어졌다. 개혁파는 전 대통령 라프산자니를 내세웠지만(대통령의 2회 이상 연임을 금한 헌법 조항으로 하타미는 출마할 수 없었다), 참전 군인이자 민병대 출신인 아마디네자드에게 참패했다(61.69퍼센트 대 35.93퍼센트). 아마디네자드의 승리를 단순히 그의 반미 강경 노선, 보수 이슬람 노선의 승리라고만 평가할 수는 없다. 물론 이슬람 보수파는 아마디네자드를 밀었다. 그러나 아마디네자드가 '사회정의'라는 슬로건을 내세웠음을 주목할 필요가 있다. 그는 '개혁' 노선이 충분히 해소해주지 못했던 사회적 불만을 대변했다. 개혁 지지층의 주축이 혁명 이후 새로 성장한 중산층이었다면, 아마디네자드는 이 과정에서 소외된 사회 하층에 호소했다. 특히 보상

받지 못한 수많은 참전 장병들과 이슬람 청년행동대원들이 아마디네자드를 열렬히 지지했다. 그의 선거운동은 라프산자니가 거부巨富이고 부유한 시장 세력을 대변하고 있다는 점에 초점을 맞추었고, 자신은 서민 대통령 후보라 불렀다. 여기에 더해 아마디네자드는 라프산자니뿐 아니라 개혁파 역시 미국과 영국의 위협에 맞설 수 없으며, 오히려 제국주의 세력과 야합하려 하는 위험한 배신자들에 불과하다고 공세를 폈다.

그러나 과연 아마디네자드의 '사회정의' 슬로건은 진실한 것이었는가? 개혁파와 시장파를 향한 그의 공격은 정당한 것이었는가? 그리고 결과적으로 그의 정부와 정책은 성공했는가? 그 답은 모두 부정적이다. 아마디네자드는 강경 보수 이슬람 세력을 대표하는 고위 성직자 야즈디Yazdi를 추종한다. 이슬람공화국 국부國富의 중추는 시장권력이 아닌 파키권력이 장악하고 있다. 이를 지탱하는 두 축은 막대한 석유 수익과 종교 수익(이슬람 모스크와 각종 기관들이 거둬들이는 종교세 및 수익들)이다. 파키권력은 이란이슬람공화국의 권력 실체다. 이 주위로 1000여 개에 이른다는 유력 성직자 가문들과 국가기간산업을 관리하는 부유한 테크노크라트 세력, 그리고 정치적 기회주의 세력들이 결집해 있다. 따라서 하타미의 개혁 세력과 라프산자니의 시장 세력을 사회정의에 반하는 부패 세력으로 매도한 아마디네자드파의 공세는 이란의 실상에 부합하지 않는다. 부패를 말한다면 그 규모는 집권 보수 세력이 훨씬 크다. 따라서 보수파 아마디네자드의 사회정의 슬로건은, 일단 그것이 그의 대선 승리에는 기여했겠지만, 결코 실현될 수 없는 형용모순적인 목표였다. 결국 그의 역할은 고작 좌절한 참전 장병들과 민병대, 그리고 군부를 강화하는 것이었지, 비수혜층 일반의 지위를 향상시키는 것이 될 수 없었다. 아마디네자드가 결코 이란의 차베스가 될 수 없었던 이유다.

공약空約으로 생겨난 지지의 공백은 의도적으로 미국에 강경하게 도발하는 모습을 연출하는 것으로 메웠다. 그러나 그런 식으로 채워질 수 있는 공백이 아니었다. 아마디네자드는 호메이니를 흉내내고 있었다. 그러나 일찍이 마르크스가 말하기를 흉내내는 혁명은 코미디가 된다고 하였다. 더구나 오늘의 이란은 강력한 포스트 이슬람 개혁운동, 민주화운동을 체험한 나라다. 이란의 진정한 제2의 혁명은 아마디네자드형의 회고형 혁명, 즉 호메이니형의 이슬람혁명을 흉내내고 반복하는 것이 될 수 없다. 호메이니의 이슬람혁명이 이룩한 대중적·서민적 토대 위에서 새롭게 성장한 포스트 이슬람 개혁운동만이 새로운 가능성을 품고 있다. 2009년의 대선은 아마디네자드가 대표했던 강경 보수파가 이미 대중적 지지를 잃고 있음을 보여주었다. 비록 재선에 성공했지만, 실상은 아마디네자드의 패배였다. 대중의 불만은 대선 기간 아마디네자드 지지를 표명했던 종교지도자 하메네이로까지 향했다. 대선 결과에 불복하여 일어선 녹색 민심이 분명히 보여준 바다.

그렇다면 이제 이란의 포스트 이슬람 개혁운동, 녹색운동은 어디로 가야 할까? 우선 하타미 정부의 법치 노선의 한계를 체계적인 대중운동으로 보완해야 할 것이다. 하타미 정부는 현존 이슬람 공화국 헌법에 시종 충실하려 하였다. 기존 헌법의 테두리 내에서 개혁해가겠다는 것이 하타미를 중심으로 한 개혁파 주류 세력의 '법치' 전략이었다. 이 전략은 분명히 실패했다. 비선출권력이 선출권력보다 절대적 우위에 있는 헌법 자체를 수정하지 않으면 결국 아무것도 이룰 수 없음이 명백해졌다. 비선출권력의 절대성에 한계를 부여하는 힘은 결국 선거에만 의지하는 것이 아니라, 선거를 넘어서서 일상적으로 지속되는 대중운동, 대중적 지지를 이끌어내는 데서 얻을 수 있다.

여기서 아마디네자드가 내세웠던 '사회정의' 구호에 녹색운동이 주목할 이유가 있다. '사회정의' 슬로건은 이란 민중들에게 1978~79년 혁명의 기억을 불러일으켰다. 소외되었던 가난한 사람들이 사회 공론의 주인으로 참여했던 기억이다. 그만큼 많은 정치적·경제적·문화적 기회가 민중들에게 주어졌었다. 그것이 '사회정의'의 내용이다. 이제 보수 기득권층이 이러한 경험을 재현시킬 수 없다는 것은 분명해졌다. 그 목표를 다시 한번 이루어내는 과제는 개혁 세력에게 주어져 있다. 이란의 제2혁명은 '개혁'과 '사회정의'를 서로 지탱하는 불가결의 두 축으로 삼아야만 성공할 수 있을 것이다.

이슬람은 결코 변하지 않는 무엇이 아니다. 이슬람의 역사는 새롭고 과감한 개혁의 기억들을 풍부히 담고 있다. 이슬람적 평등과 합의 전통, 종교적·지적 자유와 합리성을 존중해온 문화를 21세기 상황에 맞게 업그레이드할 과제가 이란의 개혁 세력, 즉 녹색운동에 주어져 있다. 이슬람 전통의 비판적이고 윤리적인 자원들이 이 지역 민주주의의 새로운 범형을 열어갈 수 있을지가 여기에 달려 있다. 이는 이란만의 과제가 아니다. 우선 많은 이슬람권 국가들이 이란 녹색운동의 추이를 주목하고 있다. 이란의 성공은 재스민혁명, 타흐리르 광장의 바람을 다시 한번 선도할 것이다.

끝으로 이슬람혁명 권력의 정점이자 정화精華인 파키권력의 성격과 그 향배에 관해 생각해본다. 이슬람 개혁운동, 즉 녹색운동의 향방이 이 문제의 해결에 크게 의존하고 있는 만큼, 이 사안은 매우 중요하다. 현재 이란의 파키권력은 중국공산당의 주석 또는 태국 푸미폰 국왕의 권력 유형과 닮은꼴로 보인다. 이 둘이 섞인 형태라 하겠다. 먼저 파키가 정해지는 과정은 중국공산당 주석이 결정되는 과정과 비슷하다. 최고권력 지분을 가진 몇 개의 세력 또는 분파 간의 조정을 통해 결정된다. 호메이니 시절부터 분파, 그리고 분파 간의 알력은 존재했다. 원래 호메이니의 후계자는 하메네이가 아닌 몬타제리였다. 1985년 전문가의회는 몬타제리를 후계자로 공식 선출한 바도 있다. 그러나 몬타제리의 온건 입장은 호메이니의 반발을 샀고, 결국 호메이니는 1989년 사망 직전 그가 몬타제리를 후계자로 인정한 적이 없음을 천명하면서 하메네이를 후계자로 낙점했다. 몬타제리 중심의 온건파가 호메이니 중심의 강경파와의 권력투쟁에서 패배한 과정으로 볼 수 있다.

하메네이 시기 파키권력의 행사 방식은 태국 푸미폰 국왕을 연상시키는 바 크다. 하메네이에게는 호메이니와 같은 절대적 카리스마가 없다. 그리하여 하메네이는 항상 대립하는 세력들 간의 중재자 역할에서 자신의 입지점을 찾았다. 불가피한 선택이기도 했겠지만 그로서는 현명한 처신이었다. 푸미폰 국왕의 경우에서 볼 수 있듯, 중재자의 적절한 역할 수행은 그 자체로 강력한 권력을 형성한다. 양쪽 다 그의 의중에 의존하게 만들고, 이를 통해 대중의 존경을 획득한다. 하메네이는 시종 개혁-보수의 양 입장 사이에 서서 양자를 조정하는 입장을 취했다.

하메네이는 하타미 정부 시기에도 제2기 들어 개혁 세력이 너무 강해지기 전까지는 그런 행보를 취했다. 그러다가 개혁 세력이 너무 커지자 반개혁 입장을 표명하지 않을 수 없었다. 그러나 한쪽 편을 듦으로써 하메네이는 다른 반쪽 대중의 반발을 사게 된다. 결국 어느 한 세력의 힘이 너무 커져버리면 중재자의 권력은 그에 비례하여 약화된다. 태국 정치에서 탁신 전 총리의 자리가 너무 커지자 국왕의 입지가 위축되었던 것과 같은 이치다. 아마디네자드 정권 시기에도 마찬가지였다. 한때 그를 후원하는 듯했지만, 보수 강경파가 일방적으로 강해지자 하메네이는 아마디네자드 세력으로부터 거리를 두기 시작했다.

이런 양상이 뚜렷이 드러난 것은 2012년의 국회의원 선거부터였다. 우선 헌법수호위원회가 다수 개혁파 후보들의 출마 자격을 박탈한 것은 2004년 이후의 선거 양상과 같았다. 그러나 이렇듯 개혁파를 걸러낸 후의 선거판은 하메네이 지지 후보 대 아마디네자드 지지 후보들 사이의 힘겨루기였다. 아마디네자드 편이 강경보수를, 하메네이 진영이 온건 보수-온건 중앙파를 대표했다고 하겠다. 이 선거 결과 하메네이의 국회 통제력은 더욱 강해졌다. 그렇다면 2013년 6월의 대선에서 하메네이는 어떤 선택을 할까?[56] 보수 강경파도 개혁파도 지지하지 않는다. 자신에게 충실할 후보군을 열심히 양성해왔다.

개혁적 입장에서 이란의 포스트 이슬람 민주화 과정을 추적해온 정치사회학자 아세프 바야트에 따르면, 이란 내부에서 호메이니의 파키 절대권 이론을 절대적으로 신봉하는 세력은 실제로 그다지 많지 않다고 한다.[57] 호메이니 자신이 파키 절대권은 한시

---

56. 이 글을 쓴 시점은 2013년 6월 초, 이란 대선 직전이다. 당시 상황의 긴박함을 그대로 전하기 위해 당시의 원문을 그대로 살렸다.

57. Asef Bayat, *Making Islam Democratic,* Stanford, Stanford University Press, 2007 참조.

적·경과적이라고 했다. 마치 과거 마르크스레닌주의가 프롤레타리아독재를 공산주의 이행기에만 존재하는 한시적 권력 형태라고 했던 것과 비슷하다. 그러나 그 경과 기간을 무한정 연장하고 싶은 세력도 존재할 것이다. 다만 분명한 것은 파키 절대권을 상대화하고 국민의 선택과 판단 아래 두고자 하는 움직임이 태동했다는 점이다. 우선 전문가의회에 파키 선출권을 주었고, 더 나아가 파키를 국민투표로 선출하자는 의견도 대두되고 있다. 여기에 (비록 비토되었지만) 하타미가 제출했던 두 개의 법안까지 더하면 이란이슬람공화국의 헌정 구조는 현재와는 매우 다른 그림이 된다.

현재 이란 헌정 구조의 변화를 위해 중요한 고리는 전문가의회와 헌법수호위원회 중 어느 편이 주도권을 장악하는가이다. 개혁파의 입장에서는 우선 선거에 의해 구성되는 전문가의회에서의 주도권 장악이 필요할 것이다. 보수파로서는 헌법수호위원회에서의 확고한 우세를 기반으로 전문가의회에서도 압도적 다수를 점하려 할 것이다. 어느 쪽에든 이란 이슬람 다원주의 내부에서의 인파이팅 역량이 중요하다.

아울러 외부의 국제 환경 역시 중요한 변수가 된다. 부시의 네오콘이 강해졌을 때 이란의 개혁운동이 큰 타격을 입었음을 기억해둘 필요가 있다. 미국을 중심으로 한 강대국이 이란을 고립시키려 하면 할수록 파키 절대권은 군부 강경파와 연합하여 더욱 강력해질 것이다. 일종의 이란판 '선군先軍주의'가 될 수 있다. 이슬람 근본주의와 이슬람 군국주의의 기묘한 결합이다. 대산유국 이란은 군사대국, 핵강국을 추구할 만한 자체 재원을 갖고 있다. 그러나 이 길은 이란 민중들에게는 고난과 형극의 길이 될 것이다.

그러나 현재 이란의 정치적 세력 판도를 볼 때, 이런 방향으로 급격하게 기울 가능성은 크지 않아 보인다. 외적으로도 네오콘이나 미국 일극주의는 저물고 있다. 또 서방으로부터 고립된 이란은 중국, 러시아와 더욱 밀착될 수밖에 없다. 이러한 상황은 미국으로서도 결코 달갑지 않다. 따라서 과거 '악의 축' 공세나 이라크 침공처럼 개혁운동에 악재로 작용하는 사태들이 되풀이될 가능성은 매우 낮다. 그렇다면 짓밟혔던 이슬람 개혁운동, 즉 녹색운동의 꽃이 광활한 이란고원에 다시 한번 만발할 수 있을까? 그런 내외의 여건이 조성되고 있는가?

우선 2013년 6월의 대선 결과 예측을 음미해보아야 한다(앞서 밝혔듯 이 글을 쓴 시점은 대선 직전이다). 외적 상황은 그다지 나쁘지 않아 보인다. 대외 고립과 대내 억압으로 일관한 아마디네자드 8년 집권에 대한 부정적 여론도 강하다. 그러나 문제는 선거 출마자를 검열하여 걸러내는 등, 선거에 대해 절대적 영향력을 행사하고 있는 헌법수호위원회와 같은 선출되지 않은 신정권력의 여전한 지배력이다. 개혁파의 지지를 받는 두 전 대통령 하타미와 라프산자니가 이미 이 문턱에 걸려 낙마했다. 라프산자니는 출마 등록을 했다가 헌법수호위원회로부터 출마 불가 판정을 받았고, 하타미는 그 이전에 여러 압력을 받다가 스스로 출마를 포기했다. 2009년 대선 당시 개혁파 후보였던 무사비와 카루비는 여전히 가택연금중이고, 대선이 다가오면서 개혁 진영 활동가들과 언론에 대한 감시와 검열은 더욱 강화되고 있다.

이런 상태에서 최종적으로 후보 등록을 마친 8인(선거운동 과정에서 2명 사퇴)의 면면을 보면, 결국 중량감 있는 개혁파 후보가 없다. 하타미 정부 때 부통령을 했던 아레프, 그리고 라프산자니와 가까운 성직자 로하니가 후보 등록에 성공했으나 약체로 인식되었다. 그런데 선거운동 막바지에 두 사람 간의 극적인 연합이 이루어지면서 바람이 불기 시작했다. 아레프가 로하니를 지지하며 후보 사퇴했고, 이어 하타미와 라프산자니도 로하니 지지 성명을 내놓았다. 이렇게 되면서 원래 이번 선거에 큰 기대를 걸지 않고 선거 보이콧까지 언급하고 있던 녹색운동-개혁파 진영이 투표일이 다가올수록 결집하는 양상을 보이고 있다.

선거 이후 추기

선거 결과는 뜻밖에도 로하니의 압승(50.7퍼센트)이었다. 사전 여론조사들에서 로하니는 12~13퍼센트대로 늘 2~3위에 머물렀기 때문에, 그가 1차 선거에서 과반을 넘겨 낙승할 것이라고는 아무도 예상하지 못했다. 순수 부동표도 있었겠지만, 그중 다수가 여론조사에서 속마음을 감추고 있었던 것으로 보인다. 억압 때문에 표현하지 못해왔지만 강경 보수 세력에 대한 물갈이를 원하고 있었던 것이다. 결국 하메네이의 입지는 약화되고 라프산자니와 하타미의 영향력은 높아질 것으로 예상된다. 2014년 12월 예정된 전문가의회 선거에서 개혁파가 승리한다면 녹색운동은 다시 한번 변화의 주도권을 잡을 수 있다. 우리가 지금 목격하고 있는 이란의 이 경로는 **이슬람에 반대하는 민주주의가 아니라, 이슬람을 경유하는 민주주의의 길**이다. 이슬람이라는 정거장을 통해 가는 민주주의의 이 길이 민주주의의 미래에 어떤 새로운 가능성을 열어 보일지, 많은 이들이 주목하고 있다.

10

현재 진행형의 이집트혁명

혁명인가 쿠데타인가

2013년 6월 30일, 무려 1700만 명의 이집트인들이 무슬림형제단 출신의 대통령 무르시의 퇴진을 요구하며 거리로 나섰다. 이집트 인구가 8300만임을 감안하면 놀라운 숫자다. 고작 나흘 후인 7월 4일, 무르시는 대통령직을 박탈당했다. '무바라크 퇴진'을 외쳤던 타흐리르의 '백만 행진'이 있었던 날이 2011년 2월 1일이다. 그때는 열흘 후 무바라크가 물러났다. 그러니까 불과 29개월 만에 두 명의 대통령이 엄청난 규모의 대중행동에 밀려 물러난 것이다. 이번엔 더욱 많은 대중, 더욱 빠른 속도다. 가속된 혁명인가? 그러나 그렇게 간단하지 않다. 무바라크 퇴진시에는 끝까지 버티던 군부

Secretary of Defense

무르시와 엘시시
무바라크 퇴진 후 대통령이 된 무르시(오른쪽), 그리고 그가 뽑은 국방장관 엘시시(왼쪽)가 한자리에 앉아 있다. (그 사이에 당시 미국 국방장관 척 헤이글이 앉아 있다.) 이때로부터 채 석 달이 지나지 않아 엘시시는 무르시를 축출하고 이집트의 실권자로 올라섰다.

가 무르시 퇴진시에는 오히려 거꾸로 촉진제의 역할을 했다는 큰 차이가 있다. 뒤집힌 힘이 섞인 복합 가속운동이다.

무르시를 끌어내린 군부는 바로 다음날 헌법재판소장 만수르를 임시대통령에 취임시켰다. 아울러 가능한 한 빠른 시기 안에 총선과 대선을 치러 신정부를 구성한다는 향후 로드맵도 발표했다. 무바라크 퇴진 이후 과도기를 관리했던 최고군사위원회가 명확한 향후 정치 일정을 내놓지 않고 미적거렸던 것과는 대조되는 발 빠른 행보다. 이는 군부 역시 지난 29개월 동안 많은 것을 학습했음을 보여준다. 무르시 권력 박탈을 주도한 국방장관 엘시시Abdel Fattah el-Sisi의 인기는 오르고 군부는 칭송의 대상이 되고 있다. 민중혁명인가 쿠데타인가? 1700만의 피플파워, 그리고 미국으로부터 매년 15억 달러의 지원을 받고 이집트에서 가장 탄탄한 자산가 집단의 하나로 알려진 이집트 군부 엘리트의 결합? 뭔가 이상한 조합이 아닐 수 없다. 이 조합의 화학방정식은 어떤 것일까?

부글거리며 끓어오르는 역동의 에너지가 있다. 시작은 2013년 4월 하순, 불과 다섯 명의 20대 활동가들이 모여 시작한 대통령 퇴진 서명운동이었다. 그 단체의 이름은 타마로드Tamarrod, '반란'을 뜻하는 이집트어다. 이 서명운동은 활동가들 자신의 예상을 훨씬 뛰어넘는 엄청난 반향을 일으켰다. 여러 도시들에서 자발적인 협조자들, 자원봉사자들이 줄을 이어 서명지를 받아갔다. 1인 1장의 서명지였다. 이 서명지는 자비로 복사되고 복사되어 전국 각지의 가두와 가가호호를 돌았다. 서명된 서명지는 상자에 담겨 협조자들에 의해 타흐리르 광장이 내려다보이는 타마로드의 조그만 사무실로 속속 운반되어 들어왔다. 6월 30일, 타마로드가 최종 집계해 발표한 개별 서명지의 수는 모두 2213만 4465장이었다. 이미 터질 듯 팽창한 거대한 풍선에 바늘구멍 하나를 냈던 것이랄까? 그렇다면 그 거대한 팽창의 원인, 그 강한 기압의 실체는 과연 무엇이었을까?

먼저 교육받은 도시의 젊은층에 주목해야 한다. 최근 20여 년간 매우 급격한 도시화가 이루어졌다. 이집트를 포함한 범아랍권 인구의 절반 이상이 25세 이하다. 이들은 인터넷 세대다. 인터넷을 통해 문제를 신속히 파악하고 공유한다. 이제 이집트 민중의 다수는 역대 독재자들이 얕잡아보던 소위 '무지렁이 농민들'이 아니다. 글로벌 이슈에 민감한 교육받은 도시 청년들이다. 만성적인 실업, 저임금, 걷잡을 수 없이 커져가는 빈부격차가 이들을 29개월 전 타흐리르 광장으로 뛰쳐나오게 했던 사회경제적 배경이었다. 무슬림형제단의 무르시 정부는 이러한 문제를 어느 것 하나 해결하지 못했다. 다른 점이 있다면, 무바라크 정권은 부패하고 터무니없이 폭력적이었고, 무르시 정부는 무능하고 터무니없이 독선적이었다는 것 정도다.

2011년 말의 총선 압승, 그리고 2012년 대선 결과를 볼 때 쉽게 이해되지 않는 무능으로 보일지 모른다. 널리 알려져 있듯이 무르시는 무슬림형제단 소속이다. 총선에서 무슬림형제단은 자유정의당의 이름으로 37.5퍼센트를 득표하고 의석의 44.9퍼센트를 확보했다. 다음 다수당은 역시 보수 이슬람 세력인 살라피Salafi 그룹의 정당인 알누르Al-Nour로, 득표 27.8퍼센트, 의석 25퍼센트를 점했다. 두 이슬람 정당만 합쳐도 의석의 근 7할을 점한다. 반면 대선의 성적표는 그렇게 압도적이지 않다. 무르시는 1차 선거에서 24.8퍼센트(2위 샤피그[58] 23.7퍼센트), 2차 결선에서 51.7퍼센트(샤피그 48.3퍼센트)를 얻었다.

무슬림형제단은 조직은 강하지만 현실정치 경험이 거의 없다.

또 총선 승리에는 실력 '플러스 알파', 즉 쏠림 현상이 작용했다. 오랜 군부독재에 대한 염증, 여기에 무바라크 퇴진 이후에도 권력을 유지하려고 안간힘을 쓰던 최고군사위원회에 대한 반발과 위기의식이 조직상 선두 세력이었던 무슬림형제단에 대한 쏠림 지지로 나타났다. 무르시 정권은 이 지지도를 과신했다. 그 결과는 독선이었다. 같은 보수 이슬람인 살라피 그룹조차도 권력 행사에서 소외되어 멀어져갔다.

무슬림형제단과 호메이니

여기서 호메이니의 혁명을 복기해볼 필요가 있다. 무슬림형제단의 프로그램 한구석에 분명 이란혁명의 그림도 있었다.[59] 물론 그쪽은 수니파가 아닌 시아파고, 늘 양쪽엔 뿌리깊은 반목과 엇박자가 있었음을 감안해둘 필요가 있다. 어쨌거나 호메이니는 성공했고 무르시는 실패했다. 왜인가? 호메이니는 자유주의 세력과 좌파 세력을 끌어들일 수 있었기 때문이다. 최소한 혁명 초기에는 그

58. 무바라크 정권 때 공군참모총장을 역임했고, 타흐리르 광장 봉기가 일어난 2011년 1월 무바라크에 의해 위기관리형 총리에 임명되어 3월까지 총리직에 있었다.
59. 이집트 무슬림형제단이 참고한 또하나의 중요한 이슬람 집권-통치 모델은 터키의 정의개발당이다.

랬다. 이 점에서 무슬림형제단은 철저히 실패했다.

왜 그런가? 무슬림형제단의 정치적 폭이 훨씬 좁기 때문이다. 이미 안정화되어 운동과 변화의 폭이 좁은 보수 세력이다. 최소한 1980년대 이후 30여 년간 전국의 각종 이슬람 기관들과 남부 농촌 지역에 확고한 근거를 확보했다. 상층 자산가와 보수적 중산층의 안정적 지지 기반을 가지고 있다. 이 점에서 1979년의 호메이니 세력은 오히려 매우 불안정했다. 그래서 그들에겐 자유주의 세력과 좌파의 힘이 필요했다. 짧은 시간에 과감하게 경제, 정치권력을 이동시켰다. 기동전, 능동혁명이었다. 비록 이 혁명이 이후 자유주의 세력과 좌파를 축출하고 보수화되었지만 어쨌거나 이 혁명의 최초 2년은 매우 역동적이었다. 불안정했기에 오히려 연대의 폭을 넓혔고, 그 결과 정치적 운신의 폭이 넓어졌다.

반면 무슬림형제단은 수십 년에 걸친 진지전, 수동혁명의 성공(?)을 통해 이미 철저히 보수화되어 있었다. 이미 굳었다. 무라바크 정권과의 '동거'기에 이미 선명한 반노동, 반소농(곧 친자본, 친대농) 정책을 표방했었다. 그렇기에 2011년 1월 말 타흐리르 광장의 대중행동이 급속도로 성장하고 있을 때 무슬림형제단 지도부는 '참여 금지' 지침을 내렸었다. 무슬림형제단은 강한 기율과 비밀 유지로 유명하다. 그럼에도 무슬림형제단의 젊은 멤버들은 상층 지도부의 지침을 거부하고 타흐리르 광장으로 몰려갔다. 결국 최후의 순간에야 무슬림형제단은 공식적으로 시위 참여 입장을 내놓았다. 다만 합치지 않고 따로 모이는 방식으로.

종교적으로 무슬림형제단은 와하비즘에 근거하고 있다. 초기 이슬람 교리의 엄수를 주장하는 와하비즘은 사우디아라비아의 사우드 왕가와 결합하여 크게 성장했다. 오늘날 사우디아라비아가 이슬람권 친자본-친서방 동맹축의 핵심임은 널리 알려진 사실이다. 성장 과정에서 무슬림형제단은 사우디아라비아로부터 풍부한 재정 지원을 받았다. 이 점에서도 호메이니 노선과 무슬림형제단의 입지는 크게 달랐다.

결국 무르시의 무슬림형제단 정권이란 경찰 빠진 무바라크 정권과 크게 달라 보이지 않았다. 무바라크의 정책 노선을 크게 바꿀 근거가 없었다. 무바라크 정권 당시 보안요원(경찰과 일부 군 정보요원)의 수는 200만여 명으로 알려져 있다. 이집트에선 군인과 경찰에게 투표권이 없다. 1920년대 자유주의-민족주의 세력인 와프드Wafd, '대표'라는 뜻당이 제정한 헌법 조항이 여전히 유효하다. 2012년 대선 결선투표에서 무르시가 80만여 표로 승리한 것을 놓고, 경찰과 군인이 투표했다면 결과는 달랐을 것이라는 논평들이 나왔다. 이들 보안요원들은 무바라크 정권 당시 가장 큰 혐오와 지탄의 대상이었다. 그런데 무바라크의 퇴진과 함께 200만의 보안요원도 슬며시 사라졌다. 비밀 사찰과 불법 연행, 고문을 일삼던 이들이 사라진 것은 좋았다. 그러나 그와 함께 경찰의 정상적인 일반 기능도 실종되어버렸다. 일종의 비협조, 사보타주였다. 그 결과 살인, 강도와 같은 강력범죄 발생률이 크게 증가했다.

비협조한 쪽은 경찰만이 아니었다. 경제, 금융, 관료기구도 정상적으로 작동하지 않았다. 산업 생산, 외환 보유액이 눈에 띄게 줄었다. 전력 공급에 차질이 생겨 블랙아웃이 잦아졌다. 도시는 물론이려니와 전력에 의존하는 농촌 관개灌漑에도 문제가 생겨 농업 생산도 추락했다. 기름 공급이 안 돼 주유소 앞에 몇 시간씩 자동차가 줄을 서는 일이 다반사로 벌어졌다. 설상가상으로 헌법재판소는 무슬림형제단이 다수를 점한 의회의 정당성을 지속적으로 흔들었다. 의회가 두 차례에 걸쳐 구성한 헌법제정회의Constituent Assembly를 연거푸 위헌이라고 판결하는가 하면, 무슬림형제단이 압승한 총선 자체가 위법이었다 판결하고 의회 해산과 재선거를 명하기도 했다. 이럴수록 무슬림형제단은 더욱 강경하고 독선적인 모습을 보였다. 2012년 12월 무르시의 소위 '파라오 헌법' 선언은 그 백미였다. 대통령의 결정은 어떤 사법적 결정으로도 변경할 수 없다는 조항이 신헌법에 포함되어야 한다는 것이었다. 무르시는 무슬림형제단이 주도하는 헌법제정회의가 만든 헌법안에 이 조항을 포함해 국민투표에 부치려 했다.

저항하던 야당이 폭발했다. 무슬림형제단과 연합관계를 유지하던 살라피조차 무르시의 '파라오 헌법'에 반대했다. 2011년 총선에서 부진했던 범자유주의-좌파 세력이 연대하여 '구국전선National Salvation Front'[60]을 구성하여 신헌법안과 국민투표를 거부했다. 총체적 저항에 직면한 무르시는 문제의 헌법 조항은 철회하되 국민투표는 밀어붙였다(2012년 12월). 결과는 33퍼센트 투표에 찬성 64퍼센트였다. 전 유권자의 20퍼센트를 간신히 넘긴 수준이다. 승부수로 던진 국민투표 결과로서는 너무나 약했다. 2013년 6월 헌법재판소는 국민투표에 부쳐진 헌법안을 만든 헌법제정회의 자체가 위헌이라 판시하여 국민투표 자체도 사실상 무효화했다.

이집트 군부와 이슬람

그렇다면 군부는 어떤가? 1952년 민정 체제를 뒤집은 쿠데타 이후 이집트 권력의 중추는 군부다. 이 군부가 1954년 나세르 집권 이후 강경한 민족주의와 세속화 정책을 폈다. 1920년대 이후 전개된 와프드운동의 열매를 나세르가 차지했던 셈이다. 프랑스혁명과 나폴레옹의 관계랄까? 어쨌거나 나세르는 제국주의에 맞서 주요 산업을 국유화하고 지주 세력에 맞서 농지개혁을 단행함으로

---

60. 신와프드당(총선시 지지 9.2퍼센트), 이집트연합(사회민주계, 동 8.9퍼센트), 알와사트(자유주의 이슬람 세력, 동 3.7퍼센트), 혁명지속당(동 2.8퍼센트)이 주 구성 정당이다. 구국전선의 리더로 주목되는 이는 2012년 대선 1차 선거에서 21.5퍼센트를 득표하여 3위를 했던 함딘 사바히, 그리고 국제원자력기구 활동으로 우리에게도 잘 알려진 무함마드 엘바라데이 등이다. 그러나 이 연합의 결속력은 매우 약해서 오래 지속될 것으로 보이지 않았다.

써 이집트 민중의 사랑을 받았다. 훨씬 미약해지긴 했지만, 오늘날까지 존속하는 이집트인의 군부에 대한 믿음과 지지는 나세르에 대한 사랑에 기인한다. 그는 강직하고 청렴했다. 동시에 그는 대중의 자발적 조직화와 정치 참여를 싫어한 권위주의적 엘리트 통치자이기도 했다. 그는 오직 그를 추종하는 세력, 그가 조직한 세력만을 가지고 통치하려 하였다. 나세르의 세속화 정책(종교의 정치세력화 금지)을 증오했던 무슬림형제단은 나세르 암살을 기도했고 결국 나세르 정권에 의해 불법화되었다. 그러나 1967년 이스라엘과의 6일전쟁에서 참패함으로써 나세르는 정치적 치명상을 입었고, 크게 낙담한 상태에서 1970년 사망하고 만다. 뒤를 이은 사다트(재임 1970~1981년)와 무바라크(재임 1981~2011년)는 나세르의 비동맹-친서민 노선을 완전히 뒤집어 친서방-친자본 노선으로 돌아선다. 사다트가 1970년대 들어 '개방'을 표방하며 친미로 선회하고, 1979년 캠프데이비드회담을 통해 이스라엘과 평화협정을 맺은 것이 주요 계기다. 이후 이집트는 미국의 아랍권 제1동맹국이 되었고, 이집트 군부는 미국의 대아랍정책의 핵심 축의 하나가 되었다. 나세르의 국유화, 농지개혁, 기타 서민정책들은 하나하나 되물려지거나 실효를 잃었다. 반면 서방 주도의 글로벌화에 가담한 기업인, 관료, 군부 엘리트는 거부가 되었다.

여기서 이집트 농지개혁의 역사에 대해 간단히 부가해둔다. 1950~60년대에 나세르는 토지를 소농민들에게 분배해주었다.

그러나 무바라크는 1997년 토지개혁 이전의 토지 소유자들의 소유권을 인정했고, 그 결과 수많은 농민들이 분배받았던 농지를 빼앗겼다. 당시 무슬림형제단은 이 법안에 찬성했다. 타흐리르 광장 혁명 이후 이집트 농촌에서는 10만 건 이상의 사유지 '침해' 사건이 있었는데, 대부분이 1990년대에 농지를 빼앗긴 소농민들이 이를 다시 찾기 위해 벌인 분쟁들이었다.

무슬림형제단도 사다트, 무바라크 체제 아래서 비약적으로 성장했다. 정치권력에 도전하지 않는 한 이슬람 세력의 거의 모든 민간활동이 보장되었다. 모스크와 연결된 종교, 교육, 일상 민간활동 분야에서 사회의 이슬람화가 두드러지게 진행되었다. 상층에서의 글로벌 신자유주의화, 하층에서의 이슬람화가 동시에 진행된 것이다. 이 두 조합은 전혀 어울리지 않을 것 같아 보이지만, 실은 현실에서 서로를 보완하고 지탱하며 공존했다.

그러나 그 과정에서 이슬람 세력도 온건-강경파로 분화되었다. 온건파는 오래된 무슬림형제단이, 강경파는 신생 알자마Al-Jama가 대표했다. 알자마는 서방화한 정권에 저항하며 무장투쟁을 불사했다. 대도시 빈민가에 거점을 세우고 이슬람공화국을 선포하였다. 여기에 대해 군부가 대대적인 소탕전을 시작한 때가 1992년이다. 1992~93년에 걸쳐 알자마의 무장대와 군이 충돌하여 1000여 명이 사망하고 2만여 명이 체포되었다. 이 충돌의 여파는 무슬림형제단에까지 미쳐 1995년에는 주요 지도자들이 투옥되고 사무실

5000여 곳이 폐쇄되었다.

강경 이슬람 세력의 필사적인 저항은 1997년 룩소르 사건에서 절정에 이르렀다. 절정에 이른 순간, 돌이킬 수 없게 붕괴되었다. 룩소르 사건이란 이집트 룩소르에 소재한 하트셉수트Hatshepsut 사원에서 무장한 알자마 단원들이 58명의 서방 관광객과 4명의 이집트인을 살해한 사건을 말하는 바, 흔히 '룩소르 학살'이라고 부른다. 이 사건이 터지자 수천 명의 외국 관광객이 일시에 공항으로 몰려 대혼란을 이루었고, 이후 3년간 이집트의 모든 관광-외환 관련 산업이 정지되다시피 했다. 군경과 알자마 봉기 세력 간에 무차별적인 상호보복과 공격이 이어졌다. 여기서 초래된 사회 전반적인 공포와 불안은 민심이 강경 이슬람 세력에 대해 등을 돌리는 결정적 계기가 되었다. 결국 카리스마적인 알자마 지도자 알라만Al-Rahman이 옥중에서 폭력 포기-화해 선언을 하였고(1999년), 무슬림형제단은 다원주의pluralism를 수용하고 그 위에서 '이슬람 민주주의Islam democracy'를 하겠다고 약속했다(1997년). 민주주의 자체를 서구적 사조라고 보아 인정하지 않았던 과거의 태도에 비하면 진일보한 것이었다. 그러나 그것은 절벽 끝에 몰려서 내놓은 자기구명求命성 선언에 불과했다. 진정한 의지와 능동성에서 나온 것이 아니었기에, 그 이후 집권을 하게 된 상황에서도 무슬림형제단의 정치 행태는 결코 민주적일 수 없었다. 어쨌거나 큰 그림은 1997년의 룩소르 사건을 계기로 이슬람 강경파가 크게 퇴조하고 무바라크의 절대 통치가 확고하게 자리를 잡게 되었다는 것이었다.

2011년 타흐리르 광장 봉기를 불러일으킨 힘은 무슬림형제단이나 이슬람 근본주의가 아니었다. 무바라크 절대 통치에 구멍을 내기 시작한 것은 2000년대 초반의 범아랍 인티파다Intifada, 봉기 운동이었다. 그 주역은 어린 학생들이었다. 『이집트 혁명과 중동의 민중 반란』의 공저자인 사이먼 아사프는 2002년 당시 다음과 같이 썼다. "레바논의 모든 가톨릭 학교가 동맹휴업을 했다. 시아파 이슬람주의 활동가들과 프랑스어를 쓰는 그리스도 계열 학교 학생들이 함께 행진했다. 중고등학생들이 모임을 조직하고 동맹휴업 찬반 투표를 했다. 이 학생들은 각 학교를 오가며 행진을 했고 버거킹 체인점 앞에서 연좌했다. 바레인 학생들은 맥도널드 체인점을 뒤엎어놓았다. 이집트에서는 KFC 체인점이 불탔다. 시리아에서는 허가받지 않은 행진이 시작됐고, 집회 참가자들은 분노의 대상인 비밀경찰과 전투를 벌였다. 학생들은 등굣길에 노래를 부르고 구호를 외치곤 했다." 바로 이 어린 학생들이 2011년 '아랍의 봄'을 이끈 주역으로 성장했다.

이집트에서는 2004년 결성된 키파야Kifaya가 상징적 신호탄이 되었다. '키파야'는 '이제 충분하다!' 또는 '이제 그만!'이라는 뜻이다. 과감하게 반정부 거리행동에 나선 젊은 행동가 그룹들의 연합체였다. 2002년 인티파다와 2004년 키파야는 이슬람 세계에 새로운 시대, 새로운 세대, 새로운 운동이 시작되었음을 알리는 신호였다. 그것은 역설적이게도 1990년대 거침없었던 서방 주도의 글로벌화, 신자유주의 열풍 속에서 생성된 새로운 무엇이었다. 그 힘들은 학교 교실, 사무실, 공장 안의 순수한 젊은 마음들 속에서 자라났고, 무슬림형제단 내부에서도, 기존 정치단체, 정당 내부에서도 생겨났다.

이 새로운 힘은 이슬람권의 오래된 독재자들이 사라질 것을 원했다. 타흐리르 이후 이집트에서 그 새로운 힘의 최대 수혜자는 무슬림형제단으로 보였다. 무슬림형제단이 새로운 힘들을 완전히 흡수해버린 것처럼 보이기도 하였다. 1928년 창립 이래 오랜 시간, 매우 어려운 상황 속에서 조심스럽게, 그리고 치밀하게 그 세력을 확장해온 무슬림형제단의 힘은 결코 만만하지 않다. 타흐리르 광장 혁명에 미온적인 태도를 보이던 무슬림형제단이 결국 1년 만에 그 모든 정치적 성과를 총선 압승으로 거의 독식하는 괴력을 보였을 때, 많은 사람들이 타흐리르 광장 혁명이 '납치'된 것이 아니냐고, 이슬람권 민주화의 근본적인 한계를 보인 것이 아니냐고 낙심 반, 냉소 반의 허탈감을 표하기도 하였다. 그러나 그러한 전망은 아직 너무 이르다.

무슬림형제단 자체의 한계가 새 힘을 충분히 흡수할 수도, 그것을 견딜 수도 없게 한다. 우선 무슬림형제단과 군부의 관계가 그 한계를 선명히 입증한다. 앞서 개괄한 것처럼 무바라크와 무슬림형제단은 공생관계였다. 미국과 사우디아라비아에 의존하고, 이스

라엘의 팔레스타인 점령정책에 변화를 가져다줄 수 없다는 점에서 무바라크와 무슬림형제단의 정책 범위는 같다. 왜 무르시 정권이 마지막까지 군부를 믿고 있었는지, 그리고 미국을 믿고 있었는지, 여기에 해답이 있다. 무르시는 무바라크 세력을 척결하지 못했다. 무바라크 세력을 확실히 처단하라는 끊임없는 압력을 받으면서도 결국 하지 못했다.

타흐리르 이후에도 남아 있는 최대의 반혁명 세력은 여전히 이집트 군부였다. 경제, 관료계는 모두 군부의 눈치를 보고 있었다. 그렇다면 무슬림형제단은 먼저 군부의 내부를 갈라 부패한 구세력을 청산하고 새로운 세력을 구축했어야 마땅하다. 그러려면 철저한 군부 개편이 필요했다. 무르시 정권은 여기에 실패했다. 아니 구조적으로 불가능했다. 구체제와는 다른 근거와 전망을 그 자신이 가지고 있지 못했다. 따라서 그러한 새로운 파트너를 찾을 수도 없었다. 존재하지 않아서가 아니라 그 자신의 존재근거 자체가 그러하지 못했기 때문이다. 오히려 혁신 없는 군부에 의존하고 있었다.

예를 들어 엘시시와 같은 이는 분명 (또는 최소한 무슬림형제단 사람들이 보기에) 이슬람 교의에 보다 충직한 사람이었다. 그러나 그만큼 미국에 충직한 사람이기도 했다. 무르시는 그것이 문제될 것이 없다고 생각했을 것이다. 자기기만이었을까? 타마로드 서명 운동의 큰 바람도 약체 야당과 극소수 좌파가 일으키는 작은 소동에 불과한 것이라고 엉뚱하게 확신하고 있었다. 군부 일부가 부화

뇌동하고 있지만 무르시는 엘시시와 신군부가 자신들에게 끝까지 충성할 것이라고 오판하고 있었다. 무르시는 미국 역시 철석같이 믿고 있었다. 일단 겉보기로는 그렇게 보였다. 주이집트 미국 대사인 앤 패터슨은 무르시가 권력을 잃기 불과 보름 전인 6월 18일, 타마로드의 퇴진 운동을 부정하고 무르시 정부를 지지하는 다음과 같은 공개 연설을 했다. "이집트의 일부 세력은 거리행동이 선거보다 좋은 결과를 가져다줄 것이라고 말하고 있지만, 솔직히 말해서, 나와 미국 정부는 이런 주장에 대해 심히 회의적이다."

이집트혁명의 미래

2011년 8월, 이집트의 저명한 원로 정치경제학자인 사미르 아민은 '아랍의 봄'에 대한 단순한 낙관도 무작정의 비관도 억제한 채, 현시점에서 가장 경계할 정치 세력은 무슬림형제단이고, 가장 경계할 시나리오는 이집트의 파키스탄화라고 했다. 그의 언급은 예언처럼 맞아떨어지고 있다. 먼저 무슬림형제단은 선거에서 압승했고, 이어 무르시 퇴출 이후 이집트 정국은 이제 군부가 파트너를 갈아치우며 영구집권하는 파키스탄과 비슷해지고 있다. 그러나 무르시를 밀어낸 1700만의 힘이 있다. 이것이 현재까지 파키스탄에는 없는 힘이다. 이 힘이 이집트 모든 정치 세력의 자기변모를 요구하고 있다.

우선 무슬림형제단부터 독재하에서 행해지던 음모적 조직-선전 수법의 한계를 스스로 통감했을 것이다. 보수적인 교리 집착과 지역 유지, 엘리트에만 쏠려 있는 정책도 바꿔야 할 것이다. 새 힘, 새 술을 담을 새 부대로 환골탈태하지 못하면 무슬림형제단의 미래는 없다. 민주주의로 자기혁신부터 해야 한다. 그저 항의만으론 오래 버티지 못한다. 구국전선으로 대표되는 야권 세력도 마찬가지다. 이집트가 놓인 위치 자체를 바꿔놓을 비전이 없다면, 결국 군부와 미국에 끌려다니다 용도 폐기되어 버려질 운명이다. 선제권을 쥐고 있는 것으로 보이는 군부의 위치도 위태롭다. 민심의 지지가 얼마나 지속될 수 있을까. 무슬림형제단과 야권을 보기 좋게 한 테이블에 앉히고 싶겠지만, 그런 정국 주도력을 갖기 위해서라도 자신의 독자적 힘의 근거가 필요하다. 무바라크 잔당을 또 모아서는 가망이 없다. 새로운 메뉴, 새로운 얼굴이 필요한 것을 절감하고 있을 것이다. 이집트 군부에 그럴 수 있는 자기쇄신의 힘이 있을까? 두고 볼 일이다.

이란에 비해 이집트의 정국이 더 불투명해 보이는 건 새로운 시대를 열어갈 새로운 힘이 아직 독자적인 세력으로 결집해 있지 않기 때문이다. 이란에는 녹색운동의 사례처럼 새로운 힘의 지도자, 지지 대중, 그리고 조직체가 비교적 선명하게 형태를 이루고 있다. 그러나 타흐리르 광장, 그리고 1700만이라는 엄청난 수가 상징하듯 이집트의 신생 에너지는 이란의 녹색운동에 비해 결코 떨어지지 않는다. 아니 오히려 기세 면에서 이란보다 더욱 생동해 보이는 점이 있다. 타개의 고리는 아마 이란의 길이 어느 정도는 암시해주고 있을 것이다. 바로 무슬림형제단과 같은 거대한 세력의 내부개혁이다. 이집트에서 가장 거대한 이슬람 세력 내부로부터, 보수적 이슬람의 각질을 찢고 개혁적 이슬람, 진보적 이슬람 세력이 성장하는 것이다. 이 개혁을 열어젖힐 메스의 날이 1700만의 힘 아니겠는가? 이렇듯 바깥으로부터 새로운 힘의 성장, 그리고 이에 호응하여 안에서 전개되는 새로운 세력의 형성이 하나로 이어져 만나는 것, 바로 그 순간이 이집트 향후 10년의 향방을 결정하는 중요한 변곡점이 되지 않겠나 생각한다.

아마 독자들은 의아해할지도 모르겠다. 왜 이 마당에 쫓겨난 무슬림형제단이냐고. 무슬림형제단이 아니라 혁신적으로 탈각한 이슬람 민주파를 말하고 있다. 이집트의 이슬람 정치 세력은 이미 분화하고 있다. 이미 1990년대에 민주주의에 보다 친화적인 세력이 무슬림형제단과 따로 떨어져 결집하기 시작했고(알와사트 등), 타흐리르 이후 무슬림형제단의 청년봉기 참여파가 따로 결집하여 정치 세력화했다. 이러한 세력들의 힘이 더욱 커져야 하고, 이들과 건강한 자유주의-좌파 세력의 연대가 강화되어야 한다. 그 경로만이 현실 가능한 이슬람 민주화의 길임을 이란이 보여주고 있다. 이슬람 바깥 세계의 시각으로 보면, 이슬람 세계 사람들의 마음의 실제 작동 논리가 보이지 않는다. 이슬람 세계에서는 진보적인 사람들도 반이슬람적이지 않다. 서방세계에 나와 보수적인 이슬람을 맹렬히 비판하는 사람들도 대부분 반이슬람 세력이 아니다. 이슬람 세계에서는 이슬람 자체를 내치고는 어떤 일도 가능하지 않다. 다만 비非이슬람을 이해하고, 비이슬람과 협력할 수 있는 열린 이슬람과, 그렇지 못한 닫힌 이슬람을 구분하는 게 필요하다. 이슬람 내부의 그러한 구분선을 볼 줄 알고, 열린 이슬람을 응원할 수 있는 지혜가 필요하다.

무슬림형제단으로서는 무르시의 실각을 결코 인정할 수 없을 것인 만큼, 상당한 기간의 대치와 충돌은 이미 예견되어 있었다. 무슬림형제단은 저항과 투쟁의 오랜 경험을 가지고 있다. 이미 2013년 7월 8일 51명, 26일 80여 명, 8월 14일에는 최소한 600명 이상의 무르시 지지자들, 무슬림형제단원들이 군경과의 격렬한 충돌 속에서 사망했다. 이러한 유혈 충돌이 조만간 사라질 것 같지 않다. 그렇다면 과연 무슬림형제단은 이제 다시 '순교자들의 피'를 부르는 지하드의 길로 되돌아갈까? 비타협적인 정면대결 말이다.

이 길은 이미 과거 이슬람 무장투쟁 세력인 알자마가 걸었던 길이다. 그러나 이슬람 근본주의는 이미 1990년대 중반에 사실상 끝났다. 앞서 말한 이집트의 '룩소르 사건'은 이슬람 근본주의의 사망을 상징하는 주요 사건의 하나다. 여기서 의문을 품는 독자가 있을 법하다. 그렇다면 도대체 2001년의 9·11 사태는 뭔가? 이슬람 근본주의란 그때 처음 유명해진 것 아닌가? 여전히 알카에다가 건재하지 않은가? 아니다. 이슬람 근본주의란 이미 오래된 현상이었다. 9·11 사태는 아주 뒤늦게, 마지막 숨을 몰아쉬는 이슬람 근본주의가 미국의 네오콘을 안고 동반자살을 유도한 사건이라 해야 맞다. 신명난 조지 부시가 이 사건을 계기로 전 세계에 테러리즘 경보를 내리고 아프간과 이라크를 침공해서 기세를 올렸지만, 바로 그 때문에 네오콘이 이라크 수렁에 빠져 허덕거리다가 명을 다했다.

아직도 간간히 터지고 있지는 하지만, 이슬람 근본주의 세력의 테러 공격은 이미 세계정치에 대한 실제적 영향력을 상실했다. 오히려 역용되고 있는 바 크다. 무소불위의 빅브라더가 되어가고 있는 미국의 전 지구적 감시 통제 장치에 정당성이나 부여해주고 있는 것이다. 오늘날 의미 있는 이슬람운동은 모두가 근본주의가 아니라 민주주의를 표방하고 있다. 무슬림형제단도 무바라크 통치기에 표면적이었을지 모르나 어쨌건 민주주의 노선을 표방함으로써 상당한 성공을 거두었던 셈이다. 무르시 실각 이후 무슬림형제단이 선택할 길도 결국 이 노선의 유지일 것이다. 그들은 이미 선거에서 압승한 경험을 가지고 있다. 비슷한 사례도 염두에 두고 있을 것이다. 예를 들면 2006년 쿠데타에 의해 축출된 이후에도 연이은 재선거에서 거듭 승리해온 태국의 탁신 세력을 염두에 두고 있을 수도 있다. 그러나 유혈의 규모는 너무 크고, 감정의 골도 깊어지고 있다. 그럼에도 무슬림형제단 지도부는 사태의 대국을 길게 읽고 판단을 내려야 하는 상황이다.

또하나 잊지 말아야 할 일이 있다. 이슬람 근본주의 투쟁의 대명사가 된 9·11 사태는 당시 바야흐로 절정을 향하고 있던 이란의 포스트 이슬람 민주화운동에 결정적인 찬물을 끼얹었다는 사실이다. 그 함수관계는 앞서 서술해둔 바 있다. 이제 이집트의 무슬림형제단이 내전을 불사한 무장투쟁의 길을 택하게 되면, 그 결과 가장 큰 타격을 받게 될 세력은 이집트뿐 아니라 이슬람권 전체에서 성장하고 있는 포스트 이슬람 민주주의 세력이 될 가능성이 크다.

왜 그런가? 이집트를 고리로 비타협적 근본주의가 다시금 이슬람 세계 전반에 대두되면 이에 대응하여 이슬람권 전역에 미국 매파와 친미 군부의 결속과 지배력은 그만큼 강해진다. 이는 세계 민주주의의 판도에 부정적인 영향을 미칠 것임이 분명하기 때문이다. 이런 시나리오가 우선 이집트에 재앙이 되리라는 점도 자명하다. 그렇다면 무르시를 몰아냈던 1700만 민심은 이제 밀려난 무슬림형제단에게도 또다른 기회를 허용하고, 이들에게 가해진 일방적 폭력 진압에 대해 항의하는 정치적 지혜를 발휘해야 할 것이다. 무슬림형제단을 민주주의의 광장으로 끌어당기고, 이를 통해 민주적 정치의 권위와 실효성을 높이고 그 성숙함을 입증할 수 있는 힘, 이를 주도할 세력과 여론의 결집이 긴요하다. 이제 2014년 5월과 (결선투표가 치러질 경우) 6월 이집트 대선이 예고되어 있다. 엘시시의 당선이 예측되는 가운데, 상당수의 정치 세력이 선거 불참과 보이콧을 선언하고 있다. 무슬림형제단을 비롯한 여러 정치단체의 정치활동이 금지되었다. 2013년 무르시 축출에 나섰던 세력의 분화가 진행중이다. 상층부 일부는 엘시시와 타협하는 쪽으로, 운동 하부는 엘시시에 맞서는 쪽으로 이동하고 있다. 이 과정에서 이집트의 범민주파가 어떤 궤적을 그리며 결집해갈지 주의 깊게 추적해볼 일이다.

선거 이후 추기

2014년 5월 26~28일 사흘간 이집트 대통령 선거가 치러졌다. 단 두 명의 후보, 엘시시와 함딘 사바히가 출마했고, 예상대로 엘시시가 압승(95퍼센트 득표, 사바히는 3퍼센트 득표)했다. 그러나 이것이 과연 진정한 승리였는가? 엘시시와 그의 정부의 앞길은 결코 순탄해 보이지 않는다.

원래 공고된 투표 기간은 26, 27일이었는데, 이 양일간의 투표율이 저조하자(37퍼센트) 엘시시가 주무르는 선거관리위원회가 임시방편으로 투표일을 하루 연장했다. 그럼에도 발표된 투표율은 44퍼센트에 불과했다. 투표 불참자에게 벌금을 부과한다는 협박까지 했음에도 과반수 이상의 유권자가 투표장에 나오지 않았다. 투표일을 엿가락처럼 늘린 조치부터 일단 문제가 크다. 더욱 큰 문제는 37퍼센트든 44퍼센트든, 많은 이집트 국민이 이 집계 자체를 믿지 않는다는 점이다. 전국의 투표장이 텅텅 비어 있는 것을 직접 보았는데, 어떻게 그런 투표율이 나올 수 있느냐는 항의가 이어지고 있다. 엘시시를 위한 무대에 유일하게 함께 올라주었던 사바히의 선거운동원들 역시 27일 저녁 전국의 투표소에서 일제히 철수했다. 보안군경이 투표소에서 그들을 쫓아내고, 공격하고, 체포했기 때문이라 한다(뉴욕타임스 인터넷판 2014년 5월 29일자). 대다수 정치 세력이 이번 대선을 보이콧한 것은, 자유로운 정치활동에 대한 극심한 제약과 탄압, 그리고 현행 선거법의 위헌성 때문이었다. 여기에 더해 이번 대선 진행 과정의 심각한 불법성을 문제삼지 않을 수 없게 되었다.

피상적으로만 보면, 3년 전 몰아낸 군인 대통령이 다시 돌아온 형국이다. 그 3년간 마치 아무 변화도 없었던 것처럼. 그러나 이러한 분석은 표면 파도의 움직임에 일희일비하는 시사 비평의 수준을 넘어서지 못한다. 깊은 해류의 변화를 읽어야 한다. 삼촌 나폴레옹과 조카 나폴레옹이 결코 같을 수 없었던 것처럼, 무바라크와 엘시시 역시 그러하다. 조카 나폴레옹을 기다리고 있던 것이 프랑스 제3공화국이었다면, 엘시시를 기다리는 것은 제3의 타흐리르다. 그 시점이 정확히 언제일지는 알 수 없으나, 분명한 것은 그 제

3의 타흐리르가 이집트 민주주의, 이집트 포스트 이슬람운동의 진화에 중요한 질적 변곡점이 될 것이라는 사실이다.

11

맺는 글: ‘후기근대’와 진화하는 민주주의

우리는 이 책에서 ‘비서구 민주주의’라는 언어를 새롭게 개념화했다. ‘비서구’나 ‘민주주의’가 새로운 말은 아니다. 그러나 이 둘을 연결해 하나의 언어를 만들면 새로운 개념 영역이 생겨난다. 오랫동안 ‘비서구’는 ‘민주주의’의 바깥으로 간주되었다. 그러나 ‘비서구 민주주의’라는 새 개념에서는 ‘비서구’가 ‘민주주의’의 당연한 내부일 뿐 아니라, 21세기의 시점에서는 오히려 정체에 빠진 세계 민주주의를 이끌어가는 새로운 동력이 된다. 이를 통해 서구-비서구의 차별적 경계선을 지우고 더욱 높은 수준의 보편적 민주주의로 향하는 문명전환의 주체가 된다.

우리가 ‘비서구 민주주의’에 주목하는 데는 특별한 이유가 있다. 근대 세계사는 세 개의 단계를 밟아가고 있다. ‘비서구 민주주의'는 근대 역사의 세번째 단계를 열어가는 주요한 동인이다. 먼저 첫번째 시기는 '초기근대the early modern age'로, 유라시아의 네 문명권—유교, 힌두교, 이슬람교, 기독교—이 대등한 발전을 이루던 시대다. 이어 두번째 시기를 우리는 '본격근대the fully modern age'라 부른다. 이 시기에 기독교 유럽 문명은 타 문명권을 식민화하고 지배권을 장악했다. 이때 유럽은 아메리카와 사하라 이남 아프리카 역시 식민화했다. 이 두번째 시기에 '서구 대 비서구'라는 차별적 구분과, 서구는 우월하고 비서구는 열등하다는 오리엔탈리즘 또는 서구중심주의적 편견이 생겨났다. 그러나 21세기 들어 비서구의 약진이 두드러지고 있다. 반면 서구는 정체 상태다. 근대 역사의 제2기가 종식되고 새로운 제3기에 접어들고 있다고 판단할 충분한 근거가 있다. 우리는 이 시기를 '후기근대the late modern age'라 부른다. 후기근대의 귀결을 미리 알 수는 없으나, 보다 대등한 문명관계와 보다 높은 수준의 보편 민주주의로 나아가는 데 비서구 민주주의가 핵심적인 역할을 하고 있다. '비서구 민주주의'에 주목해야 할 이유가 여기에 있다.

'비서구 민주주의론'이 사회과학이나 역사학의 이론사에서 완전히 새로운 초유의 관점은 아닐 것이다. 유사한 문제의식을 갖고 있었던 것으로, 1960년대 남미에서 발생하여 1980년대 초반까지를 풍미한 '종속이론'을 들 수 있겠다. '제3세계론'이라고도 불렸다. 미소 냉전 체제에서 미국과 서방 자본주의국가를 제1세계, 소련과 동맹 사회주의국가를 제2세계라 하고, 그 밖의 아시아, 아프리카, 남아메리카의 저개발 국가들을 제3세계라 부르면서, 이 제3세계의 종속 상황을 해명하려는 이론이었다. 그러나 종속이론에는 여러 결함이 있었다. 종속이론에서 제3세계의 '종속dependence'은 도저히 빠져나올 수 없는 저주스런 운명과 같은 것이었다. 유일한 해법은 자본주의의 종말이나, 아니면 자본주의 세계경제와의 단절이었다. 그러나 이 둘 없이도 제3세계 내부에서 종속을 탈피한 일군의 국가들이 생겨나면서(한국도 그중 하나다) 종속이론은 이론적으로 크게 흔들렸다. 중심-주변의 구획이 너무나 경직되어 있고, 출구에 대한 전망이 비관적이었던 이론 구조는 종속이론의 큰 약점이었다. 이어 제2세계로 분류한 소련과 동구권이 붕괴함에 따라 제1, 제2, 제3세계로 나눈 개념 근거 자체가 사라졌다. 이 책에서 주목한 인도, 중국, 브라질, 이란, 이집트 등은 모두 과거 종속이론에서 제3세계 또는 비동맹 국가로 불렸던 나라들이다. 그러나 오늘날 이 국가들이 보여주고 있는 잠재력은 과거의 '제3세계'나 '종속국가'와 같은 개념들로는 도저히 포착할 수 없다. 종속이론은 결국 냉전 체제에 의존하고 있었다. 냉전 종식과 함께 종속이론도 기각되었다. 그러나 기각된 것은 종속이론만이 아니었다.

동구권 붕괴 이후 신자유주의 세계화론이 종속이론의 빈자리를 쓰나미처럼 휩쓸었다. 자본주의 이외의 대안은 없으며, 오직 신자유주의 세계화에 동승할 때만 번영할 수 있다는 이론이었다. 이 역시 붕괴했다. 남미는 신자유주의 세계화의 교의인 워싱턴 컨센서스를 거부함으로써만 번영의 단초를 마련할 수 있었고, 중국은 체제 붕괴 없이 자본주의 세계경제에 연착륙할 수 있었다. 이 책에서 우리가 주목해본 국가들이 모두 그렇다. 또하나의 유사 종교였던 '시장지상주의'가 아닌, 개혁 능력이 있는 건강한 국가, 자기교정의 생동력을 지닌 활발한 시민사회가 주목의 대상이 되었다. 반면 신자유주의 체제의 시장근본주의는 2008년 월가발發 세계금융위기로 '카지노 자본주의'라는 오명을 안고 주저앉았다. 소련식 사회주의 이론에 이어 완전무결함을 자처하던 또하나의 체제 이론이 붕괴한 것이다. 역사적으로 보면 완전한 자본주의나 완전한 사회주의와 같은 것은 현실에서 존재하지 않았다. 실제로 존재했던 것은 다양한 중간 형태, 혼합 형태였다. 상호배타적인 기존의 자본주의-사회주의 분류보다 칼 폴라니가 제시했던 호혜경제-재분배경제-시장경제의 유연한 배합이라는 접근이 더욱 주목받는 이유다. 이제 그동안의 실제 경험들을 반추해보면서 인류의 미래상을 다시 그려볼 수 있는 참신한 상상력이 중요해지는 시점이다.

이렇듯 여러 거대 이론들이 차례로 사멸해간 자리에 왕성한 생명력을 자랑하며 새로이 자라나고 있는 힘에 우리는 주목했다. 이것을 우리는 '비서구 민주주의'라는 범주로 묶어 이 책에서 살펴보았다. 새로운 개념conception은 항상 무엇인가 새로운 것을 잉태conceive하고 있다. 그렇다면 과연 이 '비서구 민주주의'라는 개념은 어떤 새로운 무엇을 잉태하고 있는 것일까. 이제 결론에서 우리는 이를 세 가지로 요약하여 정리해본다.

1. 비서구 민주주의는 포스트 냉전 시대 민주주의의 새로운 상상력, 새로운 생동력이다

2장에서 10장까지 인도, 중국, 동아시아, 남미권, 그리고 이슬람권을 차례로 살펴본 지금, 한숨을 돌리고 다시 돌아볼 때 명확해지는 것은 이 책에서 다루고 있는 비서구 민주주의란 결국 냉전 종식과 연관된 새로운 현상이라는 사실이다. 냉전 종식을 상징하는 대표적인 사건은 물론 1989년 베를린 장벽의 붕괴와 1991년 소련의 해체다. 그러나 '냉전 종식과 연관된 새로운 현상'들은 그 이전에 이미 진행되고 있었고, 그 이후에도 물론 진행되었고, 지금도 여전히 진행중이다. 그런 현상들은 냉전적 대결 축을 벗어나는 사건들, 다시 말해 냉전적 대결 구도가 만들어놓은 판, 또는 게임의 룰을 벗어나는 일들을 말한다.

1970년대 초 미국과 중국 간 대화의 시작도 그러한 현상의 하나다. 중국은 이를 통해 미소 대립 축에서 벗어났다(4장 참고). 1978년 이후의 개혁개방은 그 연장선에 있고, 이를 통해 기왕의 미소 대결 구도가 만들어 놓은 판, 또는 게임의 룰을 벗어났다. 다른 게임을 하는 것이다. 그래서 소련 붕괴가 중국 붕괴로 이어지지 않았다. 중국은 이미 다른 길 위에 서 있었던 것이다. 1979년 이란 이슬람혁명도 반미 혁명의 외양을 띠고 있지만, 실제 중요한 내용은 미소 대립 축의 바깥으로 나갔다는 점에 있다. 그러나 호메이니의 혁명 자체가 비서구 민주주의였던 것은 아니다. 우리가 주목했던 것은 이 혁명 속에서 1990년대 이후 새롭게 탄생한 포스트 이슬람 민주주의 현상이었다. 이것이 우리가 새로운 개념을 부여하고자 했던 비서구 민주주의이다. 동구권 붕괴 이전에 이미 미소 대립 축을 벗어나는 계기가 있었고, 이것이 동구권 붕괴 이후에 가속도를 얻는 모습이다.

이렇게 보면 우리가 주목한 인도의 바니안 민주주의, 브라질 노동자당을 위시한 남미의 여러 민주 세력의 성장사도 미소 대결 축의 바깥에 새로운 민주주의 공간을 창출하는 과정이었다. 이런 과정이 있었기에 동구권 붕괴와 소련 해체 이후에 오히려 더욱 본격적인 공간 확장이 가능했다. 1990년대 바니안 민주주의의 개화, 2000년대 탈워싱턴 컨센서스를 통한 새로운 라틴아메리카의 탄생이 그것이다. 한국의 민주화운동, 그리고 1987년의 6월항쟁도 이러한 맥락에서 다시 읽게 된다. 냉전의 최접면에 있는 분단국가 한국에 허용되었던 것, 즉 허용된 무대, 게임의 룰은 독재였지, 민주주의가 아니었다. 그러나 한국의 민주화 세력은 민주주의의 공간 창출과 확대를 위해 30여 년간 끈질기게 투쟁했다. 그 역시 미소의 대립 축을 벗어난 새로운 공간이었다. 그렇기에 소련 해체 이후에도 그 동력을 잃지 않고 오히려 민주적 공간을 시민사회 깊숙이 확장해갈 수 있었다. 어느 정도 시간이 흐른 지금, 더 넓은 시야에서 되돌아보았을 때 명확하게 드러나는 그림이다. 한국이 경제학에서 말하는 '중등소득의 함정'에 빠지지 않고 성장을 지속할 수 있었던 비결에 지속적인 민주화운동이 있었다는 진단도 가능하다. '중등소득의 함정'이란, 사회정치적 권리 확장 없는 고속 성장은 저임금 구조를 고착화시켜 중등소득 수준을 벗어나지 못하게 한다는 이론이다. 노동층의 권리와 적정 소득이 확보돼야 이 함정을 넘어 고소득 사회로 진입할 수 있다는 것이다. 이 점에서 중국은 한국의 경험을 주목할 필요가 있다.

냉전 종식이 '비서구 민주주의' 현상을 불러왔다는 것은, 이 책에서 집중적으로 다루지는 않았지만, 동남아시아를 보아도 분명하다. 미소의 대립 축 안에 갇혀 있던 동남아시아와, 그 대립 축이 해체된 상태의 오늘의 동남아시아는 크게 다르다. 냉전 시대 동남아시아에는 베트남전쟁만 있었던 것이 아니다. 거의 모든 나라가 혹독한 내전을 경험했고 이후 친미 반공 진영과 반미 공산 진영으로 확연히 나뉘어 서로 적대했다. 이러한 준전시적 상황에서는 민주주의가 숨쉬기 어렵다. 이 얼음장이 서서히 녹게 된 계기는 1986년 베트남의 개혁개방정책, '도이모이'의 채택이었다. 소련 해체가 베트남 붕괴로 연결되지 않은 것은 중국과 마찬가지로 이와 같은 사전 맥락이 있었기 때문이다. 도이모이는 중국 개혁개방의 단순한 모방이 아니다. 베트남의 실용적인 노선은 미국과의 전쟁중에도 드러난 바 있다. 미국과 서방의 평화 반전 세력과 끊임없이 연대를 추구했다. 비록 미소 대립 축에 갇히게 되었지만 이를 벗어나려는 노력을 시종 지속해온 셈이다. 전쟁이 끝난 후에도 베트남은 미국과의 관계 개선을 꾸준히 시도해왔다. 국교 수립은 우여곡절 끝에 결국 소련이 해체된 이후인 1995년에 이루어졌고, 같은 해 베트남은 아세안에도 가입했다. 이로써 미국의 베트남 봉쇄가 풀렸다. 동남아시아에서 냉전 대립선이 사라지자 여러 나라에서 민주주의의 새로운 동력이 꿈틀거리기 시작했다. 거듭 말하지만, 냉전 이후 비서구 지역에 나타난 민주주의의 새로운 동력, 이것이 '비서구 민주주의' 현상의 매우 중요한 측면이다.

이러한 흐름 속에서 1998년, 33년간의 수하르토 독재 체제를 무너뜨린 인도네시아 시민혁명이 터져나왔다. 이것은 과거 좌우 대립의 투쟁들과는 확연히 다른 내용과 형태의 새로운 대중행동이었다. 2011년 재스민혁명의 예고편이었다고 볼 수 있다. 인도네시아는 세계 최대의 이슬람 국가다. 큰 나라인 만큼 장기적 시각에서 인도네시아 민주주의의 진행 과정을 주목할 필요가 있다. 또한 냉전 종식 이후 아세안이 보여주고 있는 유연하고 느슨한 동심원적 협력망은 국민국가 간의 구획이 분명한 경직된 국제질서 너머의 새로운 지역 체제의 상을 엿보게 해준다. 이를 두고 힌두-불교 전통의 고유한 만달라식 주권관의 발현으로 해석하는 학자들이 많다.[61] 물론 동남아시아는 힌두-불교권만이 아니라 유교권인 베트남과 싱가포르, 이슬람권인 인도네시아와 말레이시아, 가톨릭권인 필리핀까지 어우러져 있는 문명의 용광로이기도 하다.

재스민혁명은 이슬람권 비서구 민주주의의 화려한 개화를 보여주었다. 북아프리카에서 중동까지. 그러나 현재도 진행중인 이집트의 불안정한 정정政情은 이슬람 세속주의와 근본주의 사이의 긴장이 여전히 강하게 작용하고 있음을 보여준다. 타흐리르 광장의 2011년 1차 혁명, 2013년 2차 혁명의 주된 동력은 포스트 이슬람 민주주의의 힘이다. 그러나 권력은 1차 혁명 후에는 근본주의적인 무슬림형제단에게, 2차 혁명 후에는 세속주의적인 군부에게 돌아갔다. 그 과정에서 서서히 진보가 이루어지고 있다. 역시 장기적으로 보아야 한다. 포스트 이슬람 민주주의는 과거 이슬람 세속주의와도 근본주의와도 다르다. 이슬람 세속주의란 터키의 케말 파샤나 이집트의 나세르 등으로 대표되는 민족주의적 근대화 세력의 이념이다. 냉전 시절 터키는 친서방, 나세르의 이집트는 비동맹의

61. Stanley Tambiah, *World Conqueror and World Renouncer: A Study of Buddhism and Polity in Thailand against a Historical Background*, Cambridge, Cambridge University Press, 1976; Victor Lieberman, *Strange Parallels: Southeast Asia in Global Context c. 800-1830*, Cambridge, Cambridge University Press, 2003; 이병한, 「'만달라'의 정치 아세안, 지구 문명의 미래」, 『프레시안』, 2013.11.18. 참조.

입장을 취했다. 나세르 사후 사다트, 무바라크는 친서방으로 돌아섰다. 반면 이슬람 근본주의는 근대화를 서구화와 동일시하면서 근대화 자체에 적대적이다. 미국과 소련을 공히 근대화 서구 세력으로 보아 반대한다. 소련 해체 이후 이슬람 근본주의는 2001년 9·11 사태로 화려하게 세계정치의 무대에 등장했다. 그러나 이 사건과 연이은 미국과 영국의 아프가니스탄, 이라크 침공으로 가장 큰 타격을 받은 쪽은 이슬람 근본주의가 아니라, 한창 성장하고 있었던 이란의 포스트 이슬람 민주화운동이었다(9장 '9·11 사태와 신정 쿠데타' 참고). 그러나 이 힘은 결코 죽지 않았다. 2009년 이란의 녹색운동, 2011년의 재스민혁명, 그리고 2013년 이집트 타흐리르 광장의 2차 혁명과 이란의 개혁파 후보 로하니의 대통령 당선으로 그 건재와 상승을 입증하고 있다.

미소 냉전 체제는 정치적 선택, 정치적 상상력, 민주적 생동력을 심각하게 위축시켰다. 미국과 소련 사이에 낀 비서구 사회의 경우 심각한 위축은 극한적 압착이 되었다. 극한의 반공독재를 경험했던 한국인은 이 점을 누구보다 잘 안다. 이러한 상황 속에서도 결코 꺾이지 않았던 한국의 민주화운동은 그래서 더욱 높이 평가받아야 한다. 포스트 냉전 시대에 민주적 생동력과 정치적 상상력은 발랄하게 피어오르고 있다. 이제 비서구가 그 주요 분출지가 되었다. 이 새로운 생동력과 상상력이 만들어가고 있는 살아 있는 민주주의는 기존 서구 민주주의 '교과서'에서 제시하는 죽은 '정답'

안에 스스로를 가둬넣지 않는다. 양적 민주주의를 넘어 질적 민주주의로, 정태적 민주주의를 넘어 동태적 민주주의로, 일국 민주주의를 넘어 국제 민주주의로, 성장형 민주주의를 넘어 생태형 민주주의로, 민주주의의 보다 완성된 형태를 향해 거침없이 뻗어나간다.

2. 비서구 민주주의는 인류 문명을 한 단계 끌어올릴 새로운 방식의 대등한 문명교류 현상이다

'비서구 민주주의'는 냉전 종식과 관련된 현상에 그치지 않는다. 우리는 이 책에서 비서구 민주주의를 각각의 문명적 근거 위에서 분석했다. 왜 그런가? 일부 사람들이 그런 것처럼 비서구 민주주의를 '비서구의 서구화 현상'으로 보지 않기 때문이다. 이러한 시각은 너무나도 단순simplistic하고, 서구중심적인 편견에 사로잡혀 있다. 우리는 이 책에서 비서구 민주주의 현상을 새로운 방식의, 보다 대등한 문명교류 현상으로 보았다. 아직도 적지 않은 사람들이 비서구의 민주주의란 그저 서구에서 수입한 것일 뿐이라는 고정관념을 가지고 있다. 그러나 이 책 1장, 그리고 다른 장 여러 곳에서 자세히 논의한 것처럼 모든 문명권의 내부에 민주주의의 고유한 근거들이 있고, 민주주의는 글로벌한 차원에서 여전히 진화 중이다. 최근 200여 년 서구 지배의 역사 속에서 잊히고 지워졌던 비서구권 민주주의의 내적 근거가 이제 새롭게 발아하고 있다. 이것이 비서구 민주주의 현상의 또하나의 중요한, 그리고 보다 근본적인 측면이다.

이러한 진술을, 민주주의란 서구와는 무관한 것이라는 식으로 뒤집어 받아들이지는 말아주기 바란다. 고대 그리스 민주주의, 로마의 공화정으로부터 영국의 마그나카르타, 스페인의 코르테스Cortes, 프랑스의 삼부회 전통, 군주를 무릎 꿇렸던 교황 그레고리 7세나, 권력화한 교회에 저항한 위클리프나 얀 후스, 또는 이러한 선각자들이 이끌었던 농민봉기들, 이 모든 것은 서구의 비서구 식민화 이전에 놓였던 민주주의의 위대한 초석들이다. 식민지 시대라 하여도, 식민 통치 자체는 압제인 반면 식민 본국에서는 상대적인 여유 속에서 민주주의의 확장이 이루어질 수 있었다는 역설을 부정할 필요도 없다. 특히 그런 성취의 많은 부분들은 서구 내부에서 평등주의와 반식민주의를 표방했던 세력에 의해 쟁취되었다. 많은 희생을 감내한 용기와 고투의 산물이었음을 기억할 필요가 있다. 비서구 민주주의의 역사는 서구 민주주의의 이러한 역사에서 많은 것을 배우고 받아들였다. 앞으로도 배워야 할 좋은 점들이 있다면 언제나 적극적으로 받아들여야 할 것이다.

그러나 그러한 서구 민주주의가 오직 유일한 민주주의인 것도, 또는 이미 완성된 민주주의인 것도 아니다. 오히려 오랜 승자의 상황, 이미 형성된 우월한 조건이 내부 지배 블록의 힘을 단단하게 고착화시킨 면도 있다. 물론 서구 내부에도 국가마다 큰 편차가 있다. 영미권과 북유럽권, 남유럽권, 동부유럽-러시아권의 상황은 서로 크게 다르다. 그러나 전체적으로 볼 때, 돈(자본)이 아니라 민이 주主가 되는 민주의 취지를 보다 철저하게 관철시키는 문제, 국제평화를 유지하기 위한 보다 확고한 제도적 장치, 성장 논리로부터 자연과 환경을 지키는 문제, 그리고 세계화된 상황에서 이민자나 외래 거주자의 민주적 권리에 관한 문제 등 민주주의의 매우 근본적인 과제들이 아직 해결되지 못하고 있다. 이러한 문제들을 두고, 이제는 오히려 비서구 국가들에서 더 진취적인 해결 방식을 내놓는 경우가 결코 적지 않다. 브라질의 포르투알레그리 참여예산제도, 보우사 파밀리아, 인도의 판차야트 개혁, 시민법정과 케랄라 주의 시민플랜, 중국 수억 농민들이 자발적으로 이루어낸 향촌 단위의 촌민위원회, 농지와 향진기업의 공동체적 소유와 운영 방식, 일부 도시에서 시도된 시민의회, 무분별한 무한 성장의 가치보다 자연의 권리를 택한 에콰도르와 볼리비아의 좋은 삶(부엔 비비르)의 헌정 체제, 군대 없는 나라를 선택한 코스타리카가 성취한 한 차원 높은 평화와 자유, 힌두와 이슬람권에서 널리 관찰되는 밑으로부터 형성되는 수많은 합의체 기구 등. 우리가 이 책에서 소개한 사례들은 물론 일부에 불과한 것이다. 지금 이 순간에도 비서구 사회의 수많은 곳에서 현장에 밀착한 상상력과 활동성이 민주주의의 발전에 창조적인 기여를 하고 있을 것이다. 이제 '좋은 민주주의란 오직 서구에서 나온다'라는 말은 세상 물정을 너무나 모르는 이들의 이야기가 되었다.

민주주의의 창조적 역동성이 이제는 비서구 국가들에서 오히려 더욱 활발하게 분출하고 있다. 그러한 동력이 이제는 거꾸로 서구권에 유입되어 정체된 상태를 깨는 새로운 자극이 되고 있다. 2011년에 목격한 것처럼, 타흐리르 광장의 불꽃이 유럽과 미국의 대규모 저항행동으로 점화되어 갔다. 이젠 서구와 비서구의 민주주의 동력이 서로 맞물리며 당기고 밀어주는 양상이다. 이러한 모습 속에서 과거 차별적이었던 서구 대 비서구라는 구분선이 사라져가고 있다.

물론 비서구의 많은 나라들은 과거 식민지 시대 형성된 여러 불리한 조건들을 여전히 무겁게 지고 있다. 그럼에도 불구하고, 아니 어쩌면 오히려 그렇기 때문에 더욱, 이러한 조건 속에서도 타국과 타 문명이 배울 만한 성취를 이뤄간다는 것이 값진 일이 아닐 수 없다. 이것이 우리가 이 책에서 분석하고 강조했던 바다. 이로써 이제 우리는, 세계체제론의 대가인 이매뉴얼 월러스틴이 던졌던 질문, "주는 것이 더이상 서구가 아니고 받는 것이 나머지 세계가 아닌 세계…… 모두가 주고 모두가 받는 그런 세계에 도달할 수 있는가?"[62]에 대해 긍정적으로 답할 수 있는 상태에 진입하고 있다. 월러스틴이 생각한 "모두가 주고 모두가 받는 그런 세계"란 앞서 우리가 말한 "대등한 문명교류가 이루어지는 세계"와 다르지 않을 것이다.

이러한 상태로의 진입은 최근 많은 사람들이 이야기하고 있는 '문명전환' 현상과 관련되어 있다. 세계 문명의 흐름이 서구중심문명에서 보다 평등하고 다원적인 문명 쪽으로 이동하고 있다. 물론 미국을 정점으로 한 유럽 기원 서구 문명의 지배력은 분명 정점을 지났으나 여전히 강력하다. 소위 신자유주의가 맹위를 떨치던 시절, 최하층 빈국들과 최상층 부국들 간의 차이가 더욱 벌어지는 현상도 발생했다. 그러나 전체적 경향을 볼 때 서구와 비서구라는 거대한 분할선이 점차 가늘어지고 희박해지는 방향으로 역사가 이동하고 있음은 이제 누구도 부인할 수 없게 되었다. 21세기 세계 상황을 가만히 들여다보면, 서구의 세계 지배 이전의 세계상, 즉 대략 15~18세기의 세계 문명 판도와 비슷해져가고 있음을 알 수 있다. 이 시기엔 중국을 중심으로 한 동아시아 문명, 무굴제국의 힌두-이슬람 혼합 문명, 오스만튀르크와 사파비(이란)의 이슬람 문명, 그리고 대항해에 나서 서서히 판도를 넓혀가는 기독교 유럽 문명이 거의 대등한 수준에서 서로 만나고 있었다. 그러나 시간은 앞으로 흐른다. 이것은 과거로의 회귀swing가 아니라, 미래로 향하는 새로운 물결wave이다. 서구 중심 문명에 가려졌던 빛들이 서서히

62. 이매뉴얼 월러스틴, 『유럽적 보편주의: 권력의 레토릭』, 김재오 옮김, 창비, 2006. 139쪽.

제 모습을 드러내는 과정이다. 끝나가는 일식, 해를 품은 달들.

포스트 이슬람 현상이 흥미로운 이유는 히잡을 쓴 성평등과 민주주의가 등장하고 있기 때문이다. 그동안 서구식 민주주의의 시각에서는 히잡을 벗어야만 성평등과 민주주의가 나온다고 보았다. 현실은 거꾸로 진행되었다. 이제 이 시각은 교정돼야 한다. 중국의 성장에서 주목할 점은 토지와 향촌기업의 공유제, 그리고 금융국유제도다. 반면 기존의 서구 경제학 교과서는 일체의 생산요소가 사유화되고 자유시장의 완전 경쟁 안에 있어야 한다고 가르쳤다. 그러나 월가의 연이은 대형 금융위기와 그로 인한 세계경제의 불안정, 그리고 그에 대비되는 중국경제의 안정적 성장은 이제 배워야 할 쪽이 어느 편인지 다시 생각하게 하고 있다. 바니안 민주주의는 힌두 전통 속 민주적 자치 역량을 새롭게 일깨웠고, 탈워싱턴 컨센서스의 남미는 자연과 함께하는 균형 있는 삶(수막 카우사이)의 전통을 현대 민주주의의 새로운 자원으로 되살려내고 있다. 21세기의 문명전환과 대등한 문명교류는 그동안 우리가 미처 꿈꾸지 못했던 새로운 활력의 꽃다발을 민주주의의 제단 앞에 바칠 수 있게 할 것이다.

3. 비서구 민주주의는 민주주의 보편가치를 구현하고 심화하는 당당한 주체다

이 책은 비서구 민주주의가 대면하고 있는 심각한 문제들을 함께 다루었다. 어두운 면을 외면하고 밝고 희망찬 측면만을 거론하지 않았다. 오히려 심각한 문제들을 회피하지 않고 정면으로 맞서 씨름하는 과정에서 민주주의의 새 지평을 열어가는 비서구 민주주의의 진면목이 부각되고 있음을 살펴보았다. 우리가 여기서 새로운 개념으로 제시하려고 한 비서구 민주주의는 크게 보아 종교적 근본주의, 폐쇄적 민족주의, 공격적 국가주의라는 문제들과 맞서고 있다. 이러한 조류들은 권위주의적이고 엘리트주의적이며 보수적인 상징조작과 대중 동원에 의지한다. 해묵은 종교적, 민족적, 이데올로기적 적대감이나 국가 간 갈등관계를 이용하고 증폭한다. 민주 세력을 고유 전통의 파괴자나 서구 가치 추종자라고 비난하면서 민주주의의 제도적 혁신이나 밑으로부터의 민주적 동력의 해방을 적대시한다.

반면 비서구 민주주의는 고유한 문명 전통 속에서 민주주의에 친화적인 자원을 부단히 발굴하고 이를 현대적 상황에 맞게 확장, 심화하려 노력한다. 종교적, 민족적 적대의 해소에 적극적이고, 이웃나라와의 평화적 공존을 위한 접촉과 교류에 매우 능동적이다. 서구 사회의 평화, 진보 세력과의 연대에도 활발한 모습을 보여준다. 우리가 이 책에서 여러 사례를 통해 살펴보았듯이, 이러한 힘들은 결코 주변 세력이나 비주류에 머무르지 않는다. 오히려 아주 많은 국가들에서 사회를 이끌어가는 주역의 역할을 하고 있다는 점이 놀랍고 희망적이다. 민주주의의 새로운 활력이 되고 있는 비서구 국가들 간의 정치적·경제적 교류 확대는 비서구 민주주의의 안정적 성장의 기반으로 피드백하고 있다. 서로 의지하며 서로의 성장을 돕는다. 과거와 같은 서구에의 일방적인 정치적·경제적 종속 상황이 크게 변화하고 있는 것이다. 이제 보다 균등한 번영이 가능한 지구적 상황이 조성되고 있다.

이러한 상황에서 민주주의를 한 단계 확장하고 심화해야 하는 과제는 더이상 서구만에 주어진 일일 수 없다. 이 점에서 비서구 민주주의는 이미 충분한 활력과 창조성을 보여주었다. 다만 유의해야 할 것은 쉽게 자기만족에 빠지는 일일 것이다. 오랜 시간 박탈과 열등을 강요받았던 기억은 한 걸음의 성취와 성공에 쉽게 도취하게 만들기도 한다. 많은 문제가 남아 있음에도 현상에 안주하려 하고, 더 나아가 문제적 현상을 미화하려 할 수도 있다. 이러한 경향은 반드시 새로운 기득권 세력의 고착화와 민주주의의 퇴보를 낳는다. 민주주의란 항상 미래를 향해 열려 있는 프로젝트라는 점, 정치적 권리만이 아니라 경제적 권리, 사회적 권리의 보다 완전한 민주화로 부단히 확장하는 과정이라는 점을 여기서 다시금 상기해야 하겠다. 그래야만 국제관계에서의 진정한 신뢰와 평화도 담보할 수 있다. 이러한 목표는 결코 소득수준이 높은 서구 국가들에서나 가능한 것이 아니다. 요즈음은 고소득 서구 국가들에서 오히려 '민주주의의 부족deficits of democracy' 논의가 나온다. 민주주의가 형식과 타성에 빠지지 않았느냐는 것이다. 반면 소득수준이 현저히 낮은 비서구의 여러 국가들, 지역들에서 오히려 서구 국가들을 능가하는 높은 수준의 민주주의를 실현해 보인 바 있다. 비서구 사회가 오히려 모범이 되어 더 많은 민주주의, 더 높은 민주주의로 나갈 수 있다.[63] 지금까지의 성취에 머물러서는 안 된다. 비서구 민주주의는 이제 이러한 민주주의 보편가치를 구현하고 심화해나가는 당당한 주체가 되었다.

63. '더 많은 민주주의, 더 높은 민주주의'에 관한 필자의 구상은 『미지의 민주주의: 신자유주의 이후의 사회를 구상하다』 참조.

찾아보기

| ㅁ |

| ㅂ |

| ㅅ |

| ㅇ |

| ㅎ |

| A~Z |

| 1~9 |

진화하는 민주주의

아시아·라틴아메리카·이슬람 민주주의 현장 읽기

초판 인쇄 2014년 6월 28일
초판 발행 2014년 7월 5일

지은이 김상준 | 펴낸이 강병선
책임편집 장영선 | 편집 박영신 | 독자모니터 류연미
디자인 강혜림 이주영 | 마케팅 정민호 이연실 정현민 지문희 김주원
온라인 마케팅 김희숙 김상만 한수진 이천희
제작 강신은 김동욱 임현식 | 제작처 한영문화사(인쇄) 한영제책사(제본)

펴낸곳 (주)문학동네
출판등록 1993년 10월 22일 제406-2003-000045호
주소 413-120 경기도 파주시 회동길 210
전자우편 editor@munhak.com | 대표전화 031) 955-8888 | 팩스 031) 955-8855
문의전화 031) 955-1933(마케팅), 031) 955-1913(편집)
문학동네카페 http://cafe.naver.com/mhdn | 트위터 @munhakdongne

ISBN 978-89-546-2518-0 03340

* 이 도서의 국립중앙도서관 출판예정도서목록(CIP)은 서지정보유통지원시스템 홈페이지(http://seogi.nl.go.kr)와 국가자료공동목록시스템(http://www.nl.go.kr/kolisnet)에서 이용하실 수 있습니다. (CIP제어번호: CIP2014018911)

www.munhak.com